Friedrich von Wieser

Der natürliche Wert

Friedrich von Wieser

Der natürliche Wert

ISBN/EAN: 9783743334687

Hergestellt in Europa, USA, Kanada, Australien, Japan

Cover: Foto ©Suzi / pixelio.de

Manufactured and distributed by brebook publishing software (www.brebook.com)

Friedrich von Wieser

Der natürliche Wert

DER
NATÜRLICHE WERTH.

VON

DR. FRIEDRICH VON WIESER.
PROFESSOR AN DER DEUTSCHEN UNIVERSITÄT IN PRAG.

WIEN, 1889.
ALFRED HÖLDER.
K. K. HOF- UND UNIVERSITÄTS-BUCHHÄNDLER.
ROTHENTHURMSTRASSE 1.

Alle Rechte vorbehalten.

Vorwort.

Man hat gesagt, dass sich bei Adam Smith so ziemlich alle Erklärungen des Werthes finden, die überhaupt versucht worden sind. Gewiss ist es wahr, dass Smith bei der Erklärung des Werthes zwei einander widersprechende Absichten verbunden hat. Er gibt, um es kurz zu sagen, zwei Theorien zugleich, eine „philosophische" und eine „empirische". Er will für's Erste klar machen, was man unter dem eigenthümlichen Attribute des Werthes zu denken habe, welches gewissen Dingen zugeschrieben wird, andern, im äusseren Anscheine völlig gleichen dagegen nicht, welches gewissen Dingen in hohem Masse zugeschrieben wird, andern, die mit den äusserlichen Massen gemessen obenan stehen, dagegen nur in geringem, welches also ein Attribut für sich ist, mit keinem andern bekannten, am wenigsten mit der Nützlichkeit der Güter zusammenfallend. Zu diesem Behufe sieht Adam Smith von den verwickelten Thatbeständen der erfahrungsmässigen Wirthschaft zunächst ab und hält sich an den einfachsten, ersten, natürlichen Zustand. Da findet er, dass die Arbeit es ist, die den Werth entstehen macht; die Güter sind uns werth, was sie an Arbeit kosten und was daher ihr Besitz an Arbeit erspart. Die so gewonnene Idee des Werthes wendet Adam Smith auch auf die empirischen Fälle der Wertherscheinung an; der Werth, wo er ihm nun auch begegnet, dünkt ihm nichts Unverständliches mehr, er kann ihn von andern Attributen der Dinge unterscheiden, er kann in sein Wesen eindringen, ja er vermag ihn sogar durch die Beziehung auf die Arbeit, aus der er seinen Inhalt empfängt, zu messen. Unabhängig hievon beschreibt aber Smith — und damit gelangen wir zu seiner „empirischen" Theorie die thatsächlich wirksamen Ursachen des Vorkommens und der Grösse des Werthes. Er nimmt deutlich wahr, dass die Arbeit, die er „philosophisch" als die einzige Ursache des Werthes erkannt hat, nicht auch dessen einzige thatsächliche Ursache ist. Drei Factoren, so meint er, setzen in aller Regel den Tauschwerth der Erzeugnisse zusammen, neben der Erzeugungsarbeit nämlich auch noch der Zins des erforderten Capitales und die Rente des erforderten Landes. Damit will nicht gesagt sein, dass der erfahrungsmässig beobachtete Werth anderer Natur sei, als der philosophisch erklärte; auch jener Werthantheil, der durch Land und Capital geschaffen wird, ist von gleicher Wesenheit mit dem durch die Arbeit geschaffenen, auch für ihn bleibt es die Arbeit, auf die man sich beziehen muss, um seinen Inhalt zu begreifen und zu messen. Das einzige Zeichen, dass er einen Widerspruch zwischen seiner philosophischen und seiner empirischen Erklärung verspüre, gibt Adam Smith da, wo er von der Schilderung des ersten natürlichen Zustandes der Wirthschaft auf die des thatsächlich bestehenden mit Capitalbesitz und privatem Grundeigenthum übergeht. Hiebei kann er es nicht unterlassen, einen Vorwurf gegen Diejenigen zu erheben, „die ernten wollen, wo sie nicht gesät haben", während er, einmal im Reiche der Wirklichkeit angelangt, den Capitalzins und die Grundrente als selbstverständliche Thatsachen in sein System übernimmt.

Beinahe ein halbes Jahrhundert verging, ehe Ricardo die Lehre seines Meisters von ihren Unvollkommenheiten zu läutern suchte. Ricardo fühlte deutlich den Widerspruch, den Smith kaum bemerkt hatte. Wie suchte er ihn zu beheben? Auf einem Wege, der mehr noch als der Fehler, den Smith begangen hatte, die grosse Jugend der ökonomischen Wissenschaft verrieth. Es ist heute, wo wir vermöge der Anstrengungen der ersten grossen Pfadfinder der Wissenschaft unmittelbar vor den Problemen stehen, die zu lösen sind, kaum mehr möglich, sich in die Auffassungen zurückzudenken, durch welche Jene ihren Beobachtungen und Gedanken die erste Ordnung gaben. Sie fanden, um der vollen Rathlosigkeit zu entkommen, freudig Genüge an Erklärungen, die uns heute räthselhafter sind, als die Erscheinungen selber. Was wollte also Ricardo? Sein ganzes Bestreben erschöpfte sich darin, nachzuweisen, dass die philosophische und die empirische Theorie des Smith, die beide er in dieser Absicht freilich reinigen und weiterführen musste, einander nicht so sehr widersprächen, als der nächste Anschein zeigte. Der Werth, wie er ist, und der Werth, wie wir ihn von der Arbeit aus begreifen, kommen in ihrer Grösse, wenn man sich an die Regel und den Durchschnitt hält, zwar nicht ganz, aber fast überein, mit einem Fehler, der so gering ist, dass er füglich vernachlässigt werden kann. Von den beiden empirischen Factoren der Werthbildung, die Smith neben der Arbeit nennt, kommt nämlich — dies war der letzte Gewinn der berühmten Grundrententheorie Ricardo's — die Grundrente ganz in Abfall: die Grundrente bestimmt den Werth der Erzeugnisse nicht, sondern sie folgt aus ihm. Der Capitalzins allerdings bleibt, aber Ricardo glaubt beweisen zu können, dass er dem Werth der Erzeugnisse annähernd in demselben Verhältnisse zuwachse, in welchem die Quantitäten ihrer Erzeugungsarbeiten stehen, so dass diese letzteren schliesslich für die Werthrelationen aller Erzeugnisse doch ein ziemlich getreues Mass geben. Den Zins selber sucht Ricardo, weil er ihm solchergestalt in seinem Systeme kein Hinderniss bereitet, nicht eigentlich zu erklären, er übernimmt ihn, wie er ihn findet, als eine selbstverständliche Thatsache — dieser von so vielen späteren Schriftstellern mit Verwunderung bemerkte Vorgang ist aus dem Impulse, der Ricardo's Geist in Bewegung setzte, vollkommen zu verstehen. Er wollte nicht alles erklären, was in der Wirthschaft ist, er wollte nur zeigen, dass das, was ist, sich mit dem, was wir — wenn auch nur von einem gewissen Gesichtspunkte aus — begreifen können, so ziemlich decke. Am allerwenigsten wollte Ricardo die Wirthschaft reformiren. Dem Werthe, der ist, stellte er nicht den entgegen, der sein soll. Nie kam es ihm in den Sinn, den Zins zu verurtheilen, und aus seinem Systeme, wenn es im Geiste des Autors verstanden wird, folgt dies auch nicht im mindesten. Es ist nicht im mindesten inconsequent von ihm, wenn er sich nicht gegen den Zins erklärt, und die Socialisten, wenn sie es aus seinem Systeme heraus thun, heben dasselbe auf, statt, wie sie meinen, es zu vollenden. Nur wenn der Zins eine Sache ist, die ohne Zweifel gut ist, kann man so über ihn hinweggehen, wie Ricardo.

Seit dem Erscheinen des Ricardo'schen Buches ist nun wieder ein halbes Jahrhundert und mehr verstrichen, seit Smith mehr als ein ganzes Jahrhundert. Die Anforderungen an die Socialwissenschaften sind seitdem gewaltig gestiegen. Zu Smith's Zeiten erklärte man die gewordenen Zustände aus der „ursprünglichen" Menschennatur und dem „ursprünglichen" Stande der Dinge und war zufrieden. Wir wollen die Wirklichkeit aus der Wirklichkeit erklären, die Philosophie selbst ist empirisch geworden, sie lässt kein Beweismittel zu, das nicht aus der Erfahrung beglaubigter Zustände gezogen ist. Der geschichtliche Staat, das positive Recht, die empirische Wirthschaft sind die Objecte der Untersuchung und zugleich die ausschliesslichen Quellen für die Hilfsmittel der Untersuchung. Smith und Ricardo, wenn sie heute schrieben, wären des heutigen Geistes voll, und selbst, wenn sie nicht die Fülle von Beobachtungen und Erkenntnissen zu Gebote hätten, die Dank dem Genie des Einen und dem Scharfsinne des Andern uns zu Gebote stehen, so würden sie doch ungleich vollkommnere Werke schaffen als zu ihrer Zeit und sicherlich die Fehler vermeiden, denen der Menschengeist seither entwachsen ist.

Ihre Schule indess wandelt noch auf ihren Wegen, zwischen unverstandener Empirie und eigentlichster Speculation schwankend. Und ihre Schule ist gross. Es ist ein eigenthümlicher Eindruck. Ganze Richtungen haben in den Fragen der Politik und der Methode der englischen Mutterschule abgesagt, von den Socialisten bis zu den Anhängern der historischen Richtung in Deutschland, aber in dem ökonomischen Urprobleme des Werthes sind Viele von den Neuerern gleichwohl ihren Dogmen treu geblieben. Wie man über den Werth urtheilt, muss man aber, wenn man folgerichtig bleibt, letztlich über die Wirthschaft urtheilen. Er ist der Charakter der Dinge in der Wirthschaft, seine Gesetze sind für die Politische Oekonomie das, was das Gesetz der Schwere in der Mechanik ist. Jedes grosse System der Politischen Oekonomie hat bisher als letzte theoretische Begründung seiner praktischen Forderungen eine eigenthümliche Meinung über den

Werth ausgebildet, und so wird auch jede neue grosse Reformbestrebung ihre praktischen Forderungen erst dann endgiltig begründet haben, wenn sie sie auf eine neue und vollkommnere Theorie des Werthes stützen kann.

Allerdings haben sich die herrschenden Theorien des Werthes vielfach in Gegensatz zum Smith-Ricardo'schen System gestellt, namentlich auch in Deutschland (wiewohl gerade hier in letzter Zeit die Arbeitstheorie an Ausbreitung gewinnt). Die theoretischen Fortschritte, die hiebei gemacht wurden, sind nicht hoch genug anzuschlagen. Vor allem ist hervorzuheben, dass nun dem Tauschwerthe auch der Gebrauchswerth an die Seite gestellt wurde, und dass neben den privatwirthschaftlichen Rücksichten auch die staatswirthschaftlichen und sonstigen allgemeineren Rücksichten zur Geltung kamen. Der Zusammenhang der Werththeorie mit der praktischen Politik zeigte sich hiebei wieder in auffälliger Weise. Die Polemik gegen die individualistische Fassung des Werthbegriffes gesellte sich der Bekämpfung der individualistischen Richtung in der Volkswirthschaft. Indess es scheint, dass auch dieser Zweig der herrschenden Lehre seine Kraft erschöpft hat, dass auch diese Bewegung an ihrem todten Punkt angelangt ist. So wie die Forschung heute steht, untersucht man im grossen Ganzen nicht die Wertherscheinung, sondern den Sprachbegriff oder die Sprachbegriffe des Werthes. Ich habe an einer andern Stelle gesagt, dass für die Wissenschaften, die das menschliche Handeln in irgend einem seiner Gebiete untersuchen, die besondere Gefahr bestehe, ihr Object zu verfehlen: statt der Handlung und ihrer Motive gerathen sie leicht darauf, die Meinungen zu untersuchen, die sich die Menschen von ihrem Thun machen, die „Volkstheorien", insbesondere jene, welche sich aus dem sprachüblichen Sinne der für die bezüglichen Erscheinungen geltenden Namen herausdeuten lassen. Diese Bemerkung scheint mir auf die zuletzt besprochenen Werththeorien vorzugsweise anwendbar zu sein.

Dass die Werththeorie vom Grund aus reformbedürftig sei, wird heute wohl von Niemand geläugnet. Die Unvollkommenheit der herrschenden Ansichten wird selbst von ihren Anhängern zugestanden. Während die grosse Mehrheit der Nationalökonomen aber noch rathlos ist, wohin sich zu wenden, ist zuerst unbeachtet und sodann lange nur wenig beachtet, durch die Arbeit von Männern, die grossentheils von einander nicht wussten und deren Forschungen auf diesem Gebiete des Zweifels und der Uneinigkeit dennoch übereinstimmten, bereits auf neuer Grundlage eine neue, auf empirischer Grundlage eine empirische Theorie geschaffen worden.

Die neue Theorie geht von dem alten Satze aus, dass der Güterwerth vom Nutzen der Güter oder, was dasselbe ist, von den Bedürfnissbefriedigungen komme, die die Güter sichern. Um die Gesetze des Werthes zu finden, muss man daher zuerst die Gesetze des Bedürfens kennen. Da zeigt sich nun die Thatsache, dass das Bedürfniss nach denselben Dingen — selbst bei derselben Person und in einem gegebenen Wirthschaftszustande — von ganz verschiedener Stärke ist, je nach dem Grade, in dem das Bedürfniss durch Verwendung von Gütern bereits gesättigt ist. Da die Güterverwendung von der Grösse des Güterbesitzes abhängt, so erlangt damit das Quantitätsverhältniss der Güter einen entscheidenden Einfluss auf die Schätzung der Bedürfnisse und damit auf die Quelle des Werthes selber. Diese Beobachtung ist der Ausgang für die weitere Untersuchung. Sie ist an sich von grösster Wichtigkeit, weil sie letztlich die Auflösung für die paradoxe Erscheinung gibt, dass der Werth sinkt, wenn die Gütermenge zunimmt; sie ist aber ebenso wichtig durch die methodischen Nachwirkungen, die sich aus ihr ergeben, weil sie die Untersuchung von den Scheinobjecten, auf welche die Speculation und der Sprachgebrauch hinführen, auf den empirischen Kern der Wertherscheinung leitet.

Als Vorläufer dieser Theorie kann man im weitesten Sinne Alle nennen, die den Werth vom Nutzen abgeleitet haben, insbesondere Diejenigen, die consequent genug waren, auch den Tauschwerth durchaus auf den Nutzen zu gründen und namentlich dem offenbaren Einfluss der Productionskosten gegenüber das Princip nicht zu verläugnen. Gewöhnlich werden die Darstellungen an diesem Punkte entweder inconsequent oder unklar oder sie erhalten ihre Consequenz und Klarheit nur dadurch, dass sie auf Vollständigkeit verzichten, indem sie von den Kosten nicht sprechen. Im engeren Sinne sind als Vorläufer der neuen Theorie jene Schriftsteller zu nennen, die mit dem Nutzen zugleich noch die Quantitätsverhältnisse der Güter in Untersuchung ziehen. Gewöhnlich geschieht dies freilich nur so weit, dass die Veränderungen der Werthgrösse bemerkt werden, welche die Folge der Veränderungen in Angebot und Nachfrage sind. Aber es ist dies doch vereinzelt in viel exacterer Weise geschehen, indem die „Seltenheit", die „Eingeschränktheit des Vorraths" als Bedingung erkannt wurde — und zwar nicht nur, wie es auch Ricardo thut, für gewisse Raritätsgüter, sondern allgemein, für alle Güter — damit der Nutzen Werth erzeuge. Unter den hieher gehörigen Schriftstellern, die als unmittelbare Vorläufer unserer Theorie gelten können, sind Auguste Walras (*De la nature de la richesse et de l'origine de la valeur, Evreux 1831*), ferner Condillac, Genovesi und Senior hervorzuheben.*)

Diese zahlreichen Vorarbeiten nicht gerechnet, sind nicht weniger als vier Autoren zu nennen, die die eigentliche Theorie selbst unabhängig von einander ausgearbeitet haben: Gossen**), Jevons***), Menger†), Léon Walras.††) Gossen's Darstellung ist bei vielen, geradezu classischen Vorzügen im Ganzen die unvollkommenste, die in ihrer Art ausgezeichnete Darstellung von Léon Walras leidet meines Erachtens an dem Ueberwiegen

*) Auch Rau mit seinem „concreten Gebrauchswerth" zählt hieher. Merkwürdig ist eine Abhandlung des Mathematikers Daniel Bernouilli: „*Specimen theoriae novae de mensura sortis*" (*Commentarii Academiae scientiarum imperialis Petropolitanae, tomus V. Ad annos 1730 et 1731. Petropoli 1738*). Bernouilli behauptet es als *valde probabile, lucrulum quodvis semper emolumentum afferre summae bonorum reciproce proportionale*. Er besitzt die volle Kenntniss des subjectiven Charakters des Werthes, sowie des wichtigsten Gesetzes des Werthwechsels. Seine Arbeit ist nach einem Auszug, der sich in einem andern Werke findet, von Jevons citirt. Ich verdanke die Einsicht des Originales der Liebenswürdigkeit Prof. Menger's. Die von Jevons besprochene Schrift Dupuit's „*De l'influence des Péages, 1849*) konnte ich nicht in die Hand bekommen.

**) Entwicklung der Gesetze des menschlichen Verkehrs und der daraus fliessenden Regeln für das menschliche Handeln. Braunschweig 1854.

***) Zuerst in einer 1862 veröffentlichten Notiz, sodann ausführlich in der *Theory of Political Economy*, London 1871, 2. Auflage 1879.

†) Grundsätze der Volkswirthschaftslehre. Wien 1871.

††) *Eléments d'économie politique pure ou Théorie de la richesse sociale. Lausanne 1874—1877. — Théorie mathématique de la richesse sociale. Lausanne 1883. — Théorie de la monnaie. Lausanne 1886.*

des mathematischen Elementes. Die Grössengesetze des Werthes lassen ohne Zweifel einen mathematischen Ausdruck zu, noch mehr, die verwickelteren unter ihnen sind genau nur mathematisch auszudrücken und die Mathematik hat hier gewiss noch eine grosse Aufgabe zu lösen, aber es handelt sich in der Werththeorie nicht blos um den Ausdruck der Grössengesetze. Der dunkle Werthbegriff ist verständlich zu machen, alle seine vielfachen Formen sind zu beschreiben, der Dienst des Werthes in der Wirthschaft ist auseinanderzusetzen, der Zusammenhang des Werthes mit so vielen andern Erscheinungen der Wirthschaft ist zu zeigen, kurz eine Philosophie des Werthes ist zu geben, welche Worte braucht, nicht Zahlen; und ausserdem ist noch das empirische Vorkommen der behaupteten Thatsachen nachzuweisen. Die Darstellung bei Jevons endlich muss, trotz ihres bewunderungswürdigen Reichthums an Beobachtung und Reflexion, trotz ihres vollendeten Ausdruckes, trotz des umfassenden Geistes, der aus ihr spricht, doch der Menger's nachgesetzt werden, welche den Gegenstand noch tiefer durchdringt, indem sie von einem allgemeineren Begriffe des Werthes ausgeht. Menger verdankt denselben der deutschen Schule der Nationalökonomie, die eine geduldige, unaufhörliche Arbeit daran gewendet hat, die allgemeinen wirthschaftlichen Begriffe zu bilden und von der concreten Erscheinung bis zu jener Höhe der Abstraction zu gelangen, von der aus die Erscheinungen logisch zu ordnen sind. Man kann sagen, dass sie die Begriffsformen zum guten Theile längst gewonnen hatte, die nur noch durch eine zutreffendere Beobachtung materiell gefüllt zu werden brauchten. Die deutsche Theorie hat damit einen Schatz aufgespeichert, von dem für eine nicht absehbare Zeit hinaus alle folgenden wissenschaftlichen Bestrebungen zu zehren vermögen.

Von Jevons' System ist ein Theil, die Bedürfnisslehre (*theory of utility*, wie er sie nennt), in die englische Literatur übergegangen. Unter den continentalen Bearbeitungen der Werththeorie, die die neue Lehre übernahmen, sind die schönen Darstellungen von Pierson*) und Charles Gide**) zu nennen;

*) *Leerboek der staathuishoudkunde.* Haarlem 1884.
**) *Principes d'économie politique.* Paris 1884.

in Deutschland eine an Jevons und Léon Walras anschliessende Arbeit von Launhardt*). Insbesondere aber sind Bearbeitungen der Werththeorie in dem neuen Sinne im Anschlusse an Menger in Oesterreich versucht worden. Ich selbst**) habe eine solche herausgegeben, worin ich die Menger'sche Theorie auf die Kostenerscheinungen anwendete. Hierauf folgte noch eine Arbeit von Böhm-Bawerk***), welche, abgesehen von dem überaus klaren Vortrage und von der sorgfältigen und fruchtbaren Revision vieler einzelner Materien, insbesondere durch die Behandlung der Theorie des objectiven Werthes — des Preises — von Bedeutung ist; endlich ein umfassendes Werk von E. Sax†), welches die Theorie des Werthes auf eine ganz neue, bisher von keinem Schriftsteller mit ihr in Zusammenhang gebrachte Materie, auf die öffentlichen Abgaben ausdehnte und ihr dadurch eine ihrer folgenreichsten Anwendungen gab.

Die Grundzüge der neuen Theorie sind gezogen, aber es bleibt noch viel zu thun, nicht nur, dass sie allgemein verbreitet, sondern auch, dass sie in sich vollendet werde. Einen Versuch, das noch Fehlende zu ergänzen, enthält die folgende Arbeit. Im Gegensatze zu meiner früheren Arbeit habe ich diesmal die Voraussetzungen der Werththeorie ganz unerörtert gelassen und mich strenge auf das Thema des Werthes und seinen trockensten Inhalt beschränkt, dagegen habe ich mich bestrebt, das ganze Gebiet der Wertherscheinungen ohne irgend eine Ausnahme zu erschöpfen und ausserdem auch die bereits früher behandelten Materien, so gut ich es vermochte, noch einmal genauer zu durchdenken. Das Buch ist demnach keineswegs eine Wiederholung des ersten, sondern eine durchwegs neue, zum grössten Theile ganz neue Gegenstände betreffende Arbeit, die nur die allgemeinen Grundsätze mit jenem gemein hat. Ich hoffe diesmal

---

*) Mathematische Begründung der Volkswirthschaftslehre. Leipzig 1885
**) Ueber den Ursprung und die Hauptgesetze des wirthschaftlichen Werthes. Wien 1884.
***) Grundzüge der Theorie des wirthschaftlichen Güterwerths, in den „Jahrbüchern für National-Oekonomie und Statistik", N. F. Band XIII. Jena 1886.
†) Grundlegung der theoretischen Staatswirthschaft. Wien 1887.

dem Einwand begegnet zu haben, den man gegen den „Ursprung des Werthes" erheben konnte, dass von den aufgestellten Principien die Verbindungen, die „Brücken" — wie ein Kritiker sagte — fehlen, um zu den bekannten concreten Werthererscheinungen zu gelangen. Ich darf wohl sagen, dass niemals eine Werththeorie veröffentlicht wurde, die äusserlich vollständiger wäre.

Eben die grosse Menge der einzelnen Materien, die ich zu berühren hatte, hat mich bewogen, fast jede kritische Auseinandersetzung mit fremden Meinungen, ja fast jede literargeschichtliche Verweisung zu unterlassen, ausser den Berufungen jener Autoren, die der gleichen Richtung angehören und denen ich unmittelbar die von mir vertretenen Lehrsätze entnahm; wie ich auch alle ökonomischen Begriffe, die ich ausser dem des Werthes anzuwenden hatte, in die Untersuchung eingeführt habe, ohne sie irgend zu discutiren. Ich will den Vorwurf, hierin unvollständig gewesen zu sein, gerne ertragen, wenn es mir nur gelungen sein sollte, damit den inneren Zusammenhang des Buches klarer zu machen. Dagegen möchte ich nicht gerne dem Verdachte ausgesetzt sein, als hätte ich aus einer Missachtung der fremden theoretischen Bestrebungen so gehandelt. Am wenigsten möchte ich dies bezüglich der Arbeiten der Theorie in Deutschland. Ich habe eben vorher ausgesprochen, wie tief meines Erachtens jeder heutige theoretische Versuch den Arbeiten der deutschen Theorie verschuldet ist. Ihr steht denn auch die neue Werththeorie am nächsten — dieselbe ist so recht die Erfüllung dessen, was jene längst gefordert hatte.

September 1888.

F. Wieser.

INHALT.

I. THEIL.

Der Werth in der Privatwirthschaft 1

1. Abschnitt.

Elementare Theorie des Werthes . . .   1
  §. 1. Der Ursprung des Werthes .   1
  §. 2. Der Werth der Bedürfnissbefriedigungen .   5
  §. 3. Das Gossen'sche Gesetz der Bedürfniss-Sättigung   6
  § 4. Die Sättigungs-Scalen   9
  §. 5. Der Grenznutzen 11
  §. 6. Der Werth künftiger Bedürfnissbefriedigungen   15
  §. 7. Der Güterwerth . .   18
  §. 8. Die Schätzung eines einzelnen Gutes 21
  §. 9. Die Schätzung von Gütern in Vorräthen. (Das allgemeine Werthgesetz, Gesetz des Grenznutzens.) 23
  §. 10. Die Werthparadoxie und die beiden Aeste der Werthbewegung 27
  §. 11. Die Werthantinomie und der Dienst des Werthes in der Wirthschaft   32

2. Abschnitt.

Verkehrswerth und natürlicher Werth 37
  §. 12. Der Preis 37
  §. 13. Tauschwerth im subjectiven Sinne   45

	Seite
§. 14. Tauschwerth im objectiven Sinne (Verkehrswerth)	48
§. 15. Die Antinomie des Verkehrswerthes	53
§. 16. Der Dienst des Verkehrswerthes in der Volkswirthschaft	55
§. 17. Der natürliche Werth	59
§. 18. Die socialistische Werthlehre	64

3. Abschnitt.

Die natürliche Zurechnung des productiven Ertrages 67

1. Abtheilung.

Die allgemeinen Regeln der Zurechnung	67
§. 19. Der Ertragswerth	67
§. 20. Das Problem der Zurechnung	70
§. 21. Die socialistische Auffassung des Problems. (Der Anspruch der Arbeiter auf den vollen productiven Ertrag)	77
§. 22. Bisherige Lösungsversuche	80
§. 23. Das Princip der Lösung. Der productive Beitrag	85
§. 24. Fortsetzung. Beitrag und Mitwirkung	89
§. 25. Fortsetzung. Der wirthschaftliche Dienst der Zurechnung	91
§. 26. Fortsetzung. Die Zurechnung und das Grenzgesetz	96
§. 27. Die einzelnen Motive der Zurechnung. 1. Der Vorrath	100
§. 28. Fortsetzung. 2. Der Bedarf und die complementären Güter	101
§. 29. Fortsetzung. 3. Die Technik	104
§. 30. Fortsetzung. 4. Die Zurechnung bei Kostengütern und bei Monopolgütern *)	107
§. 31. Fortsetzung. 5. Die Zurechnung bei Erzeugungsfactoren bevorzugter Qualität	110

2. Abtheilung.

Die natürliche Grundrente	112
§. 32. Die Ricardo'sche Differentialrente von Grundstücken bevorzugter Qualität	112
§. 33. Die Ricardo'sche Differentialrente von Bodenkräften bevorzugter Qualität	114
§. 34. Zur Kritik der Ricardo'schen Theorie	116

*) Siehe hiezu die Berichtigung auf pag. 238.

3. Abtheilung.

Der natürliche Capitalertrag 121
  §. 35. Die Productivität des Capitales 121
  §. 36. Die Berechnung des Capitalertrages in der primitiven und in der entwickelten Wirthschaft 127
  §. 37. Rohertragszurechnung und Reinertragszurechnung. . . . 129

4. Abschnitt.

Der natürliche Werth von Land, Capital und Arbeit 132
  §. 38. Einleitung 132
  §. 39. Der Werth des Capitales und der Capitalzins. 1. Die Discontirung 134
  §. 40. Fortsetzung. 2. Der Zinsfuss 139
  §. 41. Fortsetzung. 3. Das Gesetz der einheitlichen Berechnung des Zinsfusses 142
  §. 42. Fortsetzung. 4. Der Wechsel des Zinsfusses 145
  §. 43. Fortsetzung. 5. Die Schätzung des stehenden Capitales . . . 147
  §. 44. Fortsetzung. 6. Die Capitalisirung 148
  §. 45. Anhang. 7. Der Zins im Consumtivdarlehen und bei Vermiethungen 150
  §. 46. Der Werth des Landes 153
  §. 47. Der Werth der Arbeit 156
  §. 48. Der Werth der Productivgüter mit Rücksicht auf die Concurrenz gegenwärtiger und künftiger Interessen 159

5. Abschnitt.

Der natürliche Kostenwerth der Erzeugnisse 164
  §. 49. Das Kostengesetz 164
  §. 50. Der Begriff der Kosten 166
  §. 51. Ableitung des Kostengesetzes 169
  §. 52. Die Bedingungen für die Geltung des Kostengesetzes . . . 172
  §. 53. Das entscheidende Kostenausmass 175
  §. 54. Kostengesetz und allgemeines Werthgesetz 176
  §. 55. Die sogenannten Productionskosten der Arbeit 179
  §. 56. Die einzelnen Kostenelemente. 1. Vorbemerkung 184
  §. 57. Fortsetzung. 2. Die Arbeit 187
  §. 58. Fortsetzung. 3. Das Capital 194
  §. 59. Fortsetzung. 4. Der Capitalzins 198

§. 60. Fortsetzung. 5. Die Grundrente 201
§. 61. Der Dienst des privatwirthschaftlichen Werthes in der Volkswirthschaft 204

II. THEIL.
Der Werth in der Staatswirthschaft 209
§. 62. Einleitung 209
§. 63. Die Aufgaben der Staatswirthschaft 213
§. 64. Der Werth in der natürlichen Staatswirthschaft 220
§. 65. Der Werth in der empirischen Staatswirthschaft 227
§. 66. Das Grundgesetz der collectiven Werthschätzung 232

Berichtigung 238

I. Theil.
Der Werth in der Privatwirthschaft.

1. ABSCHNITT.
Elementare Theorie des Werthes.

§. 1. Der Ursprung des Werthes.

Wenn ein verständiger und geschäftskundiger Mann, der nie etwas davon gehört hat, wie die Gelehrten versuchen, den Werth zu erklären, und dessen freies Urtheil auch nicht beeinflusst wird von den Formeln, welche als Nachhall der gelehrten Theorien in die Sprache des Lebens und des Marktes eingedrungen sind, wenn ein solcher Mann, der nur auf seine persönliche Erfahrung hin urtheilt, gefragt würde, woher der Werth der Dinge seinen Ursprung habe, so wird er ohne Zweifel antworten „vom Nutzen der Dinge": hat ja doch auch die Theorie zuerst diesen Ursprung vermuthet. Er würde sehr verwundert sein, zu erfahren, dass einige Beobachtungen jene Vermuthung sehr unwahrscheinlich machen, dass einige, zum Theil allgemein bekannte, auch ihm selbst geläufige Thatsachen fast mit Gewissheit zu beweisen scheinen, dass der Nutzen die Quelle des Werthes nicht sein könne.

Diese Thatsachen sind folgende:

Erstens. Güter, welche im Ueberflusse vorhanden sind, so dass Jedermann sie sich ohne weiters aneignen kann, wie er will, werden von Niemand bezahlt, und mögen sie auch noch so nützlich sein. Wasser ist an vielen Orten im Verkehre ohne

Werth, wiewohl es überall, wo Menschen sind, von Nutzen ist. Allerdings bezieht sich diese Beobachtung zunächst blos auf den Werth in Geld, den sogenannten Tauschwerth, und man könnte meinen, dass sie sich nicht beziehe auf den Werth bei der Benützung der Güter, den sogenannten Gebrauchswerth, aber ein genaueres Nachforschen zeigt, dass sie sich auch auf den letzteren bezieht. Was überflüssig ist, wird nicht blos auf dem Markte, sondern auch im Haushalte für werthlos gehalten und genau von dem geschieden, wovon man keinen Ueberfluss hat. Wenn es wirklich in immer gesicherter Ueberfülle zu haben ist, so wird in keiner Beziehung mit ihm gewirthschaftet, wie sparsam man auch sonst mit anderen Dingen wäre. Nicht einmal seinen Besitz sucht man zu sichern, es gibt an ihm kein Eigenthum; keine Sorge, kein Interesse wird ihm zugewendet, es wird gebraucht, aber weiter nicht beachtet.

Zweitens, die nützlicheren Dinge haben häufig geringeren Werth als die minder nützlichen. So hat Eisen einen geringeren Werth als Gold. Auch das gilt vom Geldwerth und vom Gebrauchswerth, auf dem Markte und im Haushalt. Auch im socialistischen Staate, falls man noch den Sinn für das Gefällige behalten hat, wird es eine mindere Sache sein, ein Pfund Eisen als ein Pfund Gold zu verlieren.

Drittens, die grössere Menge hat unter Umständen geringeren Werth, als eine geringere Menge derselben Dinge. Es ist bekannt, dass die holländisch-ostindische Compagnie Theile ihrer Gewürzvorräthe und Plantagen vernichtete, um die Nachfrage zu beleben und dem Rest einen grösseren Werth zu sichern, als vordem der ganze Besitz hatte. Dasselbe weiss man von dem Erlöse, der für Missernten und der für reiche Ernten einging; die Missernte trug mehr als die reiche. Auch das gilt, wie ich später noch klar zeigen werde, vom Gebrauchswerth wie vom Tauschwerth.

Viertens, während das Mass des Nutzens sich mit dem des Werthes so häufig und so auffallend im Widerspruche befindet, besteht ebenso häufig und auffallend eine Uebereinstimmung des letzteren mit einer Thatsache, die geradezu das Gegenstück des Nutzens zu sein scheint, nämlich mit den Kosten. Das Gegenstück, denn wenn sich die Güter durch den Nutzen, den sie geben, den Menschen freundlich erweisen, so erweisen sie sich feindlich durch die Kosten, deren Aufwand sie nothwendig machen.

Ein grosser Theil der Schriftsteller, welche sich mit der Erklärung des Werthes beschäftigten — und man kann hinzufügen, durch lange Zeit gerade die besten Köpfe unter ihnen — haben daher die Meinung ausdrücklich verworfen, dass der Werth vom Nutzen stammen könne, und sie behaupten, dass er den Gütern nur wegen der Schwierigkeit ihrer Erwerbung und nach Mass derselben zukomme. Diejenigen wieder, die sich gleichwohl auf den Nutzen beriefen, haben dies zum grossen Theile in einer offenbar ungenügenden Weise gethan: entweder indem sie sich mit den angeführten Thatsachen in Widerspruch setzten, ohne den Widerspruch aufzuklären, oder indem sie dem Gewichte derselben so weit nachgaben, dass sie sich schliesslich von denen, die den Nutzen grundsätzlich verwarfen, kaum mehr anders als durch dessen grundsätzliche Anerkennung unterschieden. Nur wenige Schriftsteller, deren wichtigste im Vorwort genannt sind, haben den rechten Weg getroffen. Sie fassen die Idee des Nutzwerthes in solcher Weise, dass dieselbe durch jene Beobachtungen nicht nur nicht aufgehoben, noch verkümmert, sondern vielmehr auf das vollste bestätigt wird.

Im Sinne dieser Schriftsteller will ich jetzt die Theorie des Werthes darstellen. Ich möchte der Untersuchung nur eine einzige Bemerkung über die Art der Führung derselben, insbesondere über die Art der gebrauchten Beweismittel vorausschicken.

Wer den Werth erklärt, erklärt in Wahrheit das Verhalten derer, die den Werth schätzen. Er fasst den Sinn eines von allen Menschen ungezählte Male geübten Verfahrens in klare Worte. Er thut im Grossen und an einem schwierigen Gegenstand dasselbe wie der, der eine Hantirung oder eine mechanische Verrichtung beschreibt, die auszuführen Jedem geläufig ist, während es nicht leicht ist, sie mit all ihren Voraussetzungen ohne sinnliche Nachhilfe im Bewusstsein wachzurufen und zu verfolgen. Aehnlich dem Dichter, der ein Gefühl in Worte fasst, welches alle Menschen von Empfindung wortlos kennen, ähnlich dem Schauspieler, dessen Gabe darin besteht, die Leidenschaft zu zeigen, auch wenn er nicht von ihr ergriffen ist, beschreibt der wissenschaftliche Darsteller der Handlungen, die Alle zu vollziehen gewohnt sind, dieselben in Worten und losgelöst von der Vollziehung, also ohne dass er einen thatsächlichen Fall vor sich zu haben und dass er die Beschreibung mit dessen wirklicher Ausführung zu begleiten brauchte.

Jeder „Laie" kennt den ganzen Stoff der Werththeorie aus eigener Erfahrung und ist nur darin Laie, dass er ihn eben noch nicht theoretisch, d. i. selbständig für sich, sondern blos praktisch, d. i. in jeweils gegebener Situation und in Verbindung mit der Ausnützung derselben erfasst hat. Wo anders sind aber, wenn dies richtig ist, die Beweismittel der wissenschaftlichen Darstellung zu finden, als in der Berufung auf die Erinnerung, die Jeder von seinem wirthschaftlichen Thun und Lassen besitzt! Deshalb ist für die Forschung jede Aeusserung willkommen, welche als ein Zeugniss dieser Erinnerung gedeutet werden kann — wenn z. B. das unbefangene Urtheil des Laien lautet, dass er den Nutzen für die Quelle des Werthes halte, so ist dieses Urtheil ein Wegweiser, dem man erst dann nicht mehr folgen dürfte, wenn die genaueste und ängstlichste Untersuchung bewiesen haben sollte, dass er auf einen Abweg führt. Und wer anders ist der letzte Richter der Theorie als das Publicum? Blos diejenige Theorie der Werthschätzung kann wahr sein, der die Praxis ihre volle Zustimmung gibt. Nur freilich, dass der Richter selbst erst unterrichtet werden muss. Sein Urtheil geht dahin, ob er sich wiedererkenne in einer Beschreibung, die ihn über sein eigenes Wesen belehrt und die er persönlich zu geben unmächtig ist.

Möge meine Arbeit den Beifall derer finden, die nicht blos wirthschaftlich handeln, sondern auch über ihr Handeln nachdenken wollen. Ich habe keinen anderen Wunsch als diesen Beifall zu erwerben, aber ich kann denen das Recht des Urtheiles nicht zugestehen, welche abweisen wollen, ohne nachgedacht zu haben. Welche Mühe kostet es nicht, eine deutliche Beschreibung von den einfachsten und geläufigsten Hantirungen oder Verrichtungen zu geben, und so kann gewiss beim theoretischen Studium einer Sache, die so vielfältig und verwickelt ist wie die Werthschätzung, auch wenn sie Allen noch so vertraut ist, ja gerade weil sie Allen so vertraut ist, die grösste Anstrengung des Nachdenkens nicht erspart werden.

§. 2. Der Werth der Bedürfnissbefriedigungen.

Nach dem Sprachgebrauche der volkswirthschaftlichen Schriftsteller bedeutet Bedürfniss jedes menschliche Begehren, das grösste wie das geringste, ob nun gerechtfertigt oder nicht, ob nothwendig oder entbehrlich, ob materiell oder immateriell. Leibliche Wohlfahrt, Freuden der Eitelkeit, künstlerisches Gefallen und moralische Genugthuung sind sämmtlich als Ziele der Bedürfnisse eingeschlossen.

In diesem Sinne geht aller Nutzen, den die Güter geben, schliesslich auf Befriedigung von Bedürfnissen hinaus, und die Meinung, dass der Werth der Güter von ihrem Nutzen stamme, lässt sich genauer dahin ausdrücken, dass er von den Bedürfnissbefriedigungen herrühre, die sie verschaffen. Die Befriedigungen der Bedürfnisse sind es, die in erster Linie für die Menschen Werth — oder wie man von ihnen gewöhnlicher sagt — Wichtigkeit haben, sie sind das eigentlich Begehrte und Begehrenswerthe, und wie man die Güter nicht um ihrer selbst, sondern um der Befriedigungen willen verlangt, so schätzt man sie auch nur um dieser willen. Der Güterwerth ist vom Bedürfnisswerth abgeleitet.

Die Theorie des Werthes hat darum vor allem vom Bedürfnisswerthe zu handeln, in welchem der Werth zuerst zur Erscheinung kommt.

Was den Befriedigungen selber Werth gibt, das soll indess hier nicht untersucht werden. Genug, dass wir das Symptom angeben, woran man die Abstufungen der Wichtigkeit erkennt. Es kommt auf den Nachdruck an, womit man die Befriedigung vollzogen wünscht. Bringt man die sämmtlichen Befriedigungen hienach in eine Reihe, so ist wohl zu bemerken, dass obenan keineswegs diejenigen stehen, welche den reinsten Genuss bereiten, welche das Leben am meisten verschönern. Die dringendsten Geschäfte gelten vielmehr der Abwehr der Noth, der Beschwichtigung von Sorge und Pein; erst muss die Nothdurft gesichert sein „bis wir zum Guten dieser Welt gelangen". Es ist ein Unterschied zwischen dem, was die Menschen lieber haben wollten, und dem, was sie zuerst zu sichern sich entschliessen müssen; nicht nach jenem Range, sondern nach diesem bildet sich die thatsächliche Werthreihe der Interessen. Die thatsächliche Rangordnung der Wichtigkeit ist, wie immer auch das moralische Urtheil oder die ausschmückende Phantasie sie gestalten wollen, doch nur jene, welche die Menschen durch ihre Handlungen anerkennen, wenn sie vor die Wahl gestellt sind, Eines um des Anderen willen zu unterlassen.

Die Grösse des Bedürfnisswerthes in diesem Sinne hängt von der Art des Bedürfnisses, sie hängt aber innerhalb der einzelnen Art wieder von dem jeweils erreichten Grade der Sättigung ab.

Ueber den letzteren Punkt haben wir nun genauer zu sprechen. Wir werden hiebei die erste Gelegenheit haben, den Einfluss der Menge auf den Werth zu beobachten. Nicht erst der Güterwerth, schon der Bedürfnisswerth wird durch diesen Factor verändert.

§. 3. Das Gossen'sche Gesetz der Bedürfnisssättigung.

Jedermann weiss, dass das Verlangen nach Nahrung mit zunehmender Befriedigung abnimmt, bis zuletzt bei ausreichender Sättigung das Begehren für gewisse Zeit beschwichtigt ist, ja sich in sein Gegentheil, in Ueberdruss und Ekel verwandelt. Denselben Verlauf kennt Jedermann an zahlreichen anderen Begierden, wo gleichfalls die Befriedigung den Antrieb vermindert und endlich völlig aufhebt und verkehrt.

Mehrere Autoren haben unabhängig von einander das Verdienst, diese landläufige Beobachtung wissenschaftlich erweitert und zum Ausgang der Werththeorie gemacht zu haben. Sie sind in der Vorrede genannt. Unter ihnen ist besonders merkwürdig Gossen durch die Schicksale des Buches, in welchem er seine Entdeckung und seine Ideen über die Volkswirthschaft überhaupt niederlegte. „Entwicklung der Gesetze des menschlichen Verkehrs und der daraus fliessenden Regeln für das menschliche Handeln", erschienen zu Braunschweig im Jahre 1854 und in Deutschland so gut wie verschollen, obwohl er für dasselbe den Ruhm eines Copernikus erhofft hatte. Wer das Buch liest, wird diese Wirkung begreiflich finden, sowohl um seiner Vorzüge als um seiner Fehler willen, die beide gleich gross sind. Man findet bei Jevons in der Einleitung zur 2. Auflage der „Theory of Political Economy", sowie in einem Aufsatz von L. Walras im Jahrgang 1885 des „Journal des Economistes" genauere Nachrichten über Buch und Autor. Die Wissenschaft hat Gossen eine Schuld abzutragen, und es ist in diesem Gefühle, dass ich das Gesetz der Bedürfnisssättigung wenn auch nicht ganz in seiner Darstellung, so doch unter seinem Namen entwickle.

Das Gesetz bedarf kaum einer Erläuterung. Gossen selbst hat es durch einen Zusatz noch klarer gemacht. Neben der abschwächenden Wirkung, die die fortgesetzte Befriedigung auf das Begehren hat, zeigt sich nämlich unter Umständen auch die entgegengesetzte, dass das Begehren durch Wiederholung und Uebung grösser wird, indem es hiebei sich entwickelt, sich selber, seine Ziele und seine Mittel kennen lernt, sich reinigt und sich erhebt. So begegnet während der Dauer der Entwicklung das Gesetz der Abschwächung einer Gegentendenz, uneingeschränkt gilt es nur vom vollkommen ausgebildeten Bedürfnisse.

Hier aber gilt es für alle Bedürfnisse welcher Art immer ohne Ausnahme.

Zweifellos gilt es für solche gröbere materielle Bedürfnisse, die periodisch wiederkehren, wie z. B. das Bedürfniss nach Nahrung. Man muss hier nur den Trieb im Ganzen und die einzelnen Regungen gehörig unterscheiden. Der Trieb allerdings bleibt in gleicher Stärke, so lange der Mensch in gleicher Kraft bleibt; Befriedigung schwächt ihn nicht, sondern reizt ihn eher, indem sie immerfort zu seiner Ausbildung beiträgt, insbesondere da sie ein Verlangen nach Abwechslung erzeugt. Anders dagegen steht es um die einzelnen Regungen des Triebes. Diese sind zeitlich und stofflich enge begrenzt. Wer eine gewisse Menge von Nahrungsmitteln gewisser Art zu sich genommen hat, verlangt unmittelbar nachher eben dieselbe Menge nicht mit der gleichen Stärke. Innerhalb einer jeden Bedürfnissperiode wird jeder hinzukommende Act der Befriedigung minder hoch angeschlagen als ein vorangehender, der mit einer Gütermenge gleicher Art und Grösse vorgenommen ist.

Manche materielle Bedürfnisse entspringen nicht aus intermittirend wirkenden Trieben, sondern verlangen ununterbrochen ihre Befriedigung, wie z. B. das Wärmebedürfniss. Der menschliche Körper fordert die ununterbrochene Erhaltung eines gewissen Wärmestandes. Auch hier gilt das Gossen'sche Gesetz. Derjenige Act, welcher nothwendig ist, um die Erhaltung des erforderlichen Minimalstandes an Wärme zu sichern, d. i. der zur Warmhaltung unentbehrlichste Aufwand von Kleidern, Brennstoffen u. s. f. wird mit dem grössten Nachdruck verlangt, die Vermehrungen dieses nothwendigsten Aufwandes bewirken nicht mehr in gleichem Masse Erhöhung des Wohlseins und werden mit viel minderem Nachdruck begehrt. Endlich muss Widerwillen gegen jede Steigerung eintreten.

Was die feineren Bedürfnisse anbelangt, diejenigen, welche entstehen, sobald die Nothdurft des Lebens gesichert ist, so gilt auch von ihnen dasselbe Gesetz, nur ist es der gemeinen Beobachtung minder auffällig. ja der Anschein ist sogar dawider. Die Bedürfnisse des Reichthums scheinen die Umkehrung von denen der Armuth zu sein. Diese sind dringend, aber enge abgegrenzt, jene sind entbehrlich, aber wenn sie sich regen, so zeigen sie sich vielfältig und ausgedehnt; vielfältig, indem sie vom Ursprung an reich an Arten sind und sich dann noch immer reicher entwickeln, wobei immer eines das andere erweckt, und ausgedehnt, indem sie häufig Objecte von grossem Umfang betreffen, um so grösser, je verfeinerter die Bildung ist. Daher könnte man wohl meinen, diese Bedürfnisse seien ohne Grenzen und ohne Abnahme. Man prüfe aber nur einmal genau, wie sich die Menschen verhalten, wenn ohne Abwechslung eben derselbe Act des Genusses öfters wiederholt wird, eben derselbe und nicht etwa ein ergänzender oder ein verwandter: und man wird finden, dass auch hier Müdigkeit und Ueberdruss die letzte Folge ist. Die Lust eines Sammlers scheint unersättlich zu sein, und in der That hat sie ein Object von ungemeinem Umfang, selbst wenn sie auf einen einzigen Artikel eingeschränkt ist. Wer z. B. Bücher oder wer Bilder sammelt, bedarf eines grossen Vermögens und wird doch seiner Lust nicht völlig Genüge thun können. Jedes neuerworbene Buch steigert sein Verlangen, statt es abzuschwächen, und das nicht aus einer krankhaften

Uebertreibung, sondern mit gutem Recht, weil es ihm seinem Ziele näher bringt, eine vollständige Bibliothek, eine vollständige Galerie zu besitzen. Wie aber, wenn ihm ein Duplicat eines Werkes, das er schon einmal hat, zum Kaufe angeboten wird? Dies allein ist der Fall einer genauen Wiederholung, einer nochmaligen Befriedigung desselben Antriebes, wie schon Gossen bemerkt; und hier wird ohne Zweifel das Verlangen sehr beträchtlich gemindert, vielleicht ganz beschwichtigt sein. So wird man es immer finden, wenn man die Untersuchung genau auf den identischen Gegenstand richtet. Selbst Bedürfnisse, wie das nach Macht oder das nach Wissen, selbst die Herrschsucht, der Ehrgeiz und der Erkenntnissdrang sind von der behaupteten Regel nicht ausgenommen. Die Summe dessen, was sie verlangen, wenn sie auf das Aeusserste gespannt sind, ist unermesslich, keines Menschen Leben noch Kraft reicht aus, um sie auch nur ein einziges Mal bis zur Neige zu befriedigen, geschweige um den Genuss zu wiederholen, aber die einzelnen Acte, aus denen sich die ganze Summe zusammensetzt, die einzelnen Erfolge, Machtausübungen und Erkenntnisse sind wiederholbar und ihrer wird man müde; das eben ist der Reiz des Ganzen, dass man den Wechsel des Einzelnen hat. Nichts Irdisches ist derart, dass man unverwandt geniessend in seine Anschauung versinken möchte. Das gilt von allen Regungen, vom Hunger bis zur Liebe.

§. 4. Die Sättigungs-Scalen.

Bezeichnen wir, die Sättigung eines Bedürfnisses verfolgend, jeden Act der Befriedigung mit dem ihm zukommenden Werthe, so erhalten wir eine abnehmende Scala, deren Nullpunkt bei voller Sättigung erreicht ist, während der Höhepunkt dem ersten Acte der Befriedigung zukommt. Hätten wir ein allgemeines und exactes Mass für Lust und Unlust, so vermöchten wir die Sättigungs-Scala aller Bedürfnisse in Ziffern auszudrücken und mit einander zu vergleichen. Doch davon sind wir weit entfernt. Immerhin vermögen wir aber mit Bestimmtheit zu erklären, dass zwischen den einzelnen Scalen grosse Ungleichheiten bestehen. Nicht nur die Höhepunkte sind verschieden, ja ausserordentlich verschieden — wie Jedermann zur Genüge aus seiner Erfahrung weiss — sondern auch die Abstufungen von einem Acte zum nächsten wechseln. Manche Bedürfnisse springen von den höchsten Graden der Erregung in wenig Sätzen bis zur vollen Sättigung — so die groben Lebensbedürfnisse — andere, obschon niedrig beginnend, halten sich lange mit fast unmerklicher Abschwächung in Kraft, wie sehr viele feinere Bedürfnisse. Selbst für das einzelne Bedürfniss ist die Abnahme häufig ungleichmässig, sie ist bald zu Anfang, bald zu Ende der Scala langsamer. Nicht im mindesten darf man erwarten, dass jede Scala alle Grade aufweist, die im Begehren überhaupt unterschieden werden. Gesetzt, es liessen sich im Ganzen 100 Grade der Intensität des Begehrens unterscheiden, so wird man gewiss keine einzelne Scala finden, die genau alle 100 Grade zeigte, jede wird den einen oder den anderen oder selbst viele Grade überspringen, ja man wird vielleicht keine Scala finden, die mit Regelmässigkeit z. B. immer von 10 zu 10 Graden überspränge, sondern die einzelnen Scalen werden wohl alle irgendwie unregelmässig gebildet sein. Reihen wie 100—90—80—10—0 oder wie 20—14—5—4—3—2—1—0 u. s. f. werden es sein, die sich zeigen.

Diese Betrachtung, so roh und unvollkommen sie auch ist, wird sich in der Folge doch sehr fruchtbar erweisen. Wir werden an mehreren wichtigen Stellen auf sie zurückzugreifen haben. Schon jetzt eröffnet sie uns eine erste Aussicht, wie eine der fundamentalen Schwierigkeiten des Werthproblems wohl gelöst werden könnte, diejenige nämlich, welche durch die Beobachtung des Gegensatzes von Werth und Nützlichkeit gegeben ist.

Wenige Worte werden dies klarer machen.

Eine Bedürfnissregung, welche einer sehr wichtigen Bedürfnissart zugehört, kann gleichwohl selber von sehr geringer Wichtigkeit sein. Die Wichtigkeit der ganzen Art bemisst sich eben nach Mass der ganzen Sättigungs-Scala, vornehmlich nach Mass der obersten Grade derselben, dagegen bemisst sich die Wichtigkeit der einzelnen Regung nach einem bestimmten, vielleicht sehr tief gelegenen Punkte der Scala, mit Rücksicht auf den jeweils bereits erreichten Stand der Sättigung. Das Bedürfniss nach Nahrungsmitteln ist seiner Art nach wichtiger als das nach Gegenständen des Schmuckes oder Putzes, nichtsdestoweniger werden einzelne Regungen des Nahrungstriebes bei genügender Sättigung den Regungen der Eitelkeit, wenn sich diese in ihren ersten Befriedigungen gefällt, weitaus nachstehen.

Den Bedürfnissarten entsprechen die Güterarten und dem Urtheile über die Wichtigkeit der ersteren entspricht das über die Nützlichkeit der letzteren. Das einzelne Gut braucht aber die Nützlichkeit seiner Gattung so wenig zu verwirklichen, als die einzelne Bedürfnissregung die Wichtigkeit der ihrigen. Das Nahrungsmittel, welches von einem schon fast Gesättigten verzehrt wird, gibt nur mehr einen gering geschätzten Nutzen, obwohl es die Eigenschaften in sich hat, um von der Pein des Hungers zu erlösen. Wenn man eine genügend grosse Menge von Gütern höchster Nützlichkeit besitzt, wird man einige von ihnen nicht anders als mit sehr geringem Nutzen verwenden können, ja wenn man Ueberfluss hat, wird man von dem Theile des Vorrathes, der über den Bedarf hinausgeht, gar keinen Nutzen haben.

In der Wirthschaft kommt es nicht blos auf die Art der Bedürfnisse und Güter, sondern immer auch auf den jeweiligen Stand der Sättigung, beziehungsweise des Vorrathes an. Folgerichtig beurtheilt man die Güter nicht einfach auf ihre Nützlichkeit hin, sondern auf den im Einzelnen erzielbaren Nutzen — und folgerichtig muss sich der Güterwerth mindestens so weit von der Nützlichkeit entfernen, als sich der thatsächliche Nutzen von ihr entfernt.

§. 5. Der Grenznutzen.

Selbst dort, wo die Natur mit ihren Schätzen am freigebigsten ist, sind die Menschen doch nur in wenig Güterarten bis zum Ueberfluss versorgt, so dass sie alle selbst die geringfügigsten Regungen der Bedürftigkeit befriedigen könnten. In aller Regel sind die verfügbaren Gütervorräthe so knapp, dass man mit der Befriedigung auf einem Punkte der Sättigungs-Scala, der vor der vollen Sättigung liegt, abbrechen muss. Der Grad, bei dem man, die vollste überhaupt durchführbare Ausnützung der Güter vorausgesetzt, abzubrechen genöthigt ist, der geringste noch erreichbare Nutzen ist für den Act der Werthschätzung, wie für die ganze Wirthschaft, von besonderer Bedeutung. Auf ihn bezieht sich die Bezeichnung „Werth des letzten Atoms" bei Gossen, „final degree of utility" oder auch „terminal utility" bei Jevons und „intensité du dernier besoin satisfait" („rareté") bei Walras. Menger gebraucht keinen eigenen Namen. Ich habe („Ursprung des Werthes", pag. 128) den Namen „Grenznutzen" vorgeschlagen, der seither auch mehrfach angenommen wurde.

Wo die Gütervorräthe zu knapp sind, als dass alle Regungen des Begehrens befriedigt werden könnten, soll doch der nothwendige Abbruch thunlichst gering gemacht werden. Das wird erreicht, indem man, mit der Beschwichtigung der intensivsten Regungen beginnend, den Umfang des Genusses möglichst weit ausspannt, oder mit anderen Worten, indem man bei lückenloser Befriedigung einen möglichst tiefen Grenzpunkt des Genusses gewinnt. Die Wirthschaftlichkeit fordert, den Grenznutzen in diesem Sinne so niedrig als möglich zu machen. Die Mittel zur Erreichung dieses Zieles sind einerseits möglichste quantitative Ausnützung der Güter und andrerseits möglichst sorgfältige Auswahl ihrer Verwendungen dort, wo mehrfache Verwendungen mit einander concurriren. Eine derartige Concurrenz kann durch zweierlei Umstände gegeben sein, entweder durch das Vorkommen von Gütern mehrfacher und vielfacher Nützlichkeit oder durch die Anhäufung von Vorräthen, die erst in längeren Zeiträumen aufgezehrt werden sollen. Im ersteren Falle handelt es sich darum, zwischen den einzelnen Formen der Verwendung zu wählen und das wirthschaftliche Gleichgewicht herzustellen, im zweiten Falle darum, die Güter möglichst angemessen auf die Bedürfnisse des ganzen Zeitraumes aufzutheilen.

Bei Gütern mehrfacher Nützlichkeit kommt die Verschiedenheit der Sättigungs-Scalen der Bedürfnisse (§. 4) zur Geltung. Jede Verwendungsart hat ihre eigenthümliche Sättigungs-Scala, mit einem eigenthümlichen Culminationspunkte und einem eigenthümlichen Verlaufe. Dadurch wird die Bestimmung des Grenznutzens im gegebenen Falle zu einer sehr verwickelten Sache. Die Regel der Bestimmung ist am besten an einem Beispiele klar zu machen. An Beispielen fehlt es nicht. Güter mehrfacher Nützlichkeit sind überaus häufig. Die wichtigsten finden sich unter den Productivmitteln. Wer vermöchte die Dienste aufzuzählen, die Eisen, Holz oder Kohle zu leisten im Stande sind? Oder gar diejenigen, zu denen die menschliche Arbeit geeignet ist? Das vielseitigste Gut ist indess das Geld, es kann durch Umtausch in so ziemlich alle anderen Güter verwandelt und dadurch so ziemlich allen Bedürfnissen dienstbar gemacht werden. An keinem anderen Gute kann man eine so deutliche Vorstellung von der Idee des Grenznutzens gewinnen, ich benütze es daher als Beispiel, wenngleich die Nützlichkeit des Geldes eine mittelbare ist, die den Tausch voraussetzt, von welchem erst im folgenden Abschnitt gehandelt werden soll.

Das Geldeinkommen selbst des Reichsten reicht gewöhnlich nicht zu, um alle gewünschten Ausgaben zu decken. Wirthschaftlicher Weise wird man daher, um — wie Gossen sagt — „ein Grösstes an Genuss zu bereiten", die Ausgaben so eintheilen müssen, dass man von den dringendsten Bedürfnissen an möglichst weit, bis zu möglichst geringen Befriedigungen herab gelange. Je grösser das Einkommen ist, um so tiefer herab wird man reichen, um so später braucht der Genuss abgebrochen zu werden. Das „Grösste an Genuss" könnte aber nicht bereitet werden, wenn man nicht die einzelnen Ausgabezweige gegen einander gehörig abwöge. Nirgends darf die Grenze überschritten werden, die durch den allgemeinen Stand der Vermögensumstände gesteckt ist, in denen man sich befindet. Jede Ueberschreitung in einer Post muss durch eine Entbehrung in einer anderen gebüsst werden, die, weil sie durch einen höheren Grad auf der Bedürfniss-Scala bezeichnet ist, ein grösseres Opfer auferlegt als der Genuss war, den jene verschaffte. Man kann insoferne ganz gut von einem „Haushaltungsniveau" sprechen, von einem allgemeinen Stande der Lebenshaltung, der jedem Haushalt durch die eigenthümlichen Grössen seines Bedarfes und seiner verfügbaren Mittel vorgeschrieben ist und in allen Zweigen festgehalten werden muss. Nur wäre es ein Irrthum — den aber fast alle Schriftsteller begangen haben, welche sich mit dieser Materie beschäftigten, insbesondere auch Jevons — zu glauben, dass in allen Ausgabezweigen jeweils ganz genau der gleiche Grad der Befriedigung, das gleiche Niveau, der gleiche Grenznutzen festgehalten werden müsse. Das ist wider die Natur der Bedürfnisse, die keineswegs alle eine gleichmässige, sondern jedes eine eigenthümliche Sättigungs-Scala haben. Wäre das Haushaltungsniveau so zu verstehen, so müsste jede Einkommensvermehrung, die Jemand gewinnt, sich in allen Ausgabezweigen seiner Wirthschaft gleichmässig durch entsprechende Ausdehnung derselben bemerkbar machen; in der That aber sind es immer nur einzelne Ausgaben, die erweitert werden, während die anderen auf ihrem alten Stande bleiben, oder wenn schon das Einkommen um so viel gesteigert wurde, dass alles aufgebessert werden kann, so ist doch die Aufbesserung in den einzelnen Zweigen sehr ungleichmässig. Die Sättigungs-Scalen der Bedürfnisse sind eben verschiedenartig, die Aufnahmsfähigkeit des einen ist gross, die des anderen vergleichsweise gering, d. h. das eine gibt einen Ausschlag für Intensitätsgrade, bis zu welchen das andere nicht reicht oder die es überspringt. Die Regel der wirthschaftlichen Verwendung von Gütern mehrfacher Nützlichkeit ist nicht, in allen Verwendungen den gleichen, möglichst geringen Grenznutzen zu gewinnen, sondern sie geht dahin, in jeder Verwendung den geringsten Grenznutzen zu gewinnen, der noch erreicht werden kann, ohne dass um dessentwillen in einer anderen Verwendung ein höherer Nutzen entbehrt werden müsste.

Was die Bewirthschaftung von **Gütervorräthen** anbelangt, die auf **längere Zeit** ausreichen sollen, so ist die Vorschrift ganz ähnlich. Man soll nicht durch vorzeitigen übermässigen Genuss sich für die Zukunft unnöthige Entbehrungen auferlegen. Am besten wäre es, den Genuss auf die ganze Zeit gleichmässig zu vertheilen, dies wird aber häufig durch die Natur der Güter, die längere Aufbewahrung nicht zulässt, sowie durch die Unsicherheit in der Vorausbestimmung der Wechselfälle in der Wirthschaft unmöglich gemacht. So soll die Grenze der Verwendung jeweils derart gewählt werden, dass die grösste Ausnützung im Ganzen wahrscheinlich wird.*)

Eine sonderbare Frage drängt sich hiebei auf: Sind gegenwärtige und zukünftige Befriedigungen denn überhaupt grund-

---

*) Siehe hiezu „Ursprung des Werthes", S. 146 ff. und Sax, S. 371 ff.

sätzlich gleich zu achten? Ist nicht der Vorrang in der Zeit auch ein solcher im Grade der Wichtigkeit? Stehen nicht mit Recht die Genüsse um so weiter zurück im Werthe, je entfernter sie im Dunkel der Zukunft liegen? Jevons hat die Frage bejaht, ebenso seither — zum Theile mit noch grösserer Entschiedenheit — noch mehrere andere Autoren, wie ich glaube mit Unrecht. Eine genaue Untersuchung lässt sich füglich nicht umgehen, wenn sie uns auch etwas von der Erfüllung unserer nächsten Aufgabe, der Ableitung des elementaren Werthgesetzes, zurückhält.

§. 6. Der Werth künftiger Bedürfnissbefriedigungen.

Besässen wir die Kraft der Vorsorge für künftige Bedürfnisse gar nicht, so wäre es um unser Dasein übel bestellt. Keine neuen Erzeugnisse würden vorbereitet, sogar die alten Besitzthümer würden sinnlos verthan werden, für die späteren Tage hätte rein der Zufall und die Gunst der Natur zu sorgen. So wie es von Gewicht ist, dass wir für die künftigen Bedürfnisse überhaupt im Voraus empfänglich seien, ist es aber auch von Gewicht, dass der Grad der Empfänglichkeit genüge. Die Sorge für die kommende Nothdurft sollte um nichts der leidenschaftlichen Hingebung nachstehen, mit der man den drängenden Regungen des Augenblicks unterthan ist. Gingen die künftigen Bedürfnissbefriedigungen statt mit ihrem vollen Zukunftswerthe nur mit einem geringen Bruchtheil desselben in die gegenwärtigen Schätzungen ein, so müsste die Wirthschaft endlich ebensowohl verfallen, wie wenn sie gar nicht eingingen, nur dass der Verlauf ein langsamerer wäre und der Abschluss etwas später fiele.

Dass die Menschen die Fähigkeit haben, um künftiger Bedürfnissregungen willen zu handeln, ist augenscheinlich, aber die Beobachtung der menschlichen Natur legt die Vermuthung sehr nahe, dass sie hiebei mit minderem Nachdruck handeln, als wenn sie sich unter dem Einfluss gegenwärtiger Regungen befinden. Dem künftigen Bedürfniss geht nämlich, wo es überhaupt in die Gegenwart hereingreift, ein psychischer Widerschein voraus, der wesentlich anderer Natur ist als das Bedürfniss selbst. Er ist viel feiner, innerlicher, selbst bei rein körperlichen Bedürfnissen ist er immer seelisch. Der Hunger künftiger Tage wirkt z. B. heute nicht als Hunger, sondern als Sorge um die Nahrung; nur der Gegenstand des Begehrens ist der gleiche, aber die begehrenden Kräfte sind andere. Statt des Bedürfnisses ist ein Interesse da. Geht nicht bei diesem Umsatz vom Gröberen in's Feinere auch ein Theil der Energie verloren? Muss nicht immer das Gewicht des vorsorglichen Interesses geringer sein als das des nachfolgenden eigentlichen Triebes?

Wenn die Menschen den für eine gedeihliche Wirthschaft erforderten Grad der Vorsorglichkeit im Stande der Cultur besitzen sollten, so ist doch das Eine gewiss, dass sie ihn nicht von Anfang her besessen haben. Er wäre ebensowohl erst durch die Culturarbeit erworben wie die Kraft, in den moralischen Kämpfen der auflodernden Leidenschaft durch das Gefühl der Pflicht zu begegnen. Im Grunde ist der wirthschaftliche Conflict zwischen den Anforderungen von heute und von morgen ja auch moralischer Art, er ist ein besonderer Fall des Kampfes zwischen Trieben und Vernunft. Uncultivirte Völker sind nur in geringem Masse der Vorausberücksichtigung künftiger Bedürfnisse fähig, in so geringem Masse, dass der elende Zustand, in dem sie sich befinden, hieraus allein vollkommen erklärt werden kann. Nicht blos das Vorauswissen ist es, was ihnen fehlt, sondern ebenso sehr die vorausgehende seelische Erregung, die Beunruhigung, die der cultivirte Mensch zugleich mit dem Bewusstsein empfindet, dass Bedürfnisse kommen, für die keine Deckung da ist. Dumpfe starre Apathie hält den Sinn des Barbaren gefangen, so dass er mit Gleichgiltigkeit oder höchstens mit dem Gefühle der Hilflosigkeit das gewisse Elend erwartet, dem er vermeint nicht entrinnen zu können und dem er gleichwohl entrinnen könnte, wenn er nur die Energie hätte es zu wollen.

Ob bei den Culturvölkern die Entwicklung bis zu dem wünschenswerthen Höhepunkte gediehen ist, lässt sich leicht aus der Betrachtung der wirthschaftlichen Handlungsweise ermitteln. Wie verfährt man in der Mehrzahl der Fälle? Opfern die Meisten das Ihrige dem Verlangen nach gegenwärtigem

Genuss oder sparen sie es für später auf? Kein Zweifel, dass im Ganzen die guten Haushälter über die Verschwender überwiegen. Gewiss gibt es Niemanden, der ohne wirthschaftliche Sünde wäre, der nicht einmal voraus verzehrt hätte, was er nachher schmerzlich entbehren musste. Aber im Ganzen gilt es als eine wirthschaftliche Regel, die so gut befolgt wird als irgend eine der wirthschaftlichen Grundregeln, dass man mit Vermögen und Einkommen für die späteren Tage und das Alter hauszuhalten habe. Jeder Gütervorrath ist auf die Bedürfnisse des Zeitraumes, für den er ausreichen soll, möglichst so zu vertheilen, dass ohne Rücksicht auf das frühere oder spätere Eintreten die sämmtlichen wichtigsten Regungen befriedigt und nur die minder wichtigen ausgeschlossen werden sollen, für die der Vorrath nicht mehr reichen will. Die Abweichungen von der Regel sind so wenig zahlreich, dass eine theoretische Untersuchung, die die Regel als feststehend annimmt und deren weitere Wirkungen untersucht, nicht blos die Wirthschaft, wie sie gefordert ist, sondern auch die Wirthschaft, wie sie thatsächlich ist, erklären hilft.

Ich will, um nicht missverstanden zu werden, meine Meinung noch etwas genauer erklären. Es fällt mir nicht bei, zu läugnen, dass im Allgemeinen die zeitliche Entferntheit eines Ereignisses die Wirkung haben wird, den Eindruck desselben abzuschwächen. Im Allgemeinen gilt das auch für die Wirthschaft so. Es scheint mir jedoch, dass im Stande der Civilisation jeder gute Wirthschafter und der Hauptsache nach auch alle mittelmässigen gelernt haben, in einer gewissen Beziehung dieser Schwäche der menschlichen Natur Herr zu werden; insoweit nämlich als es sich darum handelt, das regelmässig zu gewinnende Einkommen auf die regelmässig erwarteten Bedürfnisse auszutheilen, und im Zusammenhange hiemit ausserdem noch insoweit, als es sich darum handelt, regelmässiges Einkommen zu gewinnen und die Bedingungen hiefür durch Pflege der Arbeitskraft und Erhaltung des Vermögensstammes zu sichern. Die Aufforderung zur Vorsorge ist in dieser Beziehung eine besonders starke, und es dürfte nicht Wunder nehmen, wenn sie hier vor allem wirksam geworden wäre.

Die Ordnung und das Gedeihen der Wirthschaft erfordern übrigens nicht im mindesten, dass man stets alle zukünftigen

Regungen auch mit voller Deutlichkeit voraus fühle. Man hat nur diejenigen zu beachten, für die man vorzusorgen hat, und diese wieder nur insoweit, als man für sie vorzusorgen hat. In erster Reihe stehen alle die, für welche die gegenwärtigen Vorräthe an Gebrauchsgütern und das gegenwärtig verfügbare Einkommen zureichen sollen und die daher im Haushalte mit den gegenwärtigen Regungen in Conflict kommen. Zu ihnen gesellen sich ausserdem die viel zahlreicheren Bedürfnisse, deren Deckung durch zweckentsprechende Verwendung des gegenwärtigen Vermögensstammes zu gewinnen ist. Beide Gruppen von Bedürfnissen, besonders aber die letztere, werden von unserem Innern in einer eigenthümlich vereinfachenden Weise vergegenwärtigt, die sehr leicht den Anschein erweckt, als würden sie völlig zurückgedrängt. Man fasst sie in Bausch und Bogen, nach Zeitabschnitten zusammen, und wird sich ihrer für gewöhnlich kaum anders bewusst, als durch die Wahrnehmung der Güter, die ihnen gewidmet sind. In der Vorschrift, den Vermögensstamm nicht zu vermindern, äussert sich z. B die Vorsorge für die Bedürfnisse einer entlegenen Zukunft und später Generationen, wenn auch die Vorschrift blos auf die Güter hinweist, die das Vermögen bilden, während die Bedürfnisse selbst in einem Dunkel, das die Vorstellungskraft zu erhellen sich nicht bemüht und auch nicht zu bemühen braucht, mehr und mehr zurückzutreten scheinen.*)

§. 7. Der Güterwerth.

Dem Menschen ist ursprünglich nur das Menschliche wichtig, die Aufmerksamkeit eines Jeden auf sich, der Antheil eines Jeden an sich ist natürlich da. Die Dinge dagegen sind uns ursprünglich gleichgiltig, und nur soweit eine Beziehung derselben zu menschlichen Interessen und Geschicken wahrnehmbar ist, erwacht ein Antheil an ihnen. In mancherlei Formen:

---

*) Manche Autoren wollen aus der Werthdifferenz gegenwärtiger und zukünftiger Regungen den Capitalzins, namentlich den productiven Capitalzins, erklären. Dies scheint mir ein Irrthum. Der productive Capitalzins ist eine Erscheinung selbst der geordnetsten Wirthschaftsführungen, die mit dem höchsten erreichbaren Grade von Vorsorglichkeit arbeiten. Er ist nicht im mindesten ein Symptom mangelhafter Wirthschaft. Siehe hierüber unten den 4. Abschnitt.

als Mitleid, wenn man thierischen Schmerz menschenähnlich sich äussern sieht, als religiöse oder poetische Regung, wenn die Betrachtung des Lebendigen in der Natur die Ahnung eines Zusammenhanges alles Lebens erweckt, endlich auch als wirthschaftliche Werthschätzung, wenn man die Dinge als Hilfsmittel und Bedingungen der menschlichen Wohlfahrt erfasst — die kälteste Zuwendung des Interesses, weil sie die Dinge als blosse Mittel menschlicher Zwecke ansieht, aber auch die weitest reichende, weil sie die meisten Dinge erfasst und weil sie nicht blos das Dasein, sondern auch den Besitz fordert.

Unsere natürliche Gleichgiltigkeit den Dingen gegenüber ist indess so gross, dass es eines besonderen Zwanges, einer unabweisbaren Aufforderung bedarf, wenn wir dieselben als etwas Wichtiges, als etwas was Werth besitzt, ansehen sollen. Die Beobachtung, dass wir von den Dingen Nutzen empfangen, der für uns Wichtigkeit oder Werth hat, übt diesen Zwang noch nicht aus. Wo wir Güter zu unserem Nutzen verwenden, wo aber dieselben zugleich in einem durchaus gesicherten Ueberfluss zur Verfügung stehen, gebrauchen wir sie, ohne uns weiter um sie zu bekümmern als um den Sand am Meere. Mögen sie sich vermehren oder vermindern, wenn nur der Ueberfluss bestehen bleibt, so denkt man „was liegt daran, wir haben ihrer immer genug und zu viel". Im Paradiese hätte nichts Werth als die Genüsse, kein Ding, kein Gut. Man würde von allem haben können und eben deswegen sich an nichts hängen.

Wo dagegen gesicherter Ueberfluss nicht vorhanden ist, erwacht in Folge einer selbstsüchtigen Berechnung das Interesse und theilt sich den Gütern mit, von denen man wahrnimmt, dass man sie braucht und nicht verlieren darf. Die Menschen im Allgemeinen rechnen dann mit den Sachen so, wie der Egoist mit den Personen. Hieher gehören nicht nur die Fälle der eigentlichen Noth, des äussersten Mangels, wo man das Wenige, das man hat, mit Argusaugen hütet, und nicht nur die der Seltenheit, der Rarität, wie bei einem Kunstwerke, das seinesgleichen nicht hat und dessen Verlust nicht ersetzt werden könnte, sondern auch jene, wo man in leidlichem Wohlstand ist, aber haushalten muss, und sogar die äussersten Grade des Reichthums (wenn derselbe nur nicht gesicherter natürlicher Ueberfluss ist), wo man selbst in manchen Stücken alles hat. aber doch alles wieder fortwährend des Schutzes, der Pflege und der Erneuerung bedarf. Da ist keine, gar keine Veränderung im Bestande des Vermögens ganz gleichgiltig. jeder Zuwachs bringt einen Zuwachs an Genuss, jeder Verlust, auch der geringste, reisst eine Lücke in die erwartete Reihe der Genüsse und stört. Glück und Leid hängt am Besitze, die Güterschicksale bedeuten Menschenschicksale. Eine innige und unlösliche Association des Gefühles, das man für die Wichtigkeit seiner Interessen hat, mit der Vorstellung der Güter entsteht: Die Güter, an sich gleichgiltig, empfangen Werth vom Werthe. den ihre Verwendungen haben.

Güter, welche in einem gesicherten und natürlichen Ueberfluss vorhanden sind, heissen freie, alle übrigen heissen wirthschaftliche Güter. Nur wirthschaftliche Güter können somit Werth besitzen. Der Güterwerth ist nach der Definition Menger's „die Bedeutung, welche concrete Güter oder Güterquantitäten für uns dadurch erlangen, dass wir in der Befriedigung unserer Bedürfnisse von der Verfügung über dieselben abhängig zu sein uns bewusst sind".

Es ist zu beachten, dass von freien Gütern kein Theil Werth erhält, weder der, der überflüssig ist und daher nicht verwendet werden kann, noch selbst der, der verwendet wird. Vom Wasser einer Quelle, die überreichlich fliesst, hat weder Werth was den Krug füllt, noch was überschäumt. Der Güterwerth, obwohl er seinen Ursprung im Nutzen hat. spiegelt also doch nicht den Nutzen wieder, da es Fälle gibt. in denen reicher Nutzen genossen wird, ohne Werth (d. h. Güterwerth) zu erzeugen. Der Theoretiker darf daher, wenn er den Werth erklären will, sich nicht an der Erklärung des Wechsels der Nutzgrössen genügen lassen, er muss weiter gehen und die Gesetze erforschen, nach denen die Nutzgrössen sich in Werthgrössen verwandeln. Es ist zu vermuthen — und wir werden diese Vermuthung in der Folge bestätigt finden — dass der Werth, so wenig er in allen Fällen aus dem Nutzen entsteht. so wenig auch dann wenn er entsteht, immer den vollen Nutzen in sich aufnimmt. Wenn schon der Nutzen des einzelnen Falles sich von der allgemeinen Nützlichkeit eines

Gutes weit entfernt, so müsste sich, falls diese Vermuthung in der That bestätigt wird, der Werth noch weiter von ihr entfernen und es ist eine zweite Aussicht eröffnet, die Gegensätze aufzuklären und verständlich zu machen, welche die Erfahrung zwischen Werth und Nützlichkeit aufweist.

§. 8. Die Schätzung eines einzelnen Gutes.

Güter werden entweder vereinzelt für sich oder sie werden in Verbindung mit anderen geschätzt. Letzteres geschieht der Hauptsache nach in dreifacher Weise. Man schätzt ein Gut in Verbindung mit gleichartigen Gütern, die zusammen mit ihm in einem Vorrathe besessen werden, oder mit Gütern, aus denen man es neu erzeugen kann, oder mit Gütern, die man durch Ankauf zu ihm hinzu erwerben kann. Von diesen drei Fällen ist der erste der Elementarfall, auf den sich die beiden übrigen zurückführen lassen. Ihn allein werde ich daher in der elementaren Theorie des Werthes besprechen.

Dass Güter vereinzelt geschätzt werden, ereignet sich äusserst selten, sei es aus irgend einem Zufall, der sie isolirt, sei es in Folge ihrer eigenthümlichen Natur, indem sie eben nur vereinzelt gewonnen werden können. In dem ersten Falle sind sie für die Dauer der Isolirung, in dem zweiten sind sie überhaupt unersetzlich, in beiden müssen sie bei vernünftiger Schätzung den vollen Werth des Nutzens zugesprochen erhalten, den man von ihnen erwartet. Das Mittel, ohne welches der Zweck nicht erreicht werden kann, muss so hoch geschätzt werden als der Zweck selbst. Ist das Gut seiner Art nach zu mehreren Verwendungen geeignet, die sich jedoch wechselseitig ausschliessen, so dass thatsächlich nur eine einzige vorgenommen werden kann; so entscheidet diejenige Verwendung, welcher die höchste Wichtigkeit zukommt. Nur ein Barbare könnte die Venus von Milo nach dem Nutzen ihres Materiales schätzen. Ein Verhungernder schätzt das letzte Nahrungsmittel nach dem vollen Werthe der Lebenserhaltung, wenn anders ihm an der Lebenserhaltung gelegen ist.

Ab und zu werden auch grössere Vorräthe von Gütern als ein einziges untheilbares Ganzes, mithin als ein Gut geschätzt. Der Verkäufer kann z. B. die Bedingung stellen, dass er einen grösseren Vorrath nur ganz, oder gar nicht abgebe. Ist der Käufer durch die Umstände gezwungen, auf diese Bedingung einzugehen, so muss auch er sich den Werth des Vorraths im Ganzen anschlagen. Er hat sich die ganze Summe von Nutzleistungen zusammenzurechnen, die er erwarten darf, vom obersten Nutzen angefangen, den die Güter des Vorraths ihrer Art nach geben können, bis zum Grenznutzen herab, der durch die Grösse des Vorrathes und des Bedarfes fixirt ist, und die Summe aller dieser Nutzleistungen gibt ihm den Werth. Der Werth spiegelt hier den vollen Nutzen wieder, der von der Güterverwendung erzielt wird.

Stellen wir uns vor, ein Volk sei gezwungen, den Getreidevorrath, den es braucht, vom Auslande und im Ganzen anzukaufen. Würde der Regierung hiebei jene Bedingung auferlegt, so müsste sie zu einer Werthschätzung des Getreides gelangen, die fast in's Ungemessene ginge. Es müsste erwogen werden, dass ohne den Ankauf ein grosser Theil der Bürger dem Hungertode geweiht wäre, und aller Nutzen, der durch die Vermeidung dieses äussersten Unheils, der durch die Sicherung der Volkskraft und Gesundheit gewonnen wird, neben welchem die minderen Nutzwirkungen, die noch erzielt werden, die Grenzwirkungen kaum in's Gewicht fallen, müsste in Anschlag gebracht werden. Es ist augenscheinlich, dass die Schätzung der Ernte, die thatsächlich vorgenommen wird, hinter einem solchen gedenkbaren Anschlag weit zurückbleibt. Was ist der Grund hievon, da doch die thatsächlichen Wirkungen der Ernte keine geringeren sind, da die Ernte doch in Wahrheit Hungersnoth und Elend verscheucht und die Kraft der Bürger erhält? Warum geht in ihre Schätzung nicht ihr voller Nutzen ein? Der Grund ist offenbar der, dass man nicht gezwungen ist, die Ernte untrennbar im Ganzen zu gewinnen und zu schätzen. Sie kommt durch Millionen fleissiger Hände, in Millionen Fuhren und in Millionen Scheuern ein und in Millionen von Erwerbungen geht sie an die Bedürftigen über, von denen sie in Millionen von Acten genossen wird. Die Frage um die Wirkung im Ganzen wird nie gestellt, immer handelt es sich nur um die Wirkung einzelner, gegen das Ganze verschwindend kleiner Theile. Dadurch wird ein

Gesetz der Werthschätzung hervorgerufen, das dem einzelnen Theile, und damit schliesslich der Summe aller Theile eine Werthgrösse zuerkennt, welche von der Werthgrösse des vereinigten Ganzen eben so weit entfernt ist, als die Widerstandskraft aller einzelnen Ruthen von der des ganzen Ruthenbündels.

Dieses Gesetz haben wir jetzt abzuleiten. Es kann als das **allgemeine Werthgesetz** bezeichnet werden, denn es gilt fast in aller Regel. Fast alle Vorräthe, die man besitzt und verwendet, die man verkauft und kauft, die man verarbeitet und erzeugt, werden in Theilen verbraucht und erworben. Selten nur ist ein Vorrath als ein Ganzes Gegenstand der Bewirthschaftung und Schätzung, von dem **nichts** verloren werden kann, ohne dass **alles** preisgegeben wäre. Gewöhnlich gilt jeder Vorrath als eine Summe von Theilen, die ihre besonderen Schicksale haben und über die man einzeln verfügen kann.

§. 9. Die Schätzung von Gütern in Vorräthen. (Das allgemeine Werthgesetz. Gesetz des Grenznutzens.)

Gesetzt, ein Armer erhalte täglich zwei Stücke Brot, während er nur eines braucht, um den äussersten Hunger zu stillen, welchen Werth wird eines der beiden Stücke für ihn haben? Wenn z. B. ein noch Aermerer, der gar nichts hat, ihn um eines der beiden bittet, welches Opfer bringt er damit, dass er die Bitte erfüllt? Oder was dasselbe ist, welchen Nutzen behält er sich vor, wenn er sie abschlägt? Die Antwort ist leicht genug. Dadurch dass er das zweite Stück hergibt, verliert er, dadurch dass er es verweigert, sichert er sich die Deckung für denjenigen Grad des Nahrungsbedürfnisses, der sich fühlbar macht, sobald der äusserste Hunger gestillt ist. Wir können denselben den 2. Grad nennen.

Eines von zwei Gütern, die unter einander gleich sind, hat somit den Werth des 2. Grades der Nutzscala der betreffenden Güterart. Eines von drei Gütern wird unter derselben Voraussetzung den Werth des 3. Grades, eines von vier den des 4. Grades und, allgemein gefasst, **ein Gut aus einem**

Vorrath gleicher Güter wird überhaupt den Werth des jeweiligen Grenznutzens haben. Je grösser der Vorrath bei unverändertem Bedarf, um so kleiner, je kleiner der Vorrath, um so grösser Grenznutzen und Werth, während beide andrerseits um so grösser sind, je grösser und um so kleiner, je kleiner der Bedarf ist.*)

Das ist aber noch nicht genug. Von zwei Gütern hat nicht blos **eines** den Werth des 2. Nutzgrades, sondern **jedes**, welches immer man wählen möge. Keines der beiden Stücke in unserem Beispiel hat, so lange der Besitzer noch beide zusammen besitzt, den Werth, der der Stillung des äussersten Hungers zukommt, denn so lange der Besitzer noch beide zusammen hat, ist er überhaupt dieser äussersten Gefahr nicht ausgesetzt. Er kann jedes derselben, welches immer es sei, so lange er nur noch das andere behält, weggeben, ohne die Deckung für den äussersten Fall zu verlieren. Wenn aber jedes der beiden Stücke den Werth des 2. Nutzgrades hat, so haben beide zusammen diesen Werth zweimal. Und drei Stücke haben den Werth des 3. Grades dreimal, und vier Stücke haben den des 4. Grades viermal — und ein **Vorrath überhaupt hat einen Werth, der gleichkommt dem Producte der Stückanzahl (oder der Anzahl von Theilmengen) mit dem jeweiligen Grenznutzen.**

Der Werth einer **Ernte von 1,000.000 Centnern** ist — wenn wir annehmen, die Ernte sei dürftig ausgefallen und erheische eine so sparsame Verzehrung des Getreides, dass dasselbe nicht für Consumacte unter der Intensität 10 verwendet werden dürfte — mit dem Producte von 1.000.000 × 10 zu berechnen: der Werth einer **Ernte von 2,000.000 Centnern**, welche Consumacte bis zur Intensität 4 herab erlaubt, ist gleich 2,000.000 × 4. Der Werth von 1,000.000 Centnern **Eisen** mit dem Grenznutzen 1 ist 1,000.000, der Werth von 100.000 Centnern **Gold** mit dem Grenznutzen 50 ist 5,000.000.

Wenn sich der Nutzen, den freie Güter geben, gar nicht in Werth umsetzt, so setzt sich der Nutzen,

---

*) Die Grösse des Vorraths hängt zumeist vom Ausfalle der Production ab. Damit treten die Elemente der Production zum Werthe in Beziehung. Welcher Art diese Beziehung ist, soll indess erst im 5. Abschnitt, von den „Kosten", erörtert werden. Einstweilen nehmen wir an, die Vorräthe seien ohne Production da.

den wirthschaftliche Güter geben, welche in Vorräthen gehalten werden, nicht voll in Werth um. Der Grund ist der gleiche, hier wie dort. Bei freien Gütern braucht man sich um den Nutzen gar nicht zu sorgen, weil derselbe immer gesichert ist, so lange der Ueberfluss anhält, bei wirthschaftlichen Gütern braucht man sich immer nur um den Grenznutzen zu sorgen, weil alle höheren Nutzleistungen gesichert sind, so lange der Vorrath in der bestehenden Grösse erhalten wird. Wie dort hinsichtlich der Deckung des Bedarfes überhaupt, kann man hier hinsichtlich der Deckung der Hauptsache des Bedarfes — je nach Mass des Vorraths — beruhigt sein und kann die Sorge darauf beschränken, dass die richtige Grenze der Verwendung eingehalten werde.

Das soeben entwickelte Werthgesetz dankt seine Entstehung einerseits der eigenthümlichen Gestaltung der Bedürfniss-Scalen, andrerseits aber auch den eigenthümlichen Verhältnissen, unter welchen wir die Güter besitzen. Kämen Güter nicht in Vorräthen gleicher Stücke vor, sondern immer nur individuell besonders gestaltet, so könnte das Gesetz nicht gelten. Wo solche Vorräthe vorkommen, muss es aber gelten. Wie könnten auch Dinge, die unter einander gleich sind, verschiedenartig geschätzt werden, vorausgesetzt natürlich, dass sie demselben Besitzer zugehören und auf denselben Bedarf bezogen werden? Wenn auch Jemand, etwa aus einer launenhaften Besorgniss, bestimmte Stücke von den übrigen als eine Reserve für den äussersten Nothfall absondern und als solche besonders hoch schätzen wollte, so wird die ruhige Ueberlegung ihm doch immer sagen müssen, dass die reservirten Güter nicht anders seien als alle übrigen und dass ein Zufall, der gerade sie trifft, die Deckung für den äussersten Fall doch nicht raube, so lange nur der übrige Vorrath noch zureicht.

Das entwickelte Werthgesetz vereinigt die Ideen von Werth und Nutzen in einer Weise, die den Thatsachen vollkommen gerecht wird. Wenn die Erfahrung zeigt, dass Eisen weniger werth ist als Gold und dass eine reiche Ernte weniger werth sein kann als eine dürftige, so gibt unser Gesetz hiefür die Erklärung. Ueberhaupt haben wir alle Widersprüche, welche die Ideen des Werthes und des Nutzens von einander zu trennen scheinen, aufgeklärt und es bleibt uns nur noch übrig — was wir uns für später vorbehalten haben — die Thatsache der Kosten mit dem Gesetze des Grenznutzens zu verbinden. Indess, wir haben die elementare Theorie des Werthes doch noch nicht ganz erschöpft. Es ist vorerst nur äusserlich, dass wir die Widersprüche zwischen Werth und Nutzen ausgeglichen haben. Unter bestimmten Umständen **muss** Eisen weniger werth sein als Gold, **muss** die reiche Ernte weniger werth sein als die dürftige — aber welcher Sinn birgt sich in diesem Ereigniss? Wer das entwickelte Gesetz bedingungslos annimmt und seine Ableitung überzeugend findet, wird doch nicht läugnen können, dass sein innerster Gehalt dunkel ist. In einer Beziehung scheint es paradox zu sein, in einer andern sogar eine völlige Antinomie in sich zu schliessen. Es ist die letzte Aufgabe der elementaren Theorie des Werthes, diese **Paradoxie** und diese **Antinomie** aufzulösen. Damit erst ist die wesentliche Natur der Wertherscheinung ganz aufgehellt.*)

---

*) Wir sind zu einer entscheidenden Stelle gelangt. Die Erfahrung zeigt täglich **gleiche Preise** für gleiche Güter; die meisten Theoretiker stimmen darin überein (wenn sie auch andere Namen für dieselbe Sache gebrauchen), dass diese Preise durch ein **Grenzgesetz** bestimmt werden. Darin liegt, dass auch der **Tauschwerth**, der auf den Preisen beruht, für alle gleichen Güter gleich sei und einem Grenzgesetze gehorche. Wir sind aber noch weiter gegangen. Der **Werth überhaupt** und in jeder Form, auch in der des **Gebrauchswerthes**, auch dort, wo man gar keinen Tausch kennt, wie z. B. in der socialistisch organisirten Gesellschaft, soll für **alle gleichen Güter** gleich sein und einem **Grenzgesetze gehorchen**. Selbst **Gossen, Jevons, Walras** haben das nicht behauptet. Für diese Schriftsteller ist der Gebrauchswerth (utility, utilité) der einzelnen Theilmengen oder Stücke eines Vorraths verschieden gross, je nach Mass des Nutzens, den sie gerade geben. Ich kann nicht hoffen, eine so fremd scheinende Anschauung dem Leser mit einem Male nahe gebracht, und noch weniger, ihn zu derselben bekehrt zu haben. Ich vertraue darauf, dass die folgende Darstellung der Werthlehre, welche auf derselben beruhend alle einzelnen Beziehungen des Werthes untersucht und, soweit mein Urtheil reicht, auch erklärt, nachträglich die volle Ueberzeugung bringen werde. Nur Eines möchte ich noch jetzt hervorheben. Der Preis regelt nicht nur die Zahlung des Käufers, sondern ausserdem auch noch die Production, die der Verkäufer einrichtet. Er gibt ihr die Richtschnur. Alles, was für den Verkehr erzeugt wird, wird somit unter einer Schätzung erzeugt, die die gleichen Güter unter einander gleich hält und sie einem Grenzgesetze unterwirft. Unter dieser Schätzung ist es, dass die zulässigen Kosten ermittelt, dass alle Waarenlager inventirt, dass alle Unter-

§. 10. Die Werthparadoxie und die beiden Aeste der Werthbewegung.

Nehmen wir an. Jemand besitze ein einzelnes Gut, dessen Verwendung einen Nutzen von der Intensität 10 gibt, und erhöhe seinen Besitz nach und nach bis auf 11 Güter, wobei der Grenznutzen in regelmässiger Abnahme bis auf 0 sinke, so ist der Werth des jeweils besessenen Vorraths bei einem Besitze von

	1	2	3	4	5	Gütern
gleich	1×10	2×9	3×8	4×7	5×6	
oder	10	18	24	28	30	Wertheinheiten
und bei	6	7	8	9	10	11	Gütern
gleich	6×5	7×4	8×3	9×2	10×1	11×0	
oder	30	28	24	18	10	0	Wertheinheiten.

Insoweit sich bei den Vergrösserungen des Vorraths eine Abnahme des Grenznutzens und damit des Werthes der Güter-

nehmungen bilanzirt, dass alle Gewinne und Verluste berechnet werden. Wenn eine socialistisch organisirte Gesellschaft den Tausch aufgeben sollte, die Zahlung des Käufers an den Verkäufer, so muss sie darum nicht auch diesen Massstab der Güterschätzung aufgeben. Sie könnte fortfahren, die gleichen Güter gleich zu schätzen und sie einem Grenzgesetze zu unterwerfen. Und muss man nicht mit Recht fragen, welche Gründe sie hätte, damit nicht fortzufahren? Und gewichtiger Gründe bedürfte es doch, um einen Vorgang der Schätzung zu ändern, der gewiss so lange, wenn nicht länger beobachtet wurde, als die menschliche Wirthschaft durch den Verkehr gross geworden ist. Und endlich ist ja noch zu fragen, ob man je werde aufhören können, die Güter so zu schätzen? Kann man je das Gleiche ungleich schätzen? Kann man je das Nützliche aber Unwichtige für wichtig halten?

Menger's Werththeorie unterscheidet sich in dem besprochenen Punkte wesentlich von den mit ihr rivalisirenden. Menger behauptet das Gesetz der Gleichheit und das Grenzgesetz nicht nur vom Preise, sondern auch vom Werthe. Meines Erachtens hat er hiedurch seiner Lehre die Ueberlegenheit über alle andern und sich den Ruhm erworben, als der Erste die vollen Grundlagen der Werththeorie aufgebaut zu haben. Die anderen genannten Autoren untersuchen eigentlich nur die Gesetze des Bedürfnisses und die des Preises. Menger allein noch die des Werthes. Seine Anschauung ist die umfassendste, welche nicht nur die heutige Wirthschaft am vollständigsten verstehen lehrt, sondern ausserdem auch allein die Fähigkeit gibt, die möglichen Wirthschaftsformen der Zukunft auszudenken.

einheit zeigt, ist eine Aufklärung wohl nicht weiter von nöthen. Jedes neue Gut bringt einen geminderten Nutzzuwachs und kann daher auch nur einen geminderten Werthzuwachs bringen. Anders, wenn man den Werth des ganzen Vorraths betrachtet und die für diesen entwickelte Veränderungsreihe von 10 bis auf 30 und sodann wieder zurück von 30 bis auf 10 und 0 verfolgt. Auf Grund derjenigen Werthanschauung beurtheilt, die wir Alle aus den Eindrücken des täglichen wirthschaftlichen Lebens mitbringen, erscheint diese Reihe geradezu paradox. Man denkt gemeinhin den Werth als einen einfachen und schlechthin wünschenswerthen Gütercharakter, mathematisch ausgedrückt als eine positive Grösse. Dem entspricht es, wenn die Reihe zu Anfangs mit der Vergrösserung des Besitzes auch einen erhöhten Werth zeigt, aber es widerspricht durchaus, dass gegen ihr Ende zu, bei noch weiterer Zunahme des Vorraths der Werth abnimmt, ja dass derselbe endlich in dem Augenblick völlig verschwindet, in dem der Ueberfluss erreicht ist. Woher diese Regellosigkeit? Wie ist sie zu erklären? Die erste Hälfte der Reihe scheint zu erhärten, dass der Werth etwas Wünschenswerthes, Positives, die zweite, dass er etwas Negatives, ein Uebel oder eine Last sei, Wo ist die Wahrheit? Wie ist hier überhaupt eine Vereinigung möglich?

Sehr leicht, sobald man die vorgefasste Meinung aufgibt, der Werth sei eine „einfache" positive Grösse. Der Werth (als Grenzwerth) entsteht durch die Zusammenziehung zweier Elemente, eines positiven und eines negativen. Er ist eine zusammengesetzte, genauer eine Restgrösse. Sobald man diese beiden Elemente seiner Bildung unterscheidet, erklärt sich die oben entwickelte Reihe auf das leichteste und der Anschein von Regellosigkeit verschwindet, welcher für Denjenigen unbehebbar ist, der eine einfache Veränderungsreihe erwartet und sucht.

Die beiden Elemente der Werthbildung sind durch die bisherige Darstellung bereits klar geworden.

Das positive Element ist die Freude am Güternutzen. Jeder Nutzzuwachs, der durch ein neuerworbenes Gut begründet wird, ist willkommen. Das ersterworbene Gut bringt den höchsten Zuwachs, weil es dem dringendsten Begehren abhilft, jedes folgende einen kleineren, weil es einem gesättigteren

Verlangen begegnet. Schreitet die Besitzerwerbung über die Grenzen des Bedarfs hinaus weiter fort, so erfährt das positive Element der Werthbildung keinen Zuwachs mehr. Neue Güter haben dann keine Verwendung, man freut sich ihrer nicht mehr. Die obigen Ziffern angenommen, beträgt daher der Zuwachs des positiven Werthelementes

für das	1.	2.	3.	4.	5.	6.	7.	8.	9.	10.	11.	Gut
	10	9	8	7	6	5	4	3	2	1	0	Einheiten

und die Gesammtgrösse dieses Elementes, jeweils für den ganzen Vorrath berechnet, beträgt bei einem Vorrath

von	1	2	3	4	5	Gütern
	10	19	27	34	40	Einheiten
		(10+9)	(19+8)	(27+7)	(34+6)	
von	6	7	8	9	10	11	Gütern
	45	49	52	54	55	55	Einheiten.
	(40+5)	(45+4)	(49+3)	(52+2)	(54+1)	55+0)	

Das negative Element rührt von der Gleichgiltigkeit her, die die Menschen von Natur aus gegenüber den Gütern haben. Nur gezwungen übertragen wir das Interesse vom Nutzen auf die Güter, der Process der Uebertragung hat einen Widerstand zu überwinden, dessen Stärke je nach den Umständen wechselt. Je grösser die Noth, desto rascher und fester klammern wir uns an die Güter, desto geringer ist der Widerstand; er ist völlig gebrochen, wenn die Noth am höchsten gestiegen ist, hier identificiren wir das Schicksal der Güter mit unserem eigenen und sehen mit ihrem Verlust den eigenen Untergang als entschieden an. Der Widerstand ist dagegen vollkommen, wenn alles im Ueberfluss vorhanden ist, hier geniessen wir, ohne den Dingen, die den Genuss geben, durch eine Regung des Interesses zu danken. Zwischen äusserstem Mangel und Ueberfluss ist der Widerstand ein theilweiser, wir wenden den Gütern ein Interesse zu, abgeleitet von dem, das wir an ihren Diensten nehmen, aber wir wenden ihnen dieses letztere nicht ganz, sondern mit einem Abzug zu, indem alle Stücke eines Vorraths eben nur mit dem Werthe des Grenznutzens bedacht werden. Der Ueberwerth, über den Grenznutzen hinaus, wird den Gütern vorenthalten. Hier ist denn auch der ziffermässige Ausdruck für die Stärke jenes Widerstandes gegeben, das negative Element der Werthbildung ist gleich dem **abgezogenen Ueberwerthe**.

Die obigen Ziffern wieder angenommen, so ist der Abzug bei der Werthbildung gleich Null, so lange man nur ein Gut besitzt, indem auf dieses der Werth seiner Nutzleistung ungeschmälert übergeht. Bei 2 Gütern ist er gleich 1, weil jedes derselben nur mit dem Grenznutzen 9 geschätzt wird, während die Nutzleistungen zusammen 10+9 ausmachen. Drei Güter werden nur mit je 8 geschätzt, der Nutzen ist 10+9+8, der Abzug an Ueberwerth also 3. Rechnet man so weiter, so erhält man als **Minusgrösse** der Werthbildung bei einem Vorrath

von	1	2	3	4	5	6	7	8	9	10	11	Gütern
	0	1	3	6	10	15	21	28	36	45	55	Einheiten.

Zieht man die Plus- und Minusbeträge zusammen, so erhält man bei einem Vorrath

von	1	2	3	4	5	6	7	8	9	10	11	Gütern
+	10	19	27	34	40	45	49	52	54	55	55	
−	0	1	3	6	10	15	21	28	36	45	55	

oder restlich

+	10	18	24	28	30	30	28	24	18	10	0	Einheiten,

somit die oben aus der Multiplication von Menge und Grenznutzen entwickelte Reihe.

Man sieht, die scheinbare Regellosigkeit der Reihe ist die Folge strenger Regelmässigkeit in den Bedingungen derselben. Der Werth eines Vorraths muss mit dessen Vermehrung so lange anwachsen, als das positive Element überwiegt, d. h. so lange als der Werthzuwachs durch den Nutzen der neuerworbenen Güter grösser ist als der Werthverlust durch geringeren Anschlag der bereits besessenen. Das ist der **aufsteigende Ast** der Werthbewegung.

Der Werth eines Vorraths muss dagegen mit dessen Vermehrung abnehmen, wenn einmal das negative Element das Uebergewicht erhalten hat. Das ist der **absteigende Ast**.

Zweimal muss, so sonderbar es scheint, der Güterwerth in seiner Entwicklung den Nullpunkt berühren: das eine Mal dann, wenn wir nichts, das andere Mal dann, wenn wir alles besitzen. Wenn wir nichts besitzen, so fehlt es an den Objecten für den Werth, wenn wir alles besitzen, so fehlt es, eben wegen des Ueberflusses, am subjectiven Antrieb zur Werthschätzung. Nur wenn wir etwas — viel oder wenig — besitzen, entsteht die Werthersheinung; zwischen jenen beiden Nullpunkten von so verschiedener Bedeutung hat sie ihr Dasein. Mit den ersten Besitzthümern tritt sie auf, um bis zu einem gewissen Culminationspunkte zuzunehmen, von dem an sie wieder abnimmt, bis bei Erreichung des Ueberflusses das Interesse sich wieder völlig von den Gütern zurückgezogen hat.

Thatsächlich freilich bewegt sich die menschliche Wirthschaft fast durchaus im aufsteigenden Aste. Wir sind in den meisten Dingen dem Ueberfluss so wenig nahe, dass fast jede Vermehrung der Güter sich auch in einer Vermehrung des Werthes der Güter äussern muss. Zwar sinkt das einzelne Gut bei geringerem Vorrathe im Werthe, aber wir sehen in aller Regel den **Verlust im Einzelnen** durch den **Gewinn im Ganzen** überwogen. Deshalb sind wir gewohnt, Vermögen und Reichthum nach der Werthsumme ihrer Bestandtheile zu messen und halten es für ein Uebel, wenn der Werth des Besitzthums und der Erträge herabgeht. Und deshalb erscheint es uns paradox, wenn wir ab und zu die Bemerkung machen müssen, die Menge der Güter und der Genüsse, der Reichthum und die Wohlfahrt hätten sich gehoben, während die Werthschätzung zurückgegangen ist. Immer ist es nur irgend ein seltener Zufall, die Gunst der Witterung, die eine überreiche Ernte hervorzaubert, die Auffindung neuer Productionslager von ungeahnter Ergiebigkeit, die plötzliche und massenhafte Steigerung der Erträge durch technische Fortschritte, oder auch ein Irrthum der Producenten, die aus überreizter Gewinnsucht oder in thörichter Ueberschätzung des Bedarfs die Production zu weit ausdehnen, wodurch einzelne Wirthschaftszweige vorübergehend in den absteigenden Ast der Werthbewegung geleitet werden. Es ist wahrscheinlich, dass die ganze Wirthschaft auf die Dauer niemals unter genügend günstige Bedingungen gestellt werden wird, die die Erzeugung dem Ueberfluss so sehr nahe bringen, dass die absteigende Werthbewegung nicht mehr rückgängig werden kann. Das Beispiel der wenigen freien Güter, welche die Natur darbietet, lässt aber gar keinen Zweifel darüber, dass der Werth verschwindet, sobald der Ueberfluss erreicht ist, und damit haben wir den besten Beweis für die Meinung, dass er abnehmen muss, wenn man sich dem Ueberfluss gehörig annähert. Ist auch die Werthreihe, so wie sie die Erfahrung aufweist, lückenhaft, so gibt doch die Erfahrung hinlängliche Anhaltspunkte, um dieselbe in ihrem idealen Verlaufe lückenlos bis zu Ende zu führen.

§. 11. Die Werthantinomie und der Dienst des Werthes in der Wirthschaft.

Aus der Wahrnehmung, dass in der überwiegenden Mehrzahl der Fälle mit dem Gedeihen der Wirthschaft zugleich der Werth des Besitzes zunehme, ist, indem die Ausnahmen entweder vergessen oder als nebensächliche gleichgiltige Störungen vernachlässigt werden, die Meinung hervorgegangen, als sei der Werth das oberste Princip der Wirthschaft, nach welchem man sich immerdar zu benehmen hätte. Immer hätte man so zu handeln, dass im Ganzen der höchste Werthstand erreicht werde.

Wäre diese Meinung richtig, so wäre die Wirthschaft durch eine Kraft geleitet, die den Zielen der Wirthschaftlichkeit einigermassen entgegenwirkte, nämlich insoweit, dass sie die Annäherung an dieselben über ein gewisses Mass — den aufsteigenden Ast — hinaus nicht mehr gestattete, und es wäre berechtigt, von einer Antinomie des Werthgesetzes zu sprechen, die nicht blos, wie Proudhon behauptet hat, dem Tauschwerth, sondern jeder Form des Werthes eigenthümlich wäre. Nicht blos um des vortheilhafteren Verkaufes willen, sondern im eigenen Haushalt müsste Jedermann — auch ein Robinson, der gar nicht verkaufen kann — Ueberfluss in Mangel und Mangel in grösseren Mangel verwandeln, um Werth zu schaffen und zu vergrössern. Aber Niemand wird so handeln wollen und es ist daher nicht wahr, dass der Werth die Wirthschaft zu leiten habe. Das oberste Princip aller Wirthschaft ist der

Nutzen. Wo Werth und Nutzen in Conflict kommen, muss der letztere siegen, im Werthe liegt nichts, was ihm das Uebergewicht geben könnte. Im Werthe ist der Nutzen unvollständig erfasst, mit der eigenthümlichen Begleiterscheinung, dass die erfasste Nutzgrösse der Gütervorstellung innig associirt wird. Diese Begleiterscheinung kann die Wirkung nicht haben, von solchen Handlungen abzuhalten, die durch eine vollständige Zusammenrechnung des Nutzens der Güter als vortheilhaft empfohlen werden. Könnte ich mir durch irgend ein Beginnen beständigen Ueberfluss in allen Güterdiensten sichern, so wird mich die Idee nicht einen Augenblick schwanken machen, dass ich dann mein Interesse von den Güterdiensten nicht weiter auf die Güter zu übertragen brauchte. Oder wenn ich von einer Handlung grösseren Nutzen erwarte, während sie zugleich bewirkt, dass das mit der Vorstellung der Güter verbundene Interesse etwas geringer wird, so werde ich von dem letzteren Umstande nicht den mindesten Antrieb empfangen, die Handlung zu unterlassen.

Welcher Dienst bleibt aber unter diesen Verhältnissen dem Werthe in der Wirthschaft noch übrig? Es bleibt ihm ein höchst bedeutungsvoller Dienst. Die Fälle des Conflictes zwischen Werth und Nutzen, dass die Tendenzen ihrer Grössenveränderung sich kreuzen, sind erfahrungsgemäss äusserst selten. Erfahrungsgemäss bewegt sich die Wirthschaft fast nur im „aufsteigenden Aste" und hier sind die Tendenzen der Grössenveränderung für Werth und Nutzen gleich. Immer wenn mit der Vermehrung eines Vorrathes der Nutzen desselben zunimmt, nimmt auch dessen Werth zu; immer wenn mit der Verkleinerung eines Vorraths der Nutzen desselben abnimmt, nimmt auch dessen Werth ab. Dem grösseren Nutzen entspricht immer auch ein grösserer Werth, dem minderen ein minderer. Daher sind es hier dieselben Handlungen, die sich mit Rücksicht auf den Nutzen und die sich mit Rücksicht auf den Werth empfehlen. Der Dienst des Werthes besteht nun darin, dort wo er mit dem Nutzen die gleiche Tendenz zeigt, den letzteren zu vertreten. Man rechnet nicht den Nutzen, sondern statt seiner den Werth; der Werth ist die Rechenform des Nutzens. Das gibt für die Rechnung eine überaus grosse Erleichterung. Der Nutzen eines Vorraths ist sehr schwer, sein Werth ist sehr einfach zu berechnen. Der Werth eines Vorraths drückt sich nämlich durch ein einziges Product von Vorrath und Grenznutzen aus, er ist ein Vielfaches des Grenznutzens, wo der Nutzen sich durch eine Summe ausdrückt, die so viele und überdies so verschiedenartige Posten zählt, als der Vorrath Stücke hat. Der Nutzen einer Ernte von einer Million Centnern ist nur darzustellen durch eine kaum zu erschöpfende Beschreibung all des Vortheils, den sie bringt, von den höchsten Wirkungen herab bis zu denen, die nach Lage des Falles eben den geringsten wirthschaftlich noch zulässigen Verwendungen zukommen; der Werth derselben Ernte ist kurz erfasst, indem man den Nutzen der Grenzverwendungen mit der gesammten Menge multiplicirt. Mathematisch lautet die Nutzformel für einen Vorrath von 50 Stücken, deren intensivste Nutzwirkung, vom ersten Stücke, den Grad 100 (J_{100}) erreicht, wenn eine regelmässige Intensitätsabnahme für jedes folgende Stück vorausgesetzt wird: $J_{100} + J_{99} + J_{98} + \ldots J_{51}$; die Werthformel dagegen lautet: $50 \times J_{51}$.[*]

---

[*] Die Werthformel ist eine abgekürzte Nutzformel. Es ist aber nur hinweggelassen, was einerseits die Rechnung erschwert und anderseits zur richtigen Motivirung der wirthschaftlichen Handlungen nicht nothwendig ist: der Uebernutzen über den Grenznutzen hinaus. Die wirthschaftlichen Handlungen, wenn sie (im aufsteigenden Aste) durch den Werth motivirt werden, sind nicht nur beiläufig, sondern sind vollkommen genau abgewogen und abgegrenzt. Immer erreicht man, indem man dem grösseren Werthe folgt, auch den grösseren Nutzen.

Es ist von Interesse, diese Verhältnisse noch mehr in's Einzelne zu verfolgen. Die wirthschaftlichen Güter sind bei zwei Gelegenheiten Gegenstände der Schätzung; einmal, wenn man Güter erwerben und dabei die Grösse der Erwerbung, und das andere Mal, wenn man Güter zu irgend einem Zwecke hingeben, widmen und dabei die Grösse der Leistung, der Widmung bemessen will. Einerseits hat man also Erfolge an Gütern, anderseits Einsätze an solchen zu messen. Beiläufig bemerkt, ohne einen solchen Zweck, blos um der Abschätzung als solcher willen schätzt man die Güter nie; höchstens, dass die Abschätzung für alle Fälle voraus gemacht wird, nie aber hat der Werth die Rolle, die ihm die Theorie so gerne zuschreibt, schlechtweg das Mittel zur Schätzung des Vermögens zu sein. Man könnte das Vermögen auf allerlei Weise schätzen, je nach der Absicht, der man gerade dienen will. Die Regeln der Schätzung, die man thatsächlich befolgt, haben darin ihren Ursprung, dass sie den Zwecken der Wirthschaft, wie diese nun einmal ist, dienen sollen. Der

Die Vereinfachung der wirthschaftlichen Calculation durch den Gebrauch der Werthrechnung an Stelle der Nutzrechnung wird um so merkbarer, je verwickelter die Wirthschaft wird.

Werth ist der Wirthschaft angepasst und kann nur aus ihr heraus verstanden werden.

Erstens, Messung der Gütererfolge. Alle Gütererwerbungen, welche den Werthstand vermehren, sind vortheilhaft. Von zwei Erwerbungen, zwischen denen man die Wahl hat, hat man diejenige zu wählen, welche den grösseren Werthstand gibt, denn sie gibt damit auch den grösseren Nutzen. Werthvermehrungen, welche durch Zerstörung von Gütern entstehen, sind unvortheilhaft und durch die Rücksicht auf den Nutzen, vor welcher die auf den Werth zurücktritt, verboten. Gütererwerbungen, welche (weil im absteigenden Aste erfolgend) den Werthstand vermindern, sind nichtsdestoweniger vortheilhaft.

Wertherhöhungen, welche ohne Veränderung im Güterbesitze durch Steigerung der Bedürftigkeit hervorgerufen werden, sind nicht als wirthschaftliche Erfolge zu bezeichnen. Sie entstehen nicht durch wirthschaftliche Acte. Wenn aber einmal eingetreten, beeinflussen sie natürlich die Wirthschaft, u. zw. dadurch, dass sie den Werth der Einsätze verändern.

Zweitens, Messung der Gütereinsätze. Bei jeder Güterwidmung ist der Werth des in der Widmung liegenden Opfers anzuschlagen und mit der erhofften Wirkung zu vergleichen. Das an Werth grössere Opfer ist — wenn wir die Verhältnisse des absteigenden Astes übergehen — auch das an Nutzen grössere und es bedarf daher eines höheren Erfolges, um gerechtfertigt und wieder gutgemacht zu werden. Schwierig ist hier die Beziehung zur Consumtion. Auch die Verwendung der Güter zur persönlichen Bedürfnissbefriedigung ist durch den Güterwerth zu leiten. Wie kann aber der Grenzwerth diesem Zwecke dienen? Liegt in ihm nicht die Aufforderung, nur die Grenzbedürfnisse zu befriedigen? Die Schwierigkeit löst sich, sobald man den freilich alten und eingewurzelten Irrthum aufgibt, dass die Consumtion als solche ein wirthschaftlicher Act sei. Die Consumtion als solche entsteht nicht aus wirthschaftlichen Erwägungen, wirthschaftlich ist nur die Sparsamkeit bei der Consumtion (siehe hiezu „Ursprung des Werthes", S. 133 ff). Die Forderungen der Sparsamkeit sind aber auf das genaueste erfüllt, wenn man den Grenznutzen einhält. Mit anderen Worten, der Werth gebietet nicht die Consumtion, er verbietet nur die unwirthschaftliche Consumtion, jene, welche nicht die lückenlose Befriedigung bis zum geringsten, noch erreichbaren Nutzen herab sichert. Dieses Verbot und nichts Anderes liegt im Grenzwerth ausgesprochen; keine Verwendung unterhalb der gezogenen Grenze ist erlaubt. Indem das Bedürfniss sich seinerseits regt und seine Befriedigung fordert, wird durch Forderung und Abwehr zusammen die ökonomische Befriedigung erreicht. Wer 1000 Stücke vom Werth 10 besitzt, darf sich alle Genüsse erlauben, die die Intensität 10 oder eine höhere Intensität haben. Wer 2000 Stücke vom Werthe 8 hat, kann weiter gehen und darf sich alle Genüsse erlauben, die mindestens die Intensität 8 haben; der Erste kann

Während hiedurch die Nutzformeln immer langwieriger und undeutlicher werden, werden zugleich die Werthformeln immer umfassender und einheitlicher; namentlich durch das Eingreifen der Kosten, worüber später. In der Geldwirthschaft wird für den grossen Verkehr alles gleichmässig nach Geldwerth gemessen, aller Nutzen, in seiner unabsehbaren Verschiedenheit, ist auf den Werth der Münze umgerechnet, deren Stücke unter einander gleich gelten und deren Mengen als Vielfache derselben Einheit in die Rechnungsoperationen eingehen.

Dadurch, dass man im Werthe den Nutzen zu rechnen vermag, wird man erst in den Stand gesetzt, genaue Wirthschaftspläne zu entwerfen und ihre Einhaltung zu überwachen. So wird der Werth zum **Controlmittel** der Wirthschaft.

tausendmal mindestens 10, der Zweite zweitausendmal mindestens 8 geniessen. Das ist der wahre Sinn jenes Werthanschlages von Gebrauchsvorräthen, den wir gewöhnlich in die materiellere Formel bringen, der Erste besitze 1000 × 10 oder 10.000, der Zweite 2000 × 8 oder 16.000 Wertheinheiten.

Siehe über die Rechnung des Werthes noch „Ursprung des Werthes", pag. 180 ff. und Böhm-Bawerk „Werth", pag. 46 ff.; ferner über den Dienst des Werthes unten §. 15, 16 und 61.

2. ABSCHNITT.

Verkehrswerth und natürlicher Werth.

§. 12. Der Preis.

Der Verkehr schafft eine Thatsache, die, aus dem Werthe hervorgehend, ihn wieder zurück auf das mächtigste beeinflusst: den Preis. In der Aufgabe dieses Buches liegt es, weder den Preis noch die auf ihm beruhenden Werthformen darzustellen; es soll vielmehr — was später noch genau erklärt werden wird — der „natürliche" Werth dargestellt werden, das ist der Werth, wie er wäre, wenn eine wirthschaftlich hoch entwickelte Gesellschaft ohne Tausch und Preis bestünde. Nichtsdestoweniger können wir doch nicht einfach am Tausche und seinen Werthformen vorübergehen. Gesellschaftliche Zustände zu beschreiben, von denen es überaus fraglich ist, ob sie je Wirklichkeit erhalten werden und erhalten können, wäre eine ziemlich müssige Spielerei, wenn die Beschreibung nicht Anwendungen auf die Wirklichkeit erlaubte, die uns bekannt ist. Nun, um diese Anwendungen machen zu können, muss der Preis und der Tauschwerth insoweit klargemacht werden, dass eine Vergleichung möglich wird; mindestens die allgemeinen Umrisse müssen gezeichnet werden, die dann als Hintergrund dienen sollen, von dem sich das deutlichere Bild des „natürlichen" Werthes, das wir ausführen wollen, abheben wird, so dass ein Urtheil gestattet ist, ob die Grundzüge übereinstimmen oder contrastiren.

Diesem Zwecke wird es genügen, wenn wir denjenigen Fall der Preisbildung besprechen, der das eigenthümliche Princip derselben am deutlichsten erkennen lässt. Es ist dies zugleich der regelmässige Fall der Preisbildung bei durchgeführter Arbeitstheilung. Auf der einen Seite zahlreiche Verkäufer, die auf den Verkauf ihrer Vorräthe angewiesen sind, weil sie sie für den Absatz erzeugt haben und nicht selber verbrauchen können, auf der andern Seite zahlreiche Käufer, die ebenso im Wettbewerb, als Concurrenten, zu kaufen suchen, wie jene im Wettbewerb verkaufen. Die Preistheorie Menger's und die weitere Ausführung derselben bei Böhm-Bawerk („Werth") können uns hiebei zum Ausgange für unsere eigene Darstellung dienen. Auf die so überaus reiche übrige Literatur des Preises einzugehen, gestattet uns unsere Aufgabe nicht.

Wenn Jemand eine Sache, sei es nun welche immer, zu erwerben wünscht, so wird er bei aller Heftigkeit des Wunsches sich doch nicht zu jeder Zahlung verstehen. Es gibt einen gewissen höchsten Satz, über den hinaus man sein Gebot nicht mehr steigert, sondern lieber vom Kaufe abläszt. Dieser Satz hängt von zwei Schätzungen ab: von der des Gebrauchswerthes des zu erwerbenden Gutes (welcher nach den im vorigen Abschnitte abgeleiteten Gesetzen angeschlagen wird) und von der des Tauschwerthes der hinzugebenden Geldsumme (von dessen Schätzung im nächsten Paragraph gehandelt werden soll). Die Geldsumme, deren Tauschwerth jenem Gebrauchswerth gleich ist, bestimmt den Höchstpunkt des Gebotes; mehr zu bieten brächte Verlust, weil man mehr an Werth hingäbe, als man erhielte. Diese Regel bindet alle Kaufbewerber ohne Ausnahme gleichmässig. Jeder, der einen Kauf überlegt, nimmt für sich jene beiden Schätzungen vor, stellt sich jene Gleichung oder Aequivalenz subjectiv fest und kommt mit dem Entschlusse zu Markt, nicht über sie hinaus zu zahlen. Aber obwohl die Regel für alle Betheiligten die gleiche ist, so sind doch die Ergebnisse ihrer Anwendung im Einzelnen sehr ungleich, weil die in Rechnung zu stellenden Grössen sehr von einander abweichen. Der Gebrauchswerth des zu erwerbenden Gutes wird wechseln mit der verschiedenen Grösse der individuellen Bedürftigkeit — je nach natürlicher Anlage, zufälligen Umständen, Grad der Sättigung — und mit der Grösse des Vorraths, den man bereits besitzt; der Tauschwerth des Geldes aber wird vornehmlich wechseln nach Mass des Reichthums (siehe hierüber den folgenden

Paragraph). Die Gleichung oder Aequivalenz beider Werthe kann bei den einzelnen Käufern nicht anders als sehr verschieden ausfallen, wenn man die überaus grossen Verschiedenheiten der vorkommenden Wirthschaftslagen bedenkt. Am meisten wird derjenige bieten können, der zugleich am bedürftigsten und am reichsten ist, weil sich für ihn der höchste Sachwerth in der grössten Summe Geldes ausdrückt — welcher Abstand dann bis zu den Geboten der Armen, für die sich dieselben Grade des Begehrens in höchst geringfügigen Geldsummen darstellen, oder zu den Geboten von solchen, deren Verlangen in dem betreffenden Falle nur wenig gereizt ist, so dass sie sich nur zu einem kleinen Geldopfer behufs seiner Beschwichtigung entschliessen!

Beginnt man mit den höchsten Aequivalenten der Reichsten und Bedürftigsten und geht man allmälig bis zu den niedersten herab, so erhält man eine abnehmende Reihe von Höchstgeboten. Wir wollen sie beispielsweise **für 100 Bewerber mit den Summen von 100 Gulden bis zu 1 Gulden herab** ansetzen, indem wir der Vereinfachung halber zunächst annehmen, dass jeder Bewerber überhaupt nur ein einziges Gut, **ein einziges Stück anzukaufen Willens** sei.

Hiemit ist die Kraft klargelegt, welche den Preiskampf entscheiden muss. Mag es auch ab und zu einem gewandten Verkäufer gelingen, einen unerfahrnen Käufer zu einem Preise zu verleiten, der dessen Maximum überschreitet, so werden doch in aller Regel die Verkäufer nicht mehr erreichen können, als dass sie die Käufer bis zum Maximum hindrängen. Die Aufgabe, die sich ein redlicher Verkäufer stellen wird, der aber doch seinen Vortheil wahrnimmt und der sich blos von seinem Interesse leiten lässt, wird sein, unter allen Bewerbern diejenigen auszufinden, die am meisten zahlen können, und diese möglichst bis zur Grenze ihrer Zahlungskraft zu treiben. Die Kauflustigen dagegen werden suchen, so billig als möglich davon zu kommen. Den Verkäufern kommt dabei die Concurrenz der Kauflustigen, diesen die Concurrenz der Verkäufer zu statten. Wir wollen nun sehen, inwieweit es jedem Theil gelingen kann, seine Absicht durchzusetzen. Wir halten dabei, wie Eingangs schon gesagt wurde, die Voraussetzung fest, dass die Verkäufer die ganze auf den Markt gebrachte Waare auch wirklich zu verkaufen gezwungen seien und nichts für sich selber zurückbehalten wollen, weil sie alles für den Absatz erzeugt haben und nichts selber gebrauchen können.

Gesetzt, es werde ein einziges Stück zu Markt gebracht, so wird dasselbe, wenn Alle gleichmässig ihren Vortheil verstehen, offenbar dem kaufkräftigsten aller Bewerber, dem, dessen Aequivalent wir mit 100 angenommen haben, zufallen müssen. Er ist im Stande alle seine Mitbewerber auszuschliessen und er wird es thun, wenn er seinen Vortheil versteht. Freilich muss er sich zu einem Preise von mindestens 99 entschliessen, denn bis zu diesem Preise geht sein gefährlichster Concurrent, der nach ihm kaufkräftigste, im Angebot mit. Da er seinerseits nicht über 100 geben kann, so stellt sich der Preis zwischen 99 und 100.

Gesetzt, es werden 2 Stücke zu Markt gebracht, so soll eines dem ersten und eines dem zweiten in der Reihe der Bewerber zufallen. Der Preis, den der Letztere zahlt, stellt sich bei richtiger Bestimmung zwischen 99 und 98, zwischen sein eigenes Aequivalent und das seines nächsten Mitbewerbers, den er noch überbieten muss, soll dieser ihm nicht die Erwerbung streitig machen. Aber auch der Käufer, den wir den ersten genannt haben, zahlt unter diesen Umständen keinen höheren Preis. Jetzt liegt für ihn keine Nothwendigkeit vor, das Gebot von 99 zu überbieten, es genügt, wenn er mit dem zweiten Kauflustigen zugleich das Gebot des dritten, von 98, überbietet. Wer immer auf freiem Markte bei concurrirenden Verkäufern einkauft, zahlt für die gleiche Sache den gleichen Preis wie jeder Andere. Wie gross auch seine eigene Zahlungskraft sei, er kann sie schonen, immer wird sich ein Verkäufer finden, der ihm die Waare zu demselben niedrigsten Preise ablässt, der auf dem Markte überhaupt den Käufern bewilligt werden muss.

Drei Stücke fallen den drei ersten Bewerbern zu, der Preis stellt sich gleichmässig für alle drei Stücke zwischen 98 und 97, zwischen die Aequivalente des 3. und des 4. Bewerbers. Für 10 Stücke stellt sich der Preis einheitlich für alle Käufer zwischen 91 und 90; die Verkäufer müssen ihn unter 91 halten, um alle 10 Stücke verkaufen zu können, die Käufer müssen ihn über 90 halten, um den Mitbewerb der anderen Concurrenten auszuschliessen. Für 50 Stücke ist der Preis zwischen 51 und

50, entsprechend den Aequivalenten des 50. und 51. Bewerbers, für 70 Stücke zwischen 31 und 30, entsprechend denen des 70. und 71. Bewerbers. Kurz, je grösser der Vorrath, der verbraucht werden soll, um so tiefer der Preis, weil desto mehr und desto schwächere Käufer zugelassen werden müssen und der Marktpreis immer nur einheitlich für den ganzen Markt festgestellt wird. Nennt man den schwächsten Käufer, der noch zum Ankaufe zugelassen werden muss, damit die ganze Waare verkauft sei, (nach Analogie eines Ausdrucks bei Böhm-Bawerk) den Grenzkäufer, so lautet das Preisgesetz, dass der Preis sich jeweils zwischen das Aequivalent des Grenzkäufers und das des ihm zunächst stehenden Bewerbers, des kaufkräftigsten unter den ausgeschlossenen Concurrenten, stellen müsse. Bei Waaren, die in grossen Mengen vorkommen und starken Absatz haben, sind die Abstufungen zwischen den Aequivalenten der einzelnen Käufer, die man sich richtiger als Käuferclassen zu denken hat, nicht gross. So lässt sich für solche Waaren das Preisgesetz ohne Fehler noch einfacher dahin fassen, **dass der Preis durch das Geldäquivalent des jeweiligen Grenzkäufers, beziehungsweise der jeweiligen Grenzkäuferclasse bestimmt werde.** Er stellt sich demselben zunächst, und zwar etwas unterhalb desselben.

Auf den ersten Blick zeigt sich, dass das Preisgesetz dem Werthgesetze nahe verwandt ist. Der Werth eines Vorraths, der in Theilen verfügbar ist, wird als Grenzwerth bestimmt, nach dem Grenznutzen des einzelnen Stückes; der Preis eines Vorraths, der in Theilen verkauft wird, wird ebenso als Grenzgrösse bestimmt, nach der Zahlungskraft des Grenzkäufers, der sich für das einzelne Stück findet. Hier wie dort entscheidet auf der einen Seite die Grösse des Vorraths, dessen Zunahme die Grenze hinausschiebt und damit die ausschlaggebende Grösse verkleinert, und dessen Abnahme diese vergrössert; hier wie dort entscheidet auf der anderen Seite das Bedürfniss mit seinen wechselnden Graden; aber beim Preise entscheidet mit dem Bedürfnisse zugleich noch eine Thatsache, die beim Werthe fehlt, nämlich die Schätzung des Geldes von Seite der Käufer, beziehungsweise ihr Reichthum und Einkommen. Bevor wir die überaus bedeutsame Wirkung dieser Thatsache untersuchen, wollen wir uns indess noch vergewissern, ob das entwickelte Preisgesetz auch für den Fall gelte, dass **die Käufer, statt nur je eines einzelnen Stückes, deren mehrere und viele zu erwerben geneigt sind**. Nur wenn dies geschieht, hat das Gesetz Interesse.

Wir haben uns bei dieser Untersuchung nicht lange aufzuhalten. Für einen Kauflustigen, der mehrere Stücke oder Theilmengen erwerben will, gilt ebenso wie in dem besprochenen Falle ein Maximum des Gebotes, das sich ebenso bildet. Der Gebrauchswerth sämmtlicher zu erwerbenden Stücke in jener Geldsumme angeschlagen, deren Tauschwerth ihm nach der subjectiven Schätzung des Kauflustigen gleichkommt, gibt das Maximum. Dasselbe muss, im Ganzen berechnet, um so grösser ausfallen, auf je mehr Stücke man rechnet; gleichzeitig muss es aber, auf das einzelne Stück berechnet, um desto kleiner ausfallen, denn um desto geringer wird der Gebrauchswerth der Einheit (und um desto höher steigt auch wegen der im Ganzen vergrösserten Ausgabe der Tauschwerth des Geldes). Wer z. B. 10 Stücke erwerben und in diesem Falle eines mit einem Gulden bezahlen wollte, wird, wenn ihm vom Verkäufer zugemuthet werden würde, 20 Stücke zu erwerben, nur einen geringeren Stückpreis zugestehen können, weil ihm der Mehrerwerb geringeren Nutzen bringt, während ihm die Mehrausgabe zugleich empfindlicher wird. Jedesmal aber wird jeder Bewerber — das ist der wichtigste Satz — **für alle erkauften Stücke nur einen und denselben Preis** bezahlen wollen, der von dem Aequivalente des jeweiligen „Grenzstückes" — z. B. bei 10 Stücken von dem des 10., bei 20 von dem des 20. Stückes — abgenommen ist, soferne nämlich der Markt frei ist und der Käufer es in seinem Belieben hat, mehr oder weniger zu kaufen. Wollte man einem Käufer auf freiem Markte für irgend ein Stück einen Preis abfordern, der den Geldanschlag für das Grenzstück überstiege, **so thäte er ja besser, auf den Ankauf dieses einen Stückes zu verzichten**, das er über seinen Werth bezahlen müsste. Eben dieselben Erwägungen, die bei der Schätzung des Gebrauchswerthes eines Vorraths, den man beliebig theilen kann, dahin führen, jedes Stück ohne Ausnahme nur nach dem Grenznutzen zu schätzen, müssen beim Ankauf eines Vorraths, den man beliebig gross bestimmen kann, dahin führen, jedes Stück ohne Ausnahme höchstens mit dem Aequivalent des Grenznutzens zu bezahlen. Hier greifen die Gesetze der Werthschätzung, wie sie früher entwickelt wurden, unmittelbar in die der Preisbildung ein, die daher ohne sie nicht verstanden werden können.*)

Dies festgehalten, ist wenig mehr zu sagen. Jeder Bewerber berechnet sich für jede Ausdehnung des Erwerbes sein Maximum. Rechnet man die Anschläge aller Bewerber zusammen, so erhält man die Mengen, die zu jedem denkbaren Preise abgesetzt werden können. Bei höher gehaltenen Preisen können nur geringe Mengen an die kaufkräftigsten Bewerber behufs Deckung ihres dringendsten Bedarfes, bei niedrigeren Preisen können grössere Mengen, theils an dieselben Käufer für ihren minder dringenden Bedarf, theils an andere, minder kaufkräftige Bewerber abgesetzt werden; immer ist **zu einem bestimmten Preise nur eine bestimmte Menge nachgefragt und absatzfähig**. Wenn nun die Verkäufer ihrerseits mit einer bestimmten Menge zu Markt kommen, die sie ganz und gar veräussern müssen, so ist der Preis schon von vornherein festgestellt, es ist derjenige Betrag, um welchen eben diese Menge nachgefragt ist.

Wieder entscheiden dieselben uns schon bekannten Thatsachen: der bereit gehaltene Vorrath, die Bedürftigkeit und die Kaufkraft der Käufer, die beiden letzteren jedoch mit der Besonderheit, dass nicht mehr schlechthin das Geldäquivalent des Grenzkäufers, beziehungsweise der Grenzkäuferclasse, sondern

---

*) Hier ist ein Beweis aus der Erfahrung für die oben (§. 9) aufgestellte Behauptung, dass (für denselben Besitzer) die einzelnen Stücke eines Vorraths, soferne sie unter einander gleich sind, den gleichen Gebrauchswerth haben und dass sie alle ihren Werth nach Mass des Grenznutzens haben. Ein und derselbe Käufer wird für die einzelnen Stücke, die er zusammen einkauft, immer nur denselben Preis bezahlen wollen, er wird keines theurer als das andere und keines theurer als das Grenzäquivalent zahlen wollen. Das beweist, dass er sie alle unter einander gleich hält und alle nach demselben Grenzmasse ansetzt. Sonst stünde ja nichts dawider, dass er sie ungleich zahlt und dass er für einige von ihnen (ja für alle ausser einem, dem Grenzstück) das Grenzäquivalent überzahlt.

das Geldäquivalent des Grenzkäufers, beziehungsweise der Grenzkäuferclasse für das Grenzstück, beziehungsweise die Grenzstücke entscheidet.

Sollten die Verkäufer nicht ihren ganzen Vorrath veräussern, sondern einen Theil zu ihrem eigenen Gebrauch oder zu künftigem Verkauf bei geänderter Marktlage zurückhalten wollen, sollte nicht freie Concurrenz auf beiden Seiten herrschen, sondern entweder ein Monopol bestehen oder sich der Verkauf statt öffentlich und allgemein, privat und in Gruppen oder ganz vereinzelt vollziehen, so wird freilich das entwickelte Preisgesetz nur unvollkommen oder abgeschwächt wirksam. Indess wird das eigenthümliche Element der Preisbildung, dass die Kaufkraft der Käufer mit in die Wagschale fällt, sich immer — ausgenommen höchstens den Fall des Monopols auf der Kaufseite — durchsetzen und seine Bedeutung bewahren. Die Güter werden nicht einfach nach Mass des Nutzens (d. h. des Grenznutzens), den sie ihren Erwerbern geben, sondern ausserdem noch nach Mass der Kaufkraft bezahlt, womit die Grenzkäufer jenen Nutzen vergelten können.

Von den überaus wichtigen Folgerungen, die sich aus diesem Satze ergeben, will ich zunächst nur eine ausführen. „Die höchsten Preise werden daher" — ich wiederhole hier einige Bemerkungen aus dem „Ursprung des Werthes" (pag. 26) — „solche Güter erhalten, welche in sehr geringer Anzahl vor„handen sind und zugleich von den reichsten Classen begehrt „werden; die Preise derselben werden so hoch gesteigert, bis „alle anderen ausser den reichsten Classen, selbst die wohl„habendsten Gruppen der Mittelclassen, ausgeschlossen sind. „Güter, die wegen ihrer geringen Qualität von den Aermeren „allein begehrt werden, erhalten äusserst niedrige Preise, des„gleichen diejenigen Güter besserer Qualität, die so zahlreich „sind, dass die ärmeren Classen in beträchtlichem Umfang zum „Kaufe zugelassen werden müssen. Mittelpreise erhalten die„jenigen Güter, bezüglich deren die Mittelclassen die Haupt„masse der Käufer stellen, während die Unbemittelteren ent„weder gar nicht oder nur mit Rücksicht auf die intensivsten, „durch den Genuss dieser Güter zu befriedigenden Bedürfniss-

„regungen in den Concurrenzkampf eintreten. Veränderungen „der wirthschaftlichen Machtstellung der grossen Volksclassen „müssen selbstverständlich Veränderungen in den Güterpreisen „zur Folge haben. Je grösser die Ungleichheit der Vermögen „wird, um so grösser werden die Unterschiede der Preise. „Luxusgüter werden im Preise steigen, wenn die grossen Reich„thümer zunehmen, sie werden fallen, wenn diese geringer werden." *)

§. 13. Tauschwerth im subjectiven Sinne.

Die Thatsache, dass man Güter kaufen und verkaufen kann, gibt der Werthschätzung in allen Einzelwirthschaften, die am Verkehre theilnehmen, einen neuen und kräftigen Impuls. Im Haushalt eines Robinson gilt nur der Gebrauchswerth der Dinge, in allen Einzelwirthschaften, die am Verkehre theilnehmen, gilt ausserdem noch der Tauschwerth. Ueber dessen Natur und über sein Verhältniss zum Gebrauchswerth, sowie über die Dienste, die er der Einzelwirthschaft leistet, erhält man die beste Aufklärung, wenn man die Fälle seines Vorkommens abgesondert betrachtet.

Geld wird immer und von allen Besitzern nach Tauschwerth geschätzt. Es nützt durch seine Ausgabe, indem es zum Ankauf von anderen Gütern — oder von Gütern schlechthin,

---

*) Auf Grund dieser Erkenntniss ist erst die merkwürdige Erscheinung, die die Theoretiker so viel beschäftigt hat, vollends zu erklären, dass der Werth entbehrlicher Güter, wie z. B. der Diamanten, um so viel höher stehen kann als der der unentbehrlichsten Nahrungsmittel, oder der des Goldes um so viel höher als der des Eisens. Es ist bereits in der elementaren Theorie des Werthes gezeigt worden, dass der Gebrauchswerth eines Gutes sehr geringer Nützlichkeit den eines anderen von sehr hoher Nützlichkeit dann übersteigen muss, wenn der Grenznutzen des ersteren durch die Seltenheit des Besitzes verhältnissmässig hochgehalten, der des letzteren durch die Häufigkeit des Vorkommens dagegen tief herabgedrückt wird. Grösser noch als der Unterschied der Schätzungen des Gebrauchswerthes fällt unter Umständen der Unterschied der Preise und mithin der Schätzungen des Tauschwerthes aus. Diamanten und Gold stehen so ausserordentlich hoch, weil sie Luxusgüter sind, die nach dem Masse der Zahlungskraft der Reichen und Reichsten bezahlt und geschätzt werden, grobe Nahrungsmittel und Eisen stehen so niedrig, weil sie Massengüter sind, für welche die Kaufkraft und Schätzung der Armen entscheidet.

wie man den Gegensatz gewöhnlich fasst — verwendet wird,
von denen man die Deckung solcher Bedürfnissregungen erwartet, welche sonst keine Deckung hätten. Der Tauschwerth
des Geldes ist der anticipirte Gebrauchswerth der für das Geld
anzuschaffenden Dinge. Das Gesetz, welches für diesen gilt,
beherrscht daher auch jenen: Bedarf und Vorrath entscheiden,
so wie sie sich im Grenznutzen ausdrücken. Im Einzelnen
wird für den Geldwerth massgebend sein: die Grösse des Geldbesitzes, über den Jedermann verfügt; die Art und Menge der
Güter, die man bei den bestehenden Marktverhältnissen und
Güterpreisen erwerben kann; der Nutzen, den diese Güter geben
können, sowie derjenige, den man durch anderweitigen Besitz
bereits gesichert hat; endlich die Grösse und Dringlichkeit des
Bedarfs. Die Geldeinheit empfängt jeweils ihren Werth von
der geringfügigsten Ausgabe, die sie nach den Verhältnissen
des Besitzers wirthschaftlicher Weise zu decken hat; jede
grössere Geldsumme und der ganze Geldbesitz enthalten diesen
Grenzwerth der Einheit so oftmal als sie Einheiten zählen.
Verschiedene Personen können die gleiche Geldsumme nicht
anders als sehr verschiedenartig beurtheilen. Der Umstand,
der die Geldschätzungen am meisten beeinflusst, ist die Grösse
von Vermögen und Einkommen.*) Der Kreuzer ist dem Armen
mehr als der Gulden dem Reichen. Jedermann ist sich der
hohen Bedeutung wohl bewusst, die es für die Ordnung seiner
Wirthschaft hat, dass er genau wisse, welchen Werth das Geld
für ihn habe. Niemand ist sich über diesen Werth völlig im
Unklaren, jedem ordentlichen Wirth ist diese Kenntniss geradezu
in Fleisch und Blut übergegangen.

    Ausser dem Gelde werden alle jene Güter von ihren Eigenthümern nach Tauschwerth geschätzt, die gegen Entgelt veräussert werden sollen, sei es, dass sie der Eigenthümer nicht
für sich selber verwenden kann, weil sie sich seinen persönlichen Bedürfnissen nicht eignen, sei es, dass er sie zwar verwenden könnte, aber mit einem Nutzen, der ihm nach seinen
Verhältnissen zu gering scheint, als dass er um desselben willen
auf den Kauferlös verzichten dürfte. Die nächste Grundlage

---

*) Siehe hiezu Jevons, pag. 152 ff.

der Schätzung bildet der in Erwartung stehende Gelderlös, beziehungsweise dessen Tauschwerth, die letzte Grundlage bildet jener Gebrauchswerth, der im Tauschwerthe des Gelderlöses anticipirt ist. Wieder führt die Schätzung auf den Gebrauchswerth zurück und wieder gilt das Gesetz des Grenznutzens. Die gleiche Waare erzielt auf demselben Markte für alle Verkäufer den gleichen Preis, aber welche Verschiedenheit der Schätzung von Seite dessen, der durch ihren Verkauf das Einkommen des ganzen Jahres gewinnt, und von Seite dessen, der sich an seinen Genüssen kaum merkbar abzubrechen hat, wenn er sie auch jahrelang nicht verkaufen sollte.

Endlich werden noch nach Tauschwerth zahlreiche Güter geschätzt, deren Veräusserung von ihren Eigenthümern nicht im mindesten beabsichtigt ist. Ich will zur Erläuterung das Beispiel anführen, welches Böhm-Bawerk („Werth", pag. 37 ff.) gibt, der zuerst diesen Fall untersucht hat. Ein armer Mann schätzt sich seinen Winterrock wegen des Gebrauches, den er von ihm erwartet, ihn zum Schutze gegen die Kälte zu tragen, da er wohl weiss, er wäre der Kälte preisgegeben, wenn er des Rockes, den zu ersetzen er die Mittel nicht besitzt, verlustig würde. Auch für einen vermögenden Mann wäre der Verlust des Winterrockes ein Schaden, aber doch ein solcher, den er ersetzen könnte und ersetzen würde, indem er den Preis für die Wiederbeschaffung auslegte. Der Reiche wird daher den Rock nicht nach dessen Nutzen schätzen, sondern nach den Anschaffungskosten, welche in seiner Schätzung geringer gelten als der Nutzen und auf deren Aufopferung er den Schaden eines Verlustes stets reduciren kann. Die Fälle dieser Art von Tauschwerthschätzung sind ungemein zahlreich. Alle Güter des Haushaltes werden so geschätzt, die Jemand im Falle des Verlustes oder Verderbes sich neuerdings kaufen würde. Die nächste Grundlage der Schätzung ist hier der Marktpreis, zu dem der Einkauf zu besorgen ist, die letzte wieder ein Gebrauchswerth, nämlich jener, der in der Schätzung des Einkaufspreises anticipirt ist.*

*) Ueber die hieraus folgende Aenderung der Motive im Preiskampfe siehe Böhm-Bawerk („Werth", pag. 515 ff.). Es sei mir übrigens gestattet hervorzuheben, dass ich im „Ursprung des Werthes" (pag. 185) ganz kurz auf den oben besprochenen Fall hingewiesen habe.

Fassen wir zusammen. Der Tauschwerth in dem entwickelten Sinne ist derjenige Werth, der den Gütern von ihren Eigenthümern entweder wegen der Absicht, sie zu veräussern, oder aber wegen der Möglichkeit, sie wieder anzukaufen, beigelegt wird; kürzer gesagt, er ist derjenige Werth, der den Gütern wegen eines in Aussicht stehenden Tauschactes zukommt. Tauschwerth in diesem Sinne und Gebrauchswerth sind wesenseins, der erstere ist vom letzteren abgeleitet, er ist eine Entwicklungsform desselben. Beide Werthformen folgen denselben allgemeinen Gesetzen, beide sind subjectiv, mit den persönlichen Verhältnissen wechselt ihre Grösse. Der Preis einer Sache drückt den Tauschwerth für ihren Besitzer nie vollständig aus, es kommt immer noch ausserdem auf die „persönliche Gleichung" des Geldes für den Besitzer an.

Der subjective Tauschwerth dürfte in keiner Einzelwirthschaft fehlen, ohne dass dieselbe in allen ihren Verkehrsbeziehungen in die grösste Unordnung geriethe. Die „persönliche Gleichung" des Geldes ist in jeder Wirthschaft unerlässlich, um Güter, die nach Gebrauchswerth und Güter, die nach Tauschwerth geschätzt werden, gegen einander abwägen zu können. Ohne sie könnte keine Ausgabe, kein Einkauf, kein Verkauf mit Folgerichtigkeit gemacht werden, der Arme könnte nicht als Armer, der Reiche nicht als Reicher auf dem Markte auftreten. Jeder einzelne Verkehrsact ruht auf ihr und damit ruht noch mehr als die Ordnung der Einzelwirthschaft, damit ruht der ganze Verkehr auf ihr.

Es ist zu sonderbar, dass eine Thatsache von so allgemeiner Uebung und von so grosser Bedeutung durch die Theorie bis auf die neueste Zeit so gut wie gänzlich ignorirt wurde. Erst Menger hat sie theoretisch völlig klargestellt und in das System aufgenommen, nicht die geringste unter seinen vielen Leistungen.

§. 14. Tauschwerth im objectiven Sinne (Verkehrswerth).

Nach aussen hin, anderen Personen gegenüber, kann Niemand seine eigenthümliche persönliche Schätzung des Geldes und des Geldwerthes der Güter ohneweiters durchsetzen.

Niemand wird einen Geschäftsmann blos dadurch dazu bewegen können, ihm eine Waare zum halben Preise abzulassen, dass er nachweist, es sei ihm der halbe Preis schwerer zu erschwingen als einem Anderen der doppelte. Kein Geschäftsmann wird eine Waare blos deshalb um den doppelten Preis als Andere absetzen können, weil er nachweisen kann, er müsse den doppelten Verdienst machen, um seinen nothwendigsten Lebensbedarf zu decken. Jedermann braucht eine genaue subjective Schätzung des Geldwerthes im Innern seines Haushaltes und um sich zu entscheiden, wie er nach aussen hin auftreten könne, aber sein Auftreten wird die Bewegung der Güter im grossen volkswirthschaftlichen Verkehre von einer Wirthschaft zur anderen und schliesslich zu der seinigen hin nur insoweit beeinflussen können, als es ihm gelingt, die Preise der Güter zu beeinflussen. Die Preise sind es, die im Verkehre schlechthin entscheiden. Die Güter fallen denen zu, die die höchsten Preise zahlen, und vor allem: nach den Preisen, die beim Verkaufe zu erwarten sind, richtet sich das Mass der Aufwendungen, die für die Erzeugung gemacht werden. Die am theuersten zu verkaufende Waare zieht die meisten Productivmittel an. Der Rang der Güter im volkswirthschaftlichen Verkehre, ihre äussere volkswirthschaftliche Macht wird schlechthin durch ihre Preise entschieden, wie immer auch die Einzelnen über ihre innere Bedeutung urtheilen mögen.

Wenn man gemeinhin vom Werthe der Güter spricht, so meint man diesen ihren volkswirthschaftlichen Rang, wie er ihnen nach Verhältniss ihrer Preise zukommt. Eine Waare, deren Marktpreis 1000 Gulden beträgt, hat dem Sprachgebrauch zufolge schlechthin und für Jedermann den zehnmal grösseren Werth als eine andere, deren Marktpreis blos 100 Gulden beträgt. Das theuerste Gut ist dem Sprachgebrauche auch das werthvollste. Eine einzige Einschränkung wird gemacht. Die Güter erhalten nur jene Preise als Werth zugerechnet, die in der Regel der Fälle für sie gezahlt werden. Ausnahmspreise dagegen, Wucherpreise oder Schleuderpreise begründen keinen Werth; Güter mit sehr schwankenden Preisen haben daher nach gemeinem Sprachgebrauche auch keinen festen „inneren" Werth.

Es ist in der That unerlässlich, für die Rangordnung der Güter im volkswirthschaftlichen Verkehre eine besondere Bezeichnung zu haben, und es ist in der That unmöglich, eine andere Bezeichnung als die des Werthes zu wählen; nicht blos weil der Sprachgebrauch sie äusserlich aufzwingt, sondern auch weil sie sich innerlich rechtfertigt. Was der subjective Werth für die Einzelwirthschaft ist, indem er jeden Gütereinsatz und jeden Gütererfolg misst und indem er über die Zulässigkeit der Consumtion und die Ausdehnung der Production entscheidet: das ist jene Rangordnung, wie sie durch die Beziehung auf die objectiven Preishöhen festgestellt wird, für die Volkswirthschaft, wo sie das Mass für Einsatz und Erfolg wird und wo von ihr die Vertheilung und die Erzeugung abhängig sind. Aber es muss hervorgehoben werden, dass der Name des Werthes, indem er von der subjectiven Beziehung zum Bedürfnisse auf die objective zum Preise übertragen wird, sein ursprüngliches Sinngebiet doch verändert. Dem subjectiven Werth entspricht jeweils ein bestimmtes Gefühl, mit einer Bedürfnissbefriedigung vom Gutsbesitze abhängig zu sein, ein bestimmter Grad des Interesses, dem objectiven Werth entspricht dagegen jeweils nichts als ein bestimmter Preis, eine bestimmte Grösse der Zahlung, die bei Kauf und Verkauf zu leisten oder zu fordern ist. Der erstere hat sein Mass in den Abstufungen des Begehrens, der letztere in den Quantitäten der Münze, in den Ziffern der Preissumme.

Allerdings schliessen sich immer und ohne Ausnahme auch an den objectiven Werth innerliche Schätzungen des Interesses an, aber immer und ohne Ausnahme eben nur subjectiv wechselnd, für den Einen grösser, für den Anderen geringer. Der objective Werth oder der Preis ist nicht im mindesten der Ausdruck volkswirthschaftlicher Schätzung der Güter, wenn er auch das Ergebniss des volkswirthschaftlichen Preiskampfes und der individuellen Schätzungen aller Glieder der Volkswirthschaft ist. Der Preis ist eine gesellschaftliche Thatsache, aber er bezeichnet nicht die gesellschaftliche Würdigung der Güter.*) Das Luxusgut wird

---

*) Die gewöhnliche Auffassung, für welche der Preis die gesellschaftliche Würdigung der Güter bezeichnet, erhält hiedurch allerdings, so lange sie blos

theurer bezahlt als das Massengut, aber wer wollte behaupten, dass es damit als das gesellschaftlich wichtigere Gut erklärt sei? Dieselben Personen, die auf dem Markte über den Preis übereinkommen, indem sie sich der Macht der Umstände beugen, behalten sich dennoch ihr Urtheil über die Bedeutung der Güter Jeder für sich persönlich bevor, und diejenige Autorität, die am ehesten berufen ist, das gesellschaftliche Urtheil abzugeben, die Regierung, hält sich unter allgemeiner Zustimmung am meisten davon entfernt, die Güterpreise als das Mass der gesellschaftlichen Wichtigkeit der Güter anzuerkennen. Die Regierung hat zumeist gerade solche volkswirthschaftliche Aufgaben

oberflächlich beurtheilt wird, den Vorzug einer verlockenden Einfachheit: Ein Gut *A*, dessen Marktpreis 1000 fl. beträgt, wird nicht blos 10mal so theuer bezahlt als ein Gut *B*, dessen Marktpreis 100 fl. beträgt, sondern ist auch schlechthin und für Jedermann 10mal soviel werth. Nach unserer Auffassung stellt sich die Sache viel verwickelter. Wir erhalten folgende Sätze: 1. *A* wird mit 10mal soviel Geldstücken bezahlt als *B*, sein **Preis** ist 10mal grösser. 2. Auch sein **objectiver** Tauschwerth ist 10mal grösser. Die wichtigste Folge davon ist, dass auf seine Production 10mal soviel Kosten aufgewendet werden dürfen und, falls es angeht, auch aufgewendet werden. 3. Dem Preisverhältnisse und dem objectiven Werthverhältnisse entspricht aber nicht im mindesten ein Verhältniss der wirthschaftlichen Bedeutung oder der subjectiven Schätzung beider Güter. Ueber die wirthschaftliche Bedeutung lässt sich auf Grund des Preises allein überhaupt noch nichts aussagen. Man muss weiter gehen und die Beziehung zum Bedürfnisse aufsuchen. Die Beziehung zum Bedürfnisse ist aber individuell verwirklicht und individuell zu messen. Wenn beide Güter sich im Besitze derselben Person (oder aber von Personen genau derselben Bedürfniss- und Vermögenslage) befinden sollten, wird allerdings *A* eine 10mal so grosse Bedeutung als *B* haben. Aber es kann sich auch treffen, dass *A* seinem Besitzer gerade nur soviel gilt als *B* dem seinigen, ja es kann *A* trotz seines grösseren Verkehrswerthes seinem Besitzer, falls dieser ein sehr reicher Mann ist, sogar viel weniger werth sein, als *B* dem seinigen, falls dieser ein armer Mann ist. Gibt es viele Güter der Classe *A* und viele der Classe *B*, so werden die individuellen Schätzungen der verschiedenen Besitzer jedenfalls höchst verschiedenartig ausfallen. Ein übereinstimmendes Urtheil ist nicht zu erwarten. Wie die abweichenden individuellen Schätzungen zu einer gesellschaftlichen zu vereinigen seien, das ist eine Frage, die sicherlich nicht so leicht zu erledigen ist als Diejenigen annehmen, die ohne Bedenken vom Preise auf die gesellschaftliche Würdigung schliessen.

Siehe über das Verhältniss des objectiven zum subjectiven Tauschwerth übrigens noch „Ursprung des Werthes", pag. 10 ff. u. 21 ff., sodann Böhm-Bawerk („Werth", Einl. u. ö.) und Sax (§. 45 u. 46).

durchzuführen, die sich durch den Ertrag in Geld nicht rechtfertigen liessen, wenn sie nicht durch ihren Nutzen gerechtfertigt wären.

Ich werde im Folgenden, um nirgends einen Zweifel darüber zu lassen, welchen Werth ich meine, und um nicht immer vom „Tauschwerth im objectiven Sinne" reden zu müssen, mich für die Bezeichnung dieser Werthform stets des Namens „Verkehrswerth" bedienen. Dieser Name wird ja in diesem Sinne häufig genug gebraucht, und er drückt gerade jene Beziehung zum allgemeinen volkswirthschaftlichen Verkehr aus, die den Tauschwerth im objectiven Sinne auszeichnet.

Das Gesetz des Verkehrswerthes haben wir nicht erst zu entwickeln, wir kennen es bereits, wenn auch nur im Allgemeinen, es ist das Preisgesetz.*)

---

*) Der Verkehrswerth ist, insoweit es sich um die Anwendung handelt, ohne Zweifel die wichtigste Werthform, weil er das grösste Gebiet, die Volkswirthschaft, beherrscht. Die politische Oekonomie hat sich, von dem Capitel abgesehen, in dem die Theorie des Werthes zu geben ist, fast ausschliesslich mit ihm zu befassen. Kein Wunder, dass die theoretischen Arbeiten ihn zum Ziele genommen haben. Aber etwas Anderes ist die Anwendung, etwas Anderes die Erklärung. Für die Erklärung steht der subjective Werth obenan, denn nur durch ihn gelangt man bis zum Verkehrswerth. Der subjective Werth ist der ursprüngliche und der vollständige Werth, der Verkehrswerth für sich allein genommen und nicht auf jenen bezogen ist unvollständig und unerklärlich — was bedeutet es, dass eine Sache diesen, eine andere jenen Preis in Geld verdient, wenn man nicht zu sagen vermag, wonach man Geld und Preise schätzt? Die Theoretiker, die sich auf die Untersuchung des Verkehrswerthes oder was auf dasselbe hinauskommt, des Preises beschränkten, konnten allenfalls dazu gelangen, gewisse empirische Gesetze des Wechsels der Werthgrösse aufzufinden, aber sie konnten niemals über das Wesen des Werthes und sein wahres Mass Aufschluss erhalten. Was diese Fragen anbelangt, so konnte man, so lange man sich auf den Verkehrswerth beschränkte, unmöglich über die Formel hinauskommen, dass der Werth im Tauschverhältnisse liege; jede Sache sei um so werthvoller, je mehr andere Sachen sie eintausche. Wodurch aber die eingetauschten Sachen Werth hätten, wodurch uns Sachen überhaupt werth seien und wie man ihren Werth zu messen habe, das konnte man niemals aufklären noch aufzuklären hoffen. Man erfasste den Werth relativ, von einer Sache auf die andere verweisend, als das Verhältniss der werthvollen Sachen: absolut, an sich vermochte man ihn nicht zu begreifen. Bezeichnend für diese Auffassung ist der Satz, dass eine Sache für sich allein nicht Gegenstand des Werthes sein könne, eine zweite müsse hinzukommen, damit die erste zu schätzen sei.

§. 15. Die Antinomie des Verkehrswerthes.

Der Verkehrswerth zeigt dieselbe Bewegung wie der subjective Werth. Mit Zunahme der Verkaufsmenge (bei stillstehender Nachfrage) sinkt der Erlös für das einzelne Stück, während der Gesammterlös noch steigt — aufsteigender Ast; von einem gewissen Punkte an sinkt auch der Gesammterlös — absteigender Ast; bei allgemeinem Ueberfluss endlich könnte gar kein Preis mehr erzielt werden.

Die Ursachen dieser Bewegung sind beim Verkehrswerth noch etwas verstärkt. Nicht blos die natürliche Eingeschränktheit der Bedürfnisse, die über den Sättigungspunkt hinaus nicht reichen, führt dazu, sondern ausserdem noch die thatsächliche Eingeschränktheit der Kaufkraft vieler Käufer, welche nicht Mittel genug haben, um die Bedürfnisse bis zum Sättigungspunkte zu befriedigen. Güter, die im Bedürfnisse noch Aufnahme

---

Die Theorie ist aus diesem Missverständnisse und diesem Zirkel nur ganz allmälig herausgekommen. Wo man eine absolute Theorie versuchte — wie die Arbeitstheorie oder diejenige, welche den Werth als Nützlichkeit erklärte — verband man sie zumeist doch wieder vermittelst irgend eines logischen Sprunges mit der relativen Auffassung, zu welcher die Ueberschätzung der Wichtigkeit des Verkehrswerthes, von der man sich nicht frei zu machen wusste, nothwendig hindrängte. Ein auffälliges Beispiel hiefür ist die Ricardo'sche Werththeorie. Eigentlich wird der Werth auch heute noch in der Hauptsache relativ verstanden. Die deutsche Literatur hat seit lange den grossen Vorzug, dass sie es an einer eindringlichen Kritik des Verkehrswerthes und an mannigfachen Versuchen seiner Ergänzung nicht fehlen liess, ohne freilich den schliesslichen Ausweg zu finden. Unter den neueren Reformatoren der Werththeorie ist Jevons ausgezeichnet durch die Strenge und Genauigkeit, mit der er die beiden Werthbegriffe von einander scheidet, ihm fehlt jedoch der Ausbau des subjectiven Werthes (siehe oben die Anmerkung zu §. 9) und die Feststellung der Functionen der beiden Wertharten. Menger dagegen bringt eine vollendete Theorie des subjectiven Werthes, ohne aber den objectiven Werthbegriff zu entwickeln.

Meine eigenen Untersuchungen im „Ursprung des Werthes" beschäftigen sich fast durchaus mit dem subjectiven Werthe. Selbst wohlwollende Beurtheiler haben daraus den Schluss gezogen, dass ich einen objectiven Werth nicht anerkenne. Der Vorwurf ist umsoweniger gerechtfertigt, als ich (pag. 38) ausdrücklich die Nothwendigkeit eines objectiven Werthbegriffes zugegeben habe. Am besten ist das Verhältniss des subjectiven und objectiven Werthes von Böhm-Bawerk und was insbesondere die Scheidung ihrer Functionen in der Wirthschaft anbelangt, von Sax dargestellt.

fänden, finden oft auf dem Markte keine Aufnahme mehr und der Höhepunkt des Preiserlöses ist daher oft noch früher erreicht als der des subjectiven Werthes.

Trotzdem liesse sich mit ebenso wenig Grund von einer Antinomie des Verkehrswerthes als von einer solchen des subjectiven Werthes sprechen, wenn nicht die wirthschaftliche Ordnung, in der die Gesellschaft lebt, demselben in der Volkswirthschaft eine Wirksamkeit verschaffte, die über die des subjectiven Werthes in der Einzelwirthschaft weit hinausgeht. In jeder einheitlich geleiteten Wirthschaft ist der Nutzen das oberste Princip, in der Volkswirthschaft jedoch wird es der Verkehrswerth überall dort, wo die Versorgung der Gesellschaft mit Gütern durch private Unternehmer stattfindet, welche hieraus einen Erwerb machen und für ihre Leistungen Entgelt verlangen. Dem privaten Unternehmer ist es nicht um den höchsten Nutzen für die Gesellschaft, sondern um den höchsten Werth für sich zu thun, der zugleich sein höchster Nutzen ist. Der Nutzen bewährt sich als das oberste Princip in der Wirthschaft des Unternehmers, aber eben damit siegt im Conflicte zwischen Verkehrswerth und gesellschaftlichem Nutzen der erstere, woferne nämlich der Unternehmer die Kraft hat, sein Interesse auch durchzusetzen.

Proudhon hat darum mit Recht — wenn er auch seine Behauptung nicht ganz richtig formulirt hat — eine Antinomie des Verkehrswerthes behauptet. Jeder Unternehmer findet seinen Vortheil dabei, wenn es ihm gelingt, freie Güter, die er nicht verkaufen kann, in wirthschaftlich knappe, die er verkaufen kann, zu verwandeln, und er findet seinen Vortheil dabei, wenn es ihm gelingt, die Verkaufsmenge zu Gunsten der Steigerung des Erlöses zu verringern, sowie es sein Nachtheil ist, die Verkaufsmenge mit einer Abnahme des Erlöses zu steigern.

Proudhon's Folgerung, dass kein anderer Ausweg als die socialistische Organisation der Gesellschaft den Zwiespalt zu lösen vermöchte, ist indess nicht richtig.

Die Antinomie besteht überhaupt nicht im „aufsteigenden Ast" der Werthbewegung. In diesen fallen aber bei weitem die meisten thatsächlichen Gestaltungen des Werthes. Ausserdem gilt die Antinomie blos insoweit als der Unternehmer die

Gesellschaft zu beherrschen vermag. Wo wirklich freie Concurrenz herrscht, hat aber kein Unternehmer hiezu die Kraft. Wo wirklich freie Concurrenz herrscht, wird der gesellschaftliche Nutzen wie er es sein soll das oberste Princip der Volkswirthschaft. Jeder von den concurrirenden Unternehmern muss trachten, den Umfang seiner Unternehmung möglichst auszudehnen. Die Vermehrung des Angebotes, die der Einzelne herbeiführt, ist im Verhältnisse zum Gesammtangebote zu geringfügig, als dass sie den Preis erheblich drücken könnte, während sie doch die verkäufliche Menge für den Einzelnen erheblich steigert. So rechnet Jeder und indem Jeder so rechnet, geht die Erzeugung bis zum äussersten noch erreichbaren Masse. An Beispielen, dass die Concurrenz die Preise bis weit in den absteigenden Ast des Verkehrswerthes hinabreissen kann, ist gerade die Wirthschaftsgeschichte unserer Tage sehr reich.

In den Fällen, die noch übrig bleiben, wird die Gesellschaft, um nicht Schaden zu leiden, allerdings die Erzeugung auf gemeinsame Rechnung ausführen (oder durch Einzelne ausführen lassen) müssen, aber die Fälle sind zu wenig zahlreich, als dass hieraus die socialistische Organisation der Gesellschaft hervorginge. Immer vom Anfang an haben die Regierungen derartige Aufgaben übernommen. Die Antinomie des Verkehrswerthes fordert nicht die Umstürzung sondern nur eine Ergänzung der freien wirthschaftlichen Ordnung der Gesellschaft durch angemessenes Eingreifen der Regierung.

§. 16. **Der Dienst des Verkehrswerthes in der Volkswirthschaft.**

Betrachtet man die Elemente, die den Verkehrswerth bilden, so muss man zur Ueberzeugung kommen, dass die Anklage der Antinomie nicht die schwerste ist, die gegen ihn erhoben werden kann. Sieht man von derselben ganz ab, so bleibt doch das Gesetz seiner Bildung derartig, dass selbst dann, wenn er ohne Störung, ohne Zwang Unredlichkeit und Irrthum, in einem Handel, wie wir ihn frei und gerecht zu nennen gewohnt sind, ausgemittelt wird, er seinen Dienst in der Volkswirthschaft nur in unvollkommener Weise zu vollziehen geeignet ist, mit einem

Gefolge von Wirkungen nämlich, die die Gesellschaft als schlimme Uebel empfindet.

Es muss vorausgeschickt werden, dass der Dienst des Verkehrswerthes in der Volkswirthschaft gegenüber dem des subjectiven Werthes in der einheitlichen Wirthschaft um eine neue Aufgabe erweitert ist. In dieser hat der Werth Einsatz und Erfolg nur sachlich gegen einander abzumessen, in jener ausserdem auch noch persönlich. Der sachliche oder wirthschaftlich-technische Dienst des Verkehrswerthes bezieht sich hauptsächlich auf die Production, deren Controlorgan er ist: er gibt hier das Mass für die Erzeugung und für die Kostenaufwendung. Die Güter sollen nach dem Range des Werthes hervorgebracht und andere Güter sollen als Kosten um ihretwillen nur so weit aufgeopfert werden, als es die Vergleichung des Werthes der Erzeugungsmenge und der Kosten gestattet. Der persönliche Dienst bezieht sich hauptsächlich auf die Vertheilung der gewonnenen Producte an die einzelnen im Verkehre stehenden Individuen; hier wird der Werth das Mass der persönlichen Erwerbung. Jedem Theilnehmer an dem grossen volkswirthschaftlichen Processe soll ein Erfolg gerade so grossen Werthes zugetheilt werden, als der Werth seines Einsatzes — seiner Vermögenseinlage oder Arbeitsleistung — betrug.

Der Verkehrswerth aller Güter, die in Vorräthen, in Mengen zu Markt gebracht werden, wird als Grenzwerth bemessen, d. h. die Einheit wird entsprechend dem Grenzäquivalent geschätzt und der ganze Vorrath wird als ein Vielfaches der Einheit, als Product der Menge mit dem Einheitswerthe angeschlagen. Insoweit gibt der Verkehrswerth dieselbe willkommene und fehlerlose Hilfe im Wirthschaftscalcüle wie der Grenzwerth überhaupt. Die rechenmässige Verwendbarkeit des Verkehrswerthes ist unanfechtbar. Es ist wohl nicht nothwendig, das was wir oben (§. 11) im Allgemeinen über diesen Gegenstand gesagt haben, hier noch einmal im Besonderen zu sagen.

Um den Dienst des Verkehrswerthes in der Volkswirthschaft vollends zu würdigen, ist indess daran zu erinnern, dass er nicht genau dieselben Elemente enthält wie der Gebrauchswerth in der einheitlichen Wirthschaft. Dieser ist blos aus dem Nutzen hergeleitet, der Verkehrswerth überdies noch s. §. 12) aus der Kaufkraft: wie der Gebrauchswerth den Nutzen, misst also der Verkehrswerth eine Combination von Nutzen und Kaufkraft. Der an Gebrauchswerth grössere Vorrath ist im aufsteigenden Aste) immer auch der nutzreichere, der an Verkehrswerth grössere, muss es nicht nothwendiger Weise sein: sein höherer Werth kann vom höheren Nutzen, er kann aber auch vom grösseren Reichthum der Käufer und der dringenderen Veranlassung herrühren, die dieselben haben, ihren Reichthum im Concurrenzkampf in die Waagschale zu werfen.

Beim sachlichen wie beim persönlichen Dienste des Verkehrswerthes kommt diese Art seiner Bildung zur Geltung. Die Production ordnet sich in Folge dessen statt der blossen Bedürftigkeit auch noch dem Reichthum unter. Statt der Dinge, die am meisten nützen könnten, werden diejenigen erzeugt, die am besten bezahlt werden. Je grösser die Unterschiede der Vermögen, desto auffallender das Missverhältniss der Erzeugung, die die Luxusgüter für den übermüthigen Prasser bereitet, indess sie des mittellosen Elends nicht achtet. Die Vertheilung verwirklicht dann, worauf die Production angelegt ist, und veranlasst eine Consumtion höchst unwirthschaftlicher Art, indem auf entbehrliche und tadelnswerthe Genüsse verschwendet wird, was die Wunden der Armuth schliessen könnte.*

Es ist von Interesse, das Gesetz der Gütervertheilung, wie es durch das Gesetz des Verkehrswerthes bedingt ist, noch etwas genauer zu verfolgen. Die Begünstigung der Reichen und damit die verkehrte Anwendung der Güter geht in Wahrheit noch viel weiter, als die blosse Thatsache des Reichthums ohnehin schon vermuthen lässt. Der Reiche ist nicht blos darin im Vortheil, dass er mehr Mittel hat, um Güter anzukaufen, sondern er ist ausserdem noch dadurch im Vortheil, dass er seine Zahlungsmittel grösstentheils nach einem günstigeren Massstab als der Arme auszunützen in die Lage kommt. Die schwächsten Käufer, welche in aller Regel auch die ärmsten sein werden, geben im Preiskampf den

---

*) Siehe über die Wirkung des Verkehrswerthes auf die Gütervertheilung Böhm-Bawerk („Werth", S. 510 ff.).

Ausschlag, und ihrer Schätzung wird der Preis angepasst. Sie müssen also die Waare genau so hoch bezahlen als sie sie schätzen, indess ihre stärkeren Concurrenten, die das Gleiche zahlen, unter der persönlichen Schätzung zahlen. Der Bettler und der Millionär, wenn sie dasselbe Brot essen, geben auch denselben Preis dafür, der Bettler nach Mass seines Hungers und der Millionär eben auch nur nach demselben Mass, d. h. nach dem des Hungers des Bettlers, während es gar nicht in Frage kommt, was er zu zahlen geneigt wäre, wenn es ihn einmal hungerte und wenn er sein Aeusserstes bieten wollte, um Brot zu kaufen. Nur wo die Reichen sich selber Concurrenz machen, um den Erwerb von Luxusgütern, die sie für sich allein geniessen wollen, zahlen sie nach ihrer eigenen Kraft, werden sie mit ihrem persönlichen Masse gemessen.

Je mehr aber die Kraft der Reichen beim Einkauf der Massengüter geschont wird, desto grössere Mittel behalten sie übrig, um ihre Anerbietungen für die Luxusgüter auszudehnen und zu steigern, und um desto fehlerhafter wird der Impuls, den die Consumtion der Production gibt.

Das Werthgesetz in der Einzelwirthschaft ist streng, aber seine Strenge ist ohne Zweifel nothwendig und wohlthätig. Es verbietet die Befriedigung über einen gewissen Grenzpunkt hinaus, über den die im Augenblick vorhandenen Mittel nicht reichen, wenn man alles in allem erwägt und auch der Zukunft gedenkt. Die Verletzung des Verbotes straft sich von selbst, indem an Stelle des voreilig befriedigten geringeren Bedürfnisses später ein dringenderes Begehren ungestillt unterdrückt werden muss. Das Preisgesetz folgt dem Werthgesetz in der Forderung der Grenzausschliessung, aber ohne dieselbe zweifellose materielle Nothwendigkeit, und die natürliche und vernünftige Strenge des Gebotes verwandelt sich dadurch in einen Anschein von persönlicher und widersinniger Härte. Wer den vom Grenzkäufer bezahlten Preis nicht erschwingen kann, wird innerhalb des volkswirthschaftlichen Verbandes gerade so von der Gütererwerbung ausgeschlossen, wie im Einzelhaushalte die allzu geringe Begierde von der Befriedigung. Wie es hier Grenzbedürfnisse gibt, gibt es dort Grenzexistenzen, unter deren Niveau die Fristung des Lebens höchstens noch gnadenweise zugestanden wird. Während aber die Grenze im einheitlichen Haushalt natürlich gezogen ist, ist sie in der Volkswirthschaft noch durch die Art der Vertheilung des Reichthums mit bestimmt. Unser Recht verurtheilt inmitten des Wohlstandes der Vermögenden den Mittellosen zu einer Einschränkung, als ob all dieser Wohlstand nicht vorhanden wäre und die Natur selber die weitere Befriedigung versagte.

Das sind die Anklagen, die gegen das Gesetz des Verkehrswerthes zu erheben sind. Sie wären vernichtend, wenn ihnen nicht erwidert werden könnte. Doch die Prüfung der Klage und der Einwendungen gehört nicht mehr in die Theorie des Werthes, sondern in die grössere der Wirthschaft und ihres Rechtes, und diesem Buche ist ja nicht einmal die Aufgabe gestellt, die Theorie des Werthes zu erschöpfen. Ich wollte die Bildungselemente des Verkehrwerthes blos insoweit klar machen, als es nöthig ist, um klar zu machen, was ich unter dem „natürlichen Werth" verstanden wissen will. Ich bin nun an diesen Punkt gekommen und darf nicht länger zögern, dem Leser Aufschluss über diesen Namen zu geben. Die Sache selbst ist uns nicht neu; der Werth, wie er im 1. Abschnitt dieses Buches, in der elementaren Theorie, betrachtet wurde, ist natürlicher Werth.

§. 17. Der natürliche Werth.

Auch in einer Gesellschaft, in einem Staate mit communistischer Ordnung der Wirthschaft würden die Güter nicht aufhören Werth zu besitzen. Bedürfnisse würden nach wie vor da sein, nach wie vor würden die verfügbaren Mittel für ihre volle Sättigung nicht ausreichen und der Menschen Herz würde sich nach wie vor an den Besitz hängen. Man würde alle Güter, die nicht freie Güter sind, nicht blos für nützlich sondern zugleich auch für werthvoll erkennen und würde den Werth nach dem Verhältnisse abstufen, in welchem die verfügbaren Vorräthe zum Bedarf stehen und das sich letzlich im Grenznutzen ausdrückt. Gesellschaftlicher Vorrath und Bedarf, oder Gütermenge und Nutzen gesellschaftlich mit einander verglichen, würden den Werth bestimmen. Die elementaren Gesetze der Werthschätzung so wie wir sie entwickelt haben, würden voll und uneingeschränkt für die ganze Gesellschaft in Wirksamkeit sein.

Den Werth, wie er aus dem **gesellschaftlichen Verhältnisse von Gütermenge und Nutzen** hervorgeht, oder den **Werth im communistischen Staate** will ich fortan den **natürlichen Werth** nennen.*) Ich wähle den Namen mit dem vollen Bewusstsein des Doppelsinnes, den die Anrufung des „Natürlichen" für die Ordnung der menschlichen Angelegenheiten hat. Es ist zugleich das durch Einfachheit, Ursprünglichkeit, Reinheit Verlockende und das aller Erfahrung Widersprechende, das den Zweifel hervorruft, ob es wohl je mehr als ein Traum sein könne. So werde ich denn auch den communistischen Staat als vollkommenen Staat denken. Alles soll auf das beste geordnet sein, kein Missbrauch der Gewalt seitens der Beamten, keine eigennützige Absonderung einzelner Bürger, auch kein Irrthum und keinerlei sonstige Störung soll vorkommen. Der natürliche Werth soll jener sein, den ein ganz und gar geeinigtes und höchst vernünftiges Gemeinwesen erkennen würde.**)

---

*) Ich nenne natürlichen Werth was man bisher gesellschaftlichen Gebrauchswerth genannt hat. Mit dem Namen des Gebrauchswerthes sind zu viele Missverständnisse verknüpft, als dass ich ihn ohne Gefahr hätte beibehalten dürfen. Der Gebrauchswerth wird gewöhnlich als Nützlichkeit oder als etwas ihr sehr nahe Stehendes und nicht als eigentlicher Werth verstanden. Auch wird der Name kaum je auf die Verhältnisse der Production bezogen und ich möchte vom Werthe der Productivgüter und vom Kostenwerthe ebensowohl sprechen als vom unmittelbaren Nutzwerth der Gebrauchsgüter.

**) Die Frage, ob ein solches Gemeinwesen bestehen könnte oder einmal bestehen werde, interessirt uns gar nicht. Wir lassen uns an seiner Vorstellung genügen, die ein vortrefflicher Behelf ist, um dasjenige zusammenzufassen, was von unserer heutigen Volkswirthschaft bleibt, wenn wir das Privateigenthum sowie alle Störungen, die aus der menschlichen Unvollkommenheit folgen, hinwegdenken. Stillschweigend haben die meisten Theoretiker, besonders die der classischen Richtung, dieselben Abstractionen gemacht: namentlich läuft auch jene Meinung, die im Preise ein gesellschaftliches Werthurtheil sieht, darauf hinaus, die individuellen Gegensätze hinwegzudenken, welche die Kaufkraft abstufen und den Preis vom natürlichen Werth entfernen. Gar manche Theoretiker haben so die Werththeorie des Communismus geschrieben ohne es zu wissen, und haben darüber versäumt, die der Gegenwart zu schreiben. Indem wir, uns vor dem gleichen Fehler hütend, unsere Voraussetzungen deutlich machen, dürfen wir hoffen, der Gegenwart ungleich mehr zu dienen.

Die von uns in der elementaren Theorie des Werthes gefundenen Gesetze sind seine natürlichen Gesetze, wie sie sich unter der vereinfachenden Annahme gestalten, dass die Güter den Menschen zur Verfügung stehen, ohne erst producirt werden zu müssen. Lassen wir diese Annahme fallen, so erhalten wir die **natürlichen Werthgesetze in der Production**. Diese aufzusuchen wird nun unsere Aufgabe sein. Wir werden uns fragen, welche Productivmittel im communistischen Staate wohl Werth empfangen würden, ob die Arbeit allein oder auch Land und Capital; nach welchem Masse sie Werth erhalten würden; ob es eine natürliche Landrente und einen natürlichen Capitalzins gebe — und so fort durch alle Verhältnisse der Production bis zu der Frage des Kostenwerthes und seines natürlichen Ausmasses.

Das Verhältniss des natürlichen Werthes zum Verkehrswerthe ist klar. Der **natürliche Werth ist ein Bildungselement des Verkehrswerthes**, welches aber nicht rein durchdringt, einmal weil es gestört wird durch die menschliche Unvollkommenheit, durch Irrthum, Betrug, Zwang, Zufall, sodann aber weil es gestört wird durch die heutige Ordnung der Gesellschaft, durch Privateigenthum und den Unterschied von Reich und Arm, woher sich ein zweites Bildungselement mit ihm vermischt, nämlich die Kaufkraft. Im natürlichen Werthe sind die Güter einfach nach ihrem Grenznutzen, im Verkehrswerthe nach einer Combination von Grenznutzen und Zahlungskraft angeschlagen. Bei jenem sind die Luxusgüter um vieles tiefer, die Massengüter vergleichsweise um vieles höher angeschlagen als bei diesem. Der Verkehrswerth, selbst der ohne Fehler berechnete, ist, wenn man will, ein Zerrbild des natürlichen, dessen ökonomisches Ebenmass er stört, indem er Kleines vergrössert und Grosses verkleinert.

Der Umstand, dass der natürliche Werth ein Bildungselement des Verkehrswerthes ist, gibt seiner Untersuchung ihre Beziehung zur Wirklichkeit und ihre empirische Bedeutung. Der Werth, den ein höchst vernünftiges und ganz und gar geeinigtes Gemeinwesen erkennen würde, ist dem Werthe, den die Gesellschaft von heute erkennt, nicht ganz fremd. Jeder Einzelne hat das Verlangen in sich, den Werth rationell zu beurtheilen, nur dass seine Kraft nicht immer ausreicht und dass durch das Zusammentreffen mit Andern im Tausche das Ergebniss verschoben wird. Zahllose mehr oder minder richtige Ansätze der natürlichen Werthbildung sind vorhanden, Jeder hat sie für sich in seinem wirthschaftlichen Kreise und auch im Zusammentreffen der einzelnen Kreise lösen sich diese individuellen Bildungen nicht völlig auf, sondern sie verändern sich nur in etwas. Es ist von Interesse, nachzuforschen, wie viel von den Erscheinungen des Verkehrswerthes natürlichen Ursprunges und wie gross also die bildende Kraft des natürlichen Werthes in unserer Gesellschaft ist. Ich glaube, die folgende Untersuchung wird zeigen, dass sie bei weitem grösser ist, als gewöhnlich angenommen zu werden scheint. Die Grundrente ist vielleicht die am meisten angegriffene Werthbildung der heutigen Wirthschaftsordnung; nun ich glaube, die Untersuchung wird zeigen, dass auch der communistische Staat nicht ohne Grundrente sein kann. Er muss unter gewissen Umständen von den Grundstücken Ertrag berechnen und von gewissen Grundstücken grösseren Ertrag berechnen, und die Umstände, auf die es hiebei ankommt, sind wesentlich dieselben, welche heute die Grundrente und einen hohen Stand derselben bedingen. Der Unterschied liegt nur darin, dass heute die Grundrente einem privaten Eigenthümer zu Gute kommt, während sie im communistischen Staate der ganzen vereinigten Gesellschaft zufiele. Im communistischen Staate begründet sie kein persönliches Eigenthum, sondern sie wird nur rechnungsmässig aus dem Gesammteinkommen der Gesellschaft ausgeschieden, aus sachlichen Gründen, um den Beitrag kennen zu lernen, den die einzelnen Grundstücke zum gesammten Ertrage liefern, und um hienach beurtheilen zu können, welche Aufwendungen gemacht werden dürfen und sollen, um diese Beiträge zu gewinnen. Mit anderen Worten, es bleibt der wirthschaftlich-technische Dienst als Controlorgan der Production, während der persönliche Dienst als Quelle privaten Einkommens weggefallen ist. Sollte die Untersuchung diese und ähnliche Thatsachen feststellen, so wird man gewiss nicht läugnen können, dass sie die Wirthschaft von heute besser verstehen lehrt. Sie würde zeigen, was von den heutigen Werthformen nicht blos um der Befriedigung persönlichen Eigennutzes willen da ist, sondern zugleich im technischen Dienste der gesellschaftlichen Wirthschaft steht und daher niemals aufgegeben werden dürfte, wollte man nicht die Wirthschaft ohne Calcül und ohne Controle lassen.

Damit eignet sich die Untersuchung des natürlichen Werthes sowohl für den, der die gegenwärtige Wirthschaft verstehen, als auch für den, der eine neue vorbereiten will. Vertheidiger der geltenden Ordnung und Vorkämpfer einer geträumten künftigen können sich ohne Voreingenommenheit und ohne ihren Grundsätzen zu vergeben, in diesem Studium vereinigen. Der natürliche Werth ist eine neutrale Erscheinung, deren Untersuchung nichts für und nichts wider den Socialismus beweisen kann, wie immer sie auch ausfallen möge. Sind Landrente und Capitalzins natürliche Wertherscheinungen, so werden sie eben auch im socialistischen Staate zur Geltung kommen, ohne dass dieser sich deshalb aufzulösen und Landeigenthümer und Capitalisten den Platz zu räumen brauchte. Man kann jeder natürlichen Werthform ihre sachliche Bestimmung belassen, ohne irgend ein persönliches Vorrecht des Einkommens damit zu verbinden.

Der natürliche Werth ist so wenig ein Beweismittel gegen den Socialismus, dass die Socialisten gar kein besseres Beweismittel für ihre Sache hätten gebrauchen können. Der Verkehrswerth kann nicht schärfer kritisirt werden, als indem man seine Abweichungen vom natürlichen Masse aufdeckt, so wenig freilich hiemit für die Sache des Socialismus endgiltig bewiesen wäre. Bekanntlich haben aber die Socialisten eine andere Werthlehre. Wir werden dieselbe fort und fort im Widerspruche mit den natürlichen Forderungen sehen und während wir gar nichts wider den Socialismus sagen, sondern uns durchaus innerhalb des neutralen Gebietes des natürlichen Werthes halten wollen, werden wir fort und fort wider die Socialisten zu sprechen haben.

Es wird der Darstellung des Folgenden zu Gute kommen, wenn wir vorher noch die socialistische Werthlehre in einem allgemeinen Ueberblick entwickeln.

§. 18. Die socialistische Werthlehre.

So viel die socialistischen Schriftsteller wider den Werth, wie er heute wirksam ist, zu sagen wissen, so wenig haben sie über seine Zukunft zu bemerken. Sie belehren uns nur dürftig über die Rolle, die er im socialistischen Staate haben würde. „Die gesellschaftlichen Beziehungen der Menschen zu ihren Arbeiten und Arbeitsproducten bleiben hier durchsichtig einfach", sagt, diese Zurückhaltung erklärend, Karl Marx. Es scheint, dass im Sinne der Socialisten der Werth jenen Organen des menschlichen Körpers gleicht, deren Dasein, wenn sie erkranken, schmerzhaft bemerkt wird, während sie im Zustande der Gesundheit wenig hervortreten. Die Aerzte, die ihre Pathologie genau kennen, sind ausser Stande, zu sagen, welchen Lebensfunctionen sie dienen.

Die Socialisten lehren, dass die alleinige Quelle des Werthes die Arbeit sei. Im socialistischen Staat soll es nur zwei Objecte des Werthes geben, die Arbeit und die durch Arbeit erzeugten Gebrauchsgüter. Land und Capital sollen nicht Werthobjecte sein. Der Werth setzt den Nutzen voraus, geht aber nicht aus ihm hervor. Er entsteht durch die Arbeit, deren Aufwendung naturgemäss das menschliche Interesse fesselt. Sein Mass ist die Arbeitszeit oder auch die Arbeitsanstrengung. Von den Diensten des Werthes in der Gesellschaft bleibt nur der der Gütervertheilung erhalten, und auch dieser nur in beschränkter Weise; die erzeugten Gebrauchsgüter, nach ihrem Arbeitswerth angeschlagen, werden an die Arbeiter nach Mass ihrer Arbeitsleistungen vertheilt, productives Land und Capital, im ausschliesslichen Besitz des Staates, sind weder Gegenstand noch Massstab der Vertheilung. Der andere Dienst des Werthes, als Controlmittel der gesellschaftlichen Wirthschaft, insbesondere der Production, wird nicht mehr in Anspruch genommen. Man folgt einfach den Forderungen der Nützlichkeit oder des „Gebrauchswerthes", worunter eben nicht Werth in unserem Sinne, sondern Nützlichkeit schlechtweg, also ohne die eigenthümliche Messung, die aus der Vergleichung von Bedarf und Vorrath hervorgeht, verstanden wird.

Das ist in Kürze das socialistische Zukunftsprogramm für die Schätzung der Güter, allerdings nicht in der ursprünglichen

Ausdrucksweise seiner Verfasser gegeben. Meines Erachtens ist niemals im Lauf der Geschichte eine bedeutungsvollere Veränderung der gesellschaftlichen Ordnungen als die heute in der Wirthschaft verlangte angestrebt und niemals der Plan der Veränderung so mangelhaft ausgedacht worden. Ein mittelalterlich regiertes Reich in ein modern verwaltetes, ein Königthum in eine Republik, eine Aristokratie in eine Demokratie zu verwandeln, will nichts besagen gegenüber dem Versuch einer wirthschaftlichen Revolution, welche nicht blos die immerhin wenigen politisch interessirten, sondern welche die sämmtlichen Bürger trifft und in jenem Punkte trifft, in dem sie sich ihrer Interessen am stärksten bewusst sind; und die Träume von politischer Freiheit, Gleichheit und Brüderlichkeit und selbst alle religiösen Träume von einem Reiche Gottes auf Erden, so phantastisch sie ausgeschmückt sein mögen, verrathen niemals jene mangelhafte Kenntniss ihres Objectes, wie die socialistische Lehre vom Werth, sie haben zum mindesten die Entschuldigung für sich, dass sie sich an Regungen der menschlichen Natur wenden, die unberechenbar in ihrem Aufschwung sind und die den gespanntesten Erwartungen durch ihr Wesen Nahrung geben, während der Werth eine Sache nüchternsten Nachdenkens ist, wo man sich schuldig macht, wenn man die Phantasie statt des Verstandes sprechen lässt, schuldig selbst als akademischer Schriftsteller, und um so schuldiger als Gesellschaftsbesserer und Agitator. Nicht einen Tag würde der zukünftige Wirthschaftsstaat mit jener Werthconstruction verwaltet werden können, ja bei den ersten vorbereitenden Anstalten seiner Einrichtung müsste deren gänzliche Unbrauchbarkeit erkannt werden.

Bis zu einem gewissen Grad sind indessen die Socialisten durch ihre Gegner selbst entschuldigt. Die Idee des Arbeitswerthes und manches Andre der socialistischen Theorie rührt von Oekonomisten des Bürgerstandes her und die Arbeiterführer fanden sie theoretisch vollkommen ausgebildet vor, so dass ihnen nichts zu thun übrig blieb, als die praktische Anwendung zu Gunsten ihrer Partei zu machen. Es war schwer, den in die Hand gegebenen Vortheil nicht zu benützen. Wenn anerkanntermassen die Arbeit allein den Werth schafft, so scheint die Forderung nicht verweigert werden zu dürfen, dass der Arbeiter allein den Werth geniesse. In der literarischen Fehde erhielten die Socialisten durch die unbedingte Uebernahme der gegnerischen Lehre — der Lehre eines grossen Theiles ihrer Gegner, eines Theiles, der nach den Umständen als der gefährlichste gelten konnte — ohne Zweifel einen beträchtlichen taktischen Vortheil. Könnte ein so ungeheurer Kampf der Interessen durch den zufälligen Stand der Argumente abgemacht werden, die die Wortführer in ihren schriftstellerischen Einzelkämpfen gerade gebrauchen, so würde in einer gewissen Periode der literarischen Entwicklung wohl das Uebergewicht des Socialismus entschieden gewesen sein. Freilich hätte das, was zum Argument gut genug war, doch vor der durch keinen Schein zu betrügenden Kraft der Thatsachen seinen Dienst versagt, und man hätte nach der Theorie, mit der man den Gegner geschlagen, eine andere machen müssen, um sich selber durchzuhelfen.

An der socialistischen Werthlehre ist so ziemlich alles falsch. Der Ursprung des Werthes ist verkannt, der im Nutzen liegt und nicht in der Arbeit. Jene Thatsache, das Verhältniss des Vorraths zum Bedarf, ist übersehen, die dazu antreibt, den Gütern den Nutzen anzurechnen, und von deren Schwankungen letzlich die Schwankungen der Werthgrösse abhängen. Die Objecte der Werthschätzung sind nicht alle erfasst, denn productives Land und Capital zählen mit zu ihnen sowohl an sich wie als Elemente der Kostenrechnung. Und der Dienst des Werthes in der Wirthschaft ist nur halb verstanden, indem der wesentlichste Theil desselben, der darin besteht, die Wirthschaft sachlich zu überwachen, vernachlässigt ist.

All dies werden wir jetzt, nachdem wir die elementaren Erscheinungen bereits kennen, an den Verhältnissen der Production zu beweisen haben. Namentlich werden wir zu zeigen haben, dass es zur natürlichen Ordnung der Wirthschaft gehöre, die Arbeit nach ihrem Nutzen zu schätzen, auf den Werth von Land und Capital zu achten und Landrente wie Capitalzins in die Kosten einzurechnen. Wo dies versäumt würde, würde die Production zum Chaos.

3. ABSCHNITT.

Die natürliche Zurechnung des productiven Ertrages.

1. Abtheilung.

Die allgemeinen Regeln der Zurechnung.

§. 19. Der Ertragswerth.

Auch die Productivgüter, auch Land, Capital und Arbeit geben Nutzen. Sie geben Nutzen, indem sie nützliche Gebrauchsgegenstände hervorbringen. Wie diese unmittelbar, so dienen sie mittelbar der Bedürfnissbefriedigung. Der Same, der Baum und der Boden, das Garn, die Kohle und die Maschine sind zwar nicht reife, nicht fertige Güter, sowie die Frucht und das Kleid, aber sie sind ebensowohl Güter. Sie enthalten vorbereiteten oder vorbereitenden Nutzen.

Auch die Productivgüter, auch Land, Capital und Arbeit müssen um ihres Nutzens willen Werth empfangen, soferne sie nicht im Ueberflusse verfügbar sind. Das Lufttheilchen, das zugleich mit unzählig vielen anderen, mit denen es sich im Raume drängt, über den Acker hinstreicht, ist nützlich aber werthlos, weil es sofort durch ein anderes abgelöst und ersetzt wird. Dagegen müssen um ihrer nützlichen Wirkung willen in der Meinung der wirthschaftenden Menschen alle diejenigen Productivelemente Werth erhalten, die, so zahlreich sie auch sein mögen, doch nicht zahlreich genug sind, so dass auch ein geringer Verlust noch bemerkt wird und Schaden bringt. Die Production verschmäht die freien Güter nicht — das fruchtbare Land, das in Ueberfülle daliegt, das Holz im Urwalde, die freie Wasserkraft — im Gegentheile, sie sucht sie auf und bedient sich ihrer wo sie kann mit Vorliebe, weil sie ihre Dienste am vollständigsten, ohne irgend einen Abbruch leisten. Nichtsdestoweniger kann man sagen, dass die Production die freien Güter gering achtet, ja geringer als gering, sie achtet sie gar nicht; sie benützt sie blos, aber sie legt ihnen keinen Werth bei, sie rechnet ihnen ihre Dienste nicht an. Der Nutzen allein gibt eben keinen Werth, die Eingeschränktheit des Vorraths muss hinzukommen, damit man aus dem Nutzen Werth ableite. Der Nutzen ist und bleibt die Quelle des Werthes, aber damit diese Quelle fliesse, bedarf es eines besonderen Motives, welches die Aufmerksamkeit der Menschen darauf lenkt, dass sie den Nutzen zu pflegen und zu beachten haben.

Es ist übrigens nicht gewöhnlich, den Werth der Productivgüter bis zu seiner Quelle, dem Nutzen, zu verfolgen. Um einen Acker zu schätzen, bedenke ich nicht die Bedürfnissbefriedigungen, die durch seine Früchte bewirkt werden können, sondern ich begnüge mich zu berechnen, welche und wie viele Früchte er wohl erzeugen könne; die Früchte schlage ich dann nach dem Werthe an, der ihnen kraft ihres Nutzens zukommt, und dieser Werth wird mir die Grundlage, von welcher aus ich den des Ackers ermittle. Der Act der Werthschätzung der Productivgüter, der vollständig bis zum Bedürfnisse reichen sollte, wird also gewöhnlich blos so weit fortgeführt, bis die Beziehung zum Werthe der Erzeugnisse klargestellt ist, in welchem der Anschlag der Bedürfnisse bereits vollzogen ist. Insoferne kann man sagen, der Werth der Productivgüter werde durch den Werth der Producte oder durch den Werth des Ertrages bestimmt. Der Productivwerth ist Ertragswerth. Die Beobachtung, dass man aus Productivgütern Ertragsgüter gewinnen kann, die nicht nur Nutzen, sondern Werth besitzen, verschafft den Productivgütern ihren Werth.

Je nach der Art, wie die Production beschlossen und durchgeführt wird, kann man aus denselben Gütern sehr verschiedenartige und verschieden grosse Erträge gewinnen. Die Wirthschaftlichkeit fordert, den grösstmöglichen Ertrag d. h. den Ertrag grösstmöglichen Werthes zu gewinnen, der sich nach den Umständen gewinnen lässt. Dieser grösstmögliche Ertrag ist es, dessen Werth zur Grundlage der Schätzung der Productivgüter dienen soll.*) Ganz genau wird man denselben wohl nie voraus bestimmen können, man muss irgend einen Erwartungsanschlag machen. So ist es eigentlich nicht der Werth des Ertrages, der den Productivwerth begründet, sondern die Erwartung, die man von demselben hat: der **erwartete Werth des erwarteten Ertrages**.

Je grösser der Ertrag berechnet wird, um so grösser wird der Productivwerth ausfallen. Je grösser die Dividende ist, die auf eine Actie ausgezahlt werden soll, um so grösser wird der Werth der Actie geschätzt. Ueberhaupt macht man sich den Productivwerth am besten an dem Beispiele einer Actie klar. Jedes Productivmittel, jedes Werkzeug, jedes Grundstück, jeder Rohstoff, jede Arbeitsleistung stellt, wenn man so will, einen Antheil an einem Unternehmen dar, der zu dessen Erfolg beiträgt und daher eine Quote des Erfolges zugewiesen erhält, von deren Grösse sein Werth abhängen muss.**

---

*) Für den Werth der productiven Einheit entscheidet dann, dem Grenzgesetze zufolge, wieder das geringste unter den ausgewählten Ertragsgütern. Siehe unten §. 20.

) Die classische Nationalökonomie untersucht eigentlich nur den Werth der Erzeugnisse, genauer der erzeugten Gebrauchsgüter. Was die Erzeugungsfactoren anlangt, so gelten ihr dieselben einerseits als Quelle des Einkommens (Grundrente, Capitalzins, Arbeitslohn, eventuell noch Unternehmereinkommen), andrerseits als die Elemente, aus denen sich die **Erzeugungskosten bilden, von denen hauptsächlich der Werth der Producte bestimmt werden soll.

Wenn man dagegen die Bestrebungen vergleicht, welche ausgesprochen oder unausgesprochen die Reformarbeiten in der Theorie des Werthes leiten, so findet man den Umfang der Erscheinungen, auf welche die Idee des Werthes angewendet wird, ausserordentlich erweitert. Die Erzeugungsfactoren, die man im Sinne der Neueren besser als Erzeugungsgüter bezeichnet, werden durchaus als Werthobjecte aufgefasst; die Kosten sind schlechtweg Werthschelnungen und auch das Einkommen muss so aufgefasst werden. Ausserdem werden die Beziehungen zwischen dem Werth der Gebrauchs- und dem der Erzeugungsgüter geradezu umgekehrt gedacht: der erstere als das Bestimmende, der letztere als das Bestimmte. An dieser Stelle beschäftigt uns zunächst der Satz, der als Ausgangssatz für die ganze Lehre gelten kann, dass die Productivgüter ihren Werth vom Werthe der Erzeugnisse erhalten, zu deren Hervorbringung sie dienen. Gossen, Jevons, Menger, Walras stimmen hierin überein. Meines Erachtens ist es wiederum Menger, der die klarste und umfassendste Darstellung gibt. Er theilt (was ähnlich schon Gossen, nur um vieles unvollkommener thut)

§. 20. Das Problem der Zurechnung.

Kein Productivmittel, auch das wirksamste nicht, bringt für sich allein Ertrag hervor, jedes bedarf stets der Beihilfe anderer. Je mehr die Kunst der Erzeugung ausgebildet wird, umso zahlreichere Productivmittel werden mit einander verbunden. Gerade sehr einfache Erzeugnisse fordern zur complicirtesten Erzeugung heraus, weil sie vornehmlich die Anwendung von Maschinen und damit von Massenkräften zulassen. Der Satz, dass die Productivgüter ihren Werth vom Werthe ihres Ertrages erhalten, reicht nur dazu aus, um die zusammenwirkenden Productivfactoren im Ganzen, aber nicht um sie auch im Einzelnen zu schätzen. Um auch das zu können, bedarf man einer Regel, die es ermöglicht, den gesammten Ertrag im Einzelnen aufzutheilen.

Wenn Land, Capital und Arbeit zusammenwirken, muss man die Quote des Landes, die des Capitales und die der Arbeit aus dem gemeinsamen Producte ausscheiden können. Noch mehr, man muss auch den einzelnen Grundstücken, den einzelnen Capitalien und den einzelnen Arbeitern ihre Leistung nachmessen können. Was nützte es den Ertrag zu kennen, der auf Maschine, Kohle und Rohstoff zusammen entfällt? Man muss am Erfolge auch ihre Dienste noch trennen können, so gut wie den des Steinmetzes, der den Block behaut, von dem des Künstlers, der aus dem Block die Statue meisselt.

Wenn man nach der wirthschaftlichen Praxis urtheilen darf, so gibt es eine Regel der Auftheilung. Niemand bleibt praktisch dabei stehen, dass der Ertrag allen erzeugenden Factoren zusammen zu danken sei, Jedermann versteht und

---

die sämmtlichen im Productionsnexus stehenden Güter in Ordnungen, derart dass die Ueberleitung des Werthes von Ordnung zu Ordnung weitergeht. Die erste, niederste Ordnung wird von den Gebrauchsgütern gebildet, welche ihren Werth unmittelbar vom Bedürfnisse empfangen Der so empfangene Werth geht zunächst auf die Güter zweiter Ordnung über, d. i. jene, welche unmittelbar zur Hervorbringung der Güter erster Ordnung dienen, wie z. B. das Mehl und die Arbeitsleistung des Bäckers zur Bereitung von Brot dient; sodann von diesen auf die Güter dritter Ordnung (z. B. das Getreide und die Arbeitsleistung des Müllers) und so fort, immer stufenweise bis zu den höchsten oder (nach einem Ausdruck Böhm-Bawerk's) entferntesten Ordnungen.

handhabt, wenn auch mehr oder minder vollkommen, die Kunst der Ertragsauftheilung. Ein guter Geschäftsmann muss wissen und weiss, was ihm ein Taglöhner, was ein guter Arbeiter einbringe, wie sich eine Maschine rentire, wie viel er sich auf den Rohstoff zu rechnen habe, welchen Ertrag das, und welchen jenes Grundstück liefere. Wüsste er das nicht, vermöchte er nur im Ganzen, in Bausch und Bogen, Einsatz und Erfolg der Production zu vergleichen, so hätte er ganz und gar keine Auskunft, falls der Erfolg hinter dem Einsatz zurückbliebe. Soll er lieber die Production ganz aufgeben? Soll er lieber das Verfahren ändern? Soll er an der Arbeit oder am Capital, an den Maschinen oder am Rohstoff sparen oder im Gegentheil mehr verwenden? Ueber all dies kann er nur dann Klarheit erhalten, wenn es ein zulängliches Mittel gibt, um die Wirkung der productiven Elemente im Einzelnen zu verfolgen. Dass es ein solches Mittel gebe, dafür spricht der Umstand, dass wirthschaftliche Entscheidungen derart wie die genannten thatsächlich mit so viel Zuversicht und mit so viel günstiger Wirkung getroffen werden, als Entscheidungen in Werthsachen überhaupt. Noch sicherer bezeugt es der Umstand, dass derartige Entscheidungen von vielen, ja von allen in derselben Lage befindlichen Personen so häufig gleichförmig getroffen werden. Warum gehen zu einer gewissen Zeit die sämmtlichen Unternehmer in einem bestimmten Fabrikationszweige von der Handarbeit zum Maschinengebrauche über, den sie vorher nicht für rentabel fanden? Warum wird in diesem Lande der Ackerbau allenthalben intensiver betrieben als in jenem? Hier sind Zufall und Willkür ausgeschlossen, die Productionsrechnung hat diese Veränderungen bewirkt, indem sie mit Ziffern den Beweis erbracht hat, dass es vortheilhaft ist, das eine productive Element mit seinem Ertragsantheile aus der Verbindung auszuscheiden und das andere dafür aufzunehmen. Je weiter die Production fortschreitet, um desto genauer wird ihr Calcül, um desto höher wird die Kunst der Ertragsauftheilung ausgebildet. Die „Musterwirthschaft" rechnet alles. Aber selbst der plumpste Bauer, selbst der rohe Wilde rechnet, wenn auch ungenau und beiläufig. Er kann gleichfalls, wenn auch nur sehr unvollkommen, das Verfahren ausüben, zu dem die Antriebe und das Vertrauen ihm von Natur aus gegeben sind. Der Bauer, der einschichtig im Gebirge haust, sagt sich, dass dieser Acker werthvoller sei als jener, was er nur kann, wenn er die Kunst versteht, den Ertrag des Ackers von dem der mitwirkenden Arbeiter, Werkzeuge und Stoffe zu scheiden. Und so würde man ganz ohne Zweifel auch im communistischen Staat, durch Anwendung eben derselben Regel, die natürlich aus dem Wesen des Menschen fliesst, wenn er vor die Aufgaben der Wirthschaft gestellt ist, den Erfolg jedes einzelnen productiven Elementes zu berechnen suchen und bei einem hohen Stande der Cultur mit einem hohen Grad von Genauigkeit wirklich berechnen, um auf Grund dieser Calculation jeweils den wirksamsten Productionsplan festzustellen.

Sonderbar, dass die wenigsten von den Männern, welche die Vorgänge der Wirthschaft theoretisch zu fassen strebten, nach dieser Regel suchten, die eine der wichtigsten unter allen ist, die in der Wirthschaft befolgt werden. Von den vielen Schwierigkeiten, die zu überwinden sind, damit man sich ausserhalb des Handelns im blossen Nachdenken Rechenschaft von dem geben könne, was man recht wohl thut, wenn man durch die Umstände dazu angetrieben ist, es zu thun, ist wohl die erste und grösste die, sich überhaupt auf die Probleme zu besinnen, die beim Handeln gestellt sind; jede Theorie beginnt mit dem Unwichtigsten und kommt erst zuletzt an ihre wahren Aufgaben.

Die zweite Schwierigkeit ist dann das Problem richtig zu stellen. Die wenigen Schriftsteller, die in dem Falle, von dem wir jetzt sprechen, über das erste Hinderniss hinweggekommen sind, sind wieder fast alle an diesem zweiten gescheitert. Sie nehmen zumeist die Frage zu hoch und verwandeln dadurch das, was dem einfachen Manne eine einfache und natürliche Sache ist, in ein Räthsel spitzfindiger Sophistik, von dem sie dann mit Recht behaupten, dass es keine Lösung zulasse. Sie wollen erfahren, welchen Antheil des gemeinsamen Productes, physikalisch genommen, jeder Factor hervorgebracht hat, oder von welchem Theile der Wirkung jeder die physische Ursache sei. Das aber ist nicht zu erfahren. Es wäre höchstens dort zu erfahren, wo das Product ein Gemenge von Stoffen ist, die sich nur äusserlich verbinden, und auch da nur für die sich mischenden Stoffe, aber nicht für die Kraft, die sie gemischt hat und deren Erfolg an allen Bestandtheilen der Masse haftet, ohne sich in einem zu verkörpern. So angesehen kommt man nicht über den Satz hinaus, dass der Erfolg das **gemeinsame Erzeugniss all seiner Urheber und Ursachen ist**, die verbunden wirken müssen oder gar nichts bewirken können wie die vier Brüder im Märchen, welche nur durch ihre vereinigten Künste die Königstochter retteten. Will man die praktisch geübte Regel der Ertragsaufteilung finden, so muss man die Frage ganz anders, man muss sie im Sinne der Praxis, man muss sie einfach stellen.

Die Ursachen jeder Erscheinung, welche es auch sei, können in höchst verschiedenem Sinne gedeutet werden. Anders sieht sie der Philosoph, anders der Bauer, und doch mögen beide richtig urtheilen und beide wenden, sofern sie richtig urtheilen, denselben Ursachenbegriff an. Der Unterschied ihrer Meinungen rührt davon her, dass sie in verschiedenen Absichten urtheilen. Jener sucht die letzten Ursachen, die der menschlichen Vernunft noch fassbar sind, dieser beschränkt sich auf die nahen und nächsten, indem er stillschweigend die Wirksamkeit aller entfernteren als selbstverständlich voraussetzt. Jeder würde fehlen, wenn er sich der Erkenntniss bediente, die dem Andern frommt, die bäuerliche Sentenz taugt nicht in der Philosophie und die philosophische nicht in der Wirthschaft des Bauern, so fruchtbar sie jede an ihrem Platze sind. In welcher Lage des Handelns immer die Menschen über die Ursachen der Erscheinungen schlüssig werden, denen sie gegenüberstehen, so ist stets durch die Absicht der Handlung der Gesichtskreis des Urtheiles fest abgegrenzt. Was darüber hinaus liegt, wird mit Recht nicht berücksichtigt, sonst hätte das Urtheilen kein Ende und artete in ein grübelndes Nachdenken aus, das nichts dazu hilft, die Zwecke der Handlung zu fördern. Will man ein praktisches Urtheil verstehen, so muss man es auf den Zweck und aus dem Gesichtskreis der Handelnden betrachten. Die Theorie, die das Denken beim Handeln zu erklären ausgeht, darf vor allem nicht vornehm thun, sie muss sich beschränken, um das eingeschränkt Gemeinte nicht zu tiefsinnig zu fassen und gerade dadurch zu entstellen.

Eine durch ihren Gegenstand naheverwandte Wissenschaft, die Jurisprudenz, kann uns für unseren Fall trefflich belehren. Ein Mord braucht einen Thäter, ein Opfer, Werkzeuge, Gelegenheit, ausserdem aber ist er beeinflusst von unzähligen Umständen, die oft nachweisbar in eine sehr entfernte Vergangenheit zurückreichen, in die Vorgeschichte des Mörders, in die Geschichte der Gesellschaft, worin er zur Welt gekommen und gross geworden ist. Der Sociologe, der Geschichtschreiber, der Menschenfreund, der Gesetzgeber werden auf vieles achten müssen, was mit der Verübung des Mordes nur sehr mittelbar im Zusammenhang steht. So weit sie aber in ihrer Betrachtung auch gehen mögen, ein müssiger Kopf kann immer noch weiter gehen und kann die Causalreihe, die zur That führte, endlos verfolgen, gehört doch z. B. die Geschichte des Werkzeugs der That ebensowohl in dieselbe wie die des Thäters. Der Richter dagegen, der sich in seiner enge gesteckten Aufgabe blos um die **rechtliche Zurechnung** bemüht, beschränkt sich darauf, den rechtlich verantwortlichen Urheber zu ermitteln, denjenigen, dem die Rechtsstrafe angedroht ist. Diesem wird von rechtswegen der **ganze** Erfolg zur Last gelegt, obwohl er ihn für sich allein, ohne das Werkzeug und alle übrigen Umstände, niemals hätte herbeiführen können. Die Zurechnung setzt physische Causalität voraus, sie darf Niemand treffen, der ausserhalb der Causalreihe steht, welche zum Erfolge führte, der Beweis, dass der Angeklagte ausserhalb der Causalreihe stehe, schliesst daher die Verurtheilung aus; ist aber der Causalnexus festgestellt, so wird dem Thäter weit mehr zugerechnet, **als er physisch gethan hat, als er physisch thun konnte.** Nur eine thörichte Interpretation des Urtheils könnte hieran Anstoss nehmen. Der Spruch „Dieser hat es gethan", heisst nicht „Dieser allein hat es gethan", sondern „Dieser allein ist unter allen wirksamen Ursachen und Urhebern rechtlich für die That verantwortlich".

Bei der Auftheilung des productiven Ertrages handelt es sich gleichfalls statt um vollständige causale Erklärung um **eine zweckmässig einschränkende Zurechnung,** nur nicht in rechtlicher, sondern in wirthschaftlicher Absicht. Die Betrachtung der Früchte der Erde erinnert ein religiöses Gemüth an den Schöpfer aller Dinge, den Naturforscher führt sie zur Verfolgung der wahrnehmbaren Ursachen ihrer Entstehung, ein Faust schmachtet nach dem Wissen um die verborgenen Kräfte des Lebens. Der Landwirth, als Landwirth, denkt anders als sie Alle. Er rechnet nüchternen Sinnes den Ertrag an Früchten nur einem sehr beschränkten und nahen Kreise aller der Ursachen zu, die ihn thatsächlich hervorgebracht haben. Er fragt „Auf welche Dinge muss ich meine Wirthschaft richten, um den Ertrag zu erhalten?" und hienach rechnet er den Erfolg zu. Daher scheidet er von den sämmtlichen wirkenden Ursachen alle die aus, die in der Vergangenheit zurückliegen, von den gegenwärtigen scheidet er alle aus, die nicht nützen können oder nicht für nützlich bekannt sind, von den bekannten und nützlichen wieder alle, die nicht wirthschaftlich beherrschbar sind, und von den wirthschaftlich beherrschbaren noch die, um die er nicht zu sorgen braucht, weil sie im Ueberfluss vorhanden sind. Verständiger Weise glaubt er nicht im mindesten, dass der verbleibende Rest allein es sei, der den Ertrag hervorbringt, dennoch rechnet er mit Recht ihm allein den Ertrag zu, indem er sich der Wirkung aller anderen Elemente selbstverständlich für versichert hält. Sein Urtheil, obwohl eingeschränkt, ist weder falsch noch auch nur ungenau. Es umfasst alle Ursachen, die er beachten muss, wenn er mit gutem Erfolge arbeiten will.

Wenn man beim Wirthschaften Theile des Gesammterfolges jeweils auf einzelne Productivmittel zurückführt, so setzt man den Gedanken fort, in dessen Beginne man den Gesammterfolg statt auf seine zahlreichen weiteren Ursachen blos auf die wirthschaftlichen Mittel der Production zurückgeführt hat. Man schränkt bezüglich des Theiles noch weiter ein als man schon im Ganzen gethan hat, und sucht das einzelne unter den wirthschaftlichen Elementen auf, dem der Theil praktisch zuzurechnen ist, welchen er sicherlich nur in Verbindung mit allen übrigen Elementen hervorgebracht hat. Wiederum liegt hierin weder ein logischer Fehler noch auch nur eine Ungenauigkeit, sondern die höchste praktische Weisheit ist bethätigt, soferne es gelingt, auf die Zurechnung des Erfolges eine Schätzung der Güter und einen Productionsplan zu bauen, welche die erfolgreichste Verwendung aller einzelnen Elemente sichern.

Als Beispiel, dass Zurechnung in diesem Sinne zulässig und ausführbar ist, nur ein Fall. Zwei Aecker, ein fruchtbarer und ein dürftiger, beide genau mit denselben Mitteln bearbeitet, geben verschieden hohe Erträge. Auf wessen Rechnung ist der Mehrertrag des besseren Landes zu setzen, auf Rechnung der Aussaat, des Düngers, des Pfluges, der Arbeit? — die alle hier ebenso sind wie dort — oder nicht vielmehr auf Rechnung des Landes selbst und seiner grösseren Fruchtbarkeit? Niemand wird über die Entscheidung zweifelhaft sein, noch daran Anstoss nehmen, dass auch der Mehrertrag ohne Saatkorn, Dünger, Pflug und Arbeit nicht hätte hervorgebracht werden können. Die Dinge genommen wie sie sind, liegt eben am Besitze des besseren Landes mehr, und um so viel mehr als jener Mehrertrag ausmacht.

Es ist von hohem Interesse, dass es gelinge, die Regeln der Zurechnung des productiven Ertrages auch für alle übrigen Fälle theoretisch zu formuliren. Gelänge es nicht, so bliebe die Schätzung der Productivgüter ein Räthsel, und die heutige Ordnung der Dinge, wo die sachliche Zurechnung der Erträge die Grundlage für die persönliche Vertheilung des Volkseinkommens wird, bliebe immer dem Vorwurf der Willkürlichkeit, wenn nicht dem schlimmeren Vorwurf des Zwanges und der Ungerechtigkeit ausgesetzt. Nicht einmal die Abstufungen der Entlohnung, die wir zwischen den Arbeitern unter einander machen, wären zu rechtfertigen. Wenn es keine Regel gäbe, um den Streit zwischen Besitzern und Arbeitern zu schlichten, so gäbe es auch keine, um den Vorrang des Erfinders vor dem ausführenden Taglöhner zu bemessen. Es wäre Willkür, wollte man, wenn auch nur annähernd und schätzungsweise Geist, Hingebung, Kunst, Kraft und Geschicklichkeit, kurz alle die Tugenden und Vorzüge auszeichnen, die auch in wirthschaftlichen Dingen seit je als Auszeichnung gegolten haben und denen die Gesellschaft die segensreichsten und nützlichsten Dienste ihrer Mitglieder verdankt.

§. 21. Die socialistische Auffassung des Problems. (Der Anspruch der Arbeiter auf den vollen productiven Ertrag.)

Die socialistische Lehre beschränkt den Umfang der Dinge, die als Productivmittel zu gelten hätten, so sehr, dass damit auch das Problem der Zurechnung bedeutend eingeschränkt wäre.

Die Socialisten erkennen nicht die drei Productivfactoren Land, Capital und Arbeit an, sondern lassen nur eine einzige Productivkraft, die Arbeit, gelten. Blos die menschliche Arbeit, sagen sie, sei schöpferisch, blos sie könne in Wahrheit hervorbringen. Freilich bedürfe sie, um wirksam zu sein, des Landes und des Capitales, aber beide behielten ihr gegenüber doch stets eine untergeordnete Stellung als blosse Hilfsmittel der Erzeugung. Bei der heutigen Ordnung der Dinge seien Landeigenthümer und Capitalisten allerdings in den Stand gesetzt — weil sie das ausschliessliche Eigenthum an den sachlichen Hilfsmitteln der Arbeit besässen — die Arbeiter zu zwingen, ihnen einen grossen Theil des Arbeitsproductes abzutreten, indem sie nur gegen dieses Versprechen ihr Eigenthum ausfolgten und die Arbeit zuliessen. Dadurch seien Land und Capital Quellen persönlichen Einkommens für die unthätigen Classen geworden, aber nur mit Unrecht, und es wäre ein schwerer Irrthum, aus dem Verhältnisse des Einkommens auf das der productiven Kraft zu schliessen. Wenn die Besitzenden die Ausfolgung der Hilfsmittel der Arbeit verweigern, so bereiten sie ein Arbeitshinderniss, wie Rodbertus sagt, und wenn sie sie gestatten, thun sie eben nichts, als dass sie dieses selbstgeschaffene Hinderniss, ihr willkürliches Quod non wieder beseitigen. Immer bleibt es doch der Arbeiter, der hervorbringen muss, Land und Capital sind nur Bedingungen, nicht Ursachen der Erzeugung, aller Ertrag ist ausschliesslich Arbeitsertrag.

Rodbertus ist in der That vollkommen im Recht, wenn er sagt, vom persönlichen Einkommen könne nicht auf den sachlichen Ertrag geschlossen werden. Das Problem der Ertragstheilung muss von dem der Einkommenstheilung ganz und gar getrennt werden, um es richtig zu entscheiden. Soll es aber ganz und gar getrennt sein, so muss man es auch in der

Anwendung trennen. Lassen wir den persönlichen Streit völlig ausser Betracht, sehen wir durchaus davon ab, welchen Personen die Erzeugnisse zufallen sollen, und beschäftigen wir uns ohne Rücksicht auf die Folgerungen blos mit der Prüfung, welchen Factoren ihre Hervorbringung zu danken, welchen Factoren sie zuzurechnen seien. Stellen wir uns den communistischen Staat vor, in welchem die natürliche Regel der Zurechnung gesucht wird. Hier fällt das ganze Erzeugniss der arbeitenden Gemeinschaft zum Genusse zu — rechnet sie auch das ganze Erzeugniss als Erfolg ihrer Arbeit oder rechnet sie es ihrem Besitze an Land und Capital mit zu?

Offenbar wird es auf die Absicht ankommen, in welcher man zuzurechnen hat. Handelt es sich um die moralische Zurechnung, so könnte gewiss Niemand als der Arbeiter genannt werden. Land und Capital haben kein Verdienst daran, dass sie Früchte geben, sie sind todte Werkzeuge in der Hand des Menschen, der dafür verantwortlich ist, welchen Gebrauch er von ihnen macht. Selbstverständlich zählen zu den Arbeitern Alle, die in irgend einer Weise den Erfolg herbeiführen helfen, die leitenden Personen so gut als die ausführenden. Ja, kein Zweifel ist möglich, dass der grösste Dank nicht der mechanischen Anstrengung gebührt, wenn es sich um Zurechnung im höchsten Verstande des Wortes handelt. Da stehen obenan die Verdienste derer, die den ausführenden Arbeiter führen, die ihm nicht blos die Idee, die Ordnung und die Energie geben, sondern ihm selbst die Arbeitsstoffe auffinden, die Arbeitsmittel ersinnen und den Arbeitsgenossen zubringen. Solchen Potenzen gegenüber ist der ausführende Arbeiter selbst nur das, was ihm gegenüber die sachlichen Productivmittel sind. Moralisch betrachtet, sind die Dinge seine Hilfsmittel, er aber ist der Hilfsarbeiter seiner Führer.

Die moralische Zurechnung mag für die persönliche Ordnung des Einkommens bedeutungsvoll sein, für die sachliche Auftheilung des Ertrages, von der wir jetzt allein sprechen, ist sie belanglos. Hier lautet die Frage: Worauf, auf welche Factoren kommt es praktisch an, wenn der Ertrag gewonnen werden soll? Das Bewusstsein eines Jeden, der die Wirthschaft kennt, wie sie ist, gibt die Antwort mit voller Deutlichkeit: Es kommt auf Arbeit und auf productiven Reichthum an. Mehrung des Besitzes steigert den Ertrag ebenso wie Anspannung des Fleisses. Niemand fühlt den Ertrag abhängig von den productiven Gütern der Natur, die so überreich sind, wie die Lufttheilchen über dem Acker und die Bäume im Urwald, aber Jeder fühlt ihn abhängig von denen, die bei aller Fülle doch noch zu karg zugemessen sind, mit denen man hauszuhalten und die man zu vervielfachen sucht. Wo wird man auf solchen Besitz nicht Werth legen? Und wenn man auf ihn Werth legt, warum thut man es, als um des Ertrages willen und nach Mass des Ertrages, den er sichert? So lange die Menschen sich durch den Besitz von Grundstücken und Capitalien reich fühlen, so lange beweisen sie durch diese Thatsache, dass sie denselben einen Theil der Früchte zurechnen, an deren Hervorbringung sie mitwirken, und so lange rechnen sie der Arbeit — eben nur den Rest des Gesammtertrages zu. Der Socialist, der seinen Staat möglichst reich an Besitz wünscht, widerlegt dadurch so vollständig als möglich seine eigene Lehre, dass die Arbeit allein reich mache.*)

Alle Productivmittel, denen Werth zuerkannt wird, sind damit als praktisch belangreiche Ursachen der Erzeugung anerkannt. Zu diesen Productivmitteln werden Land und Capital so lange gehören, als sie nicht in einem für immer gesicherten Ueberflusse zur Verfügung stehen. Niemand kann hieran ernsthaft zweifeln. Man kann nur darüber zweifelhaft sein, ob es gerecht und für die Gesellschaft vortheilhaft sei, an Land und Capital Privateigenthum einzelner Personen zuzulassen, wodurch der Ertrag von Land und Capital einzelnen Personen ausschliesslich übertragen wird. Ueber diese Frage ist auch so leicht die Entscheidung nicht zu fällen. Wir für unseren Theil haben über sie ganz und gar nicht entschieden, noch auch nur zu entscheiden versucht. Wir haben nur die sachliche Beziehung zwischen Productivmitteln und Producten klargestellt, ohne der persönlichen Ordnung der Ansprüche irgendwie vorzugreifen.

---

*) Wir werden später (§. 58) in der socialistischen Lehre selbst ein viel deutlicheres Zugeständniss dafür finden, dass die Arbeit nicht der einzige Factor der Werthbildung sei. Siehe übrigens noch §. 35.

§. 22. Bisherige Lösungsversuche.

Der einzige Schriftsteller, der eine erschöpfende Bearbeitung des uns jetzt beschäftigenden Problems versucht hat, ist Menger. Menger geht hiebei von dem Grundgedanken seiner Werththeorie aus. Wenn ich einen Vorrath von Genussgütern besitze, so mache ich mir den Werth eines einzelnen Stückes aus dem Vorrath dadurch am klarsten, dass ich annehme, ich würde dieses einen Stückes verlustig. Dadurch ersehe ich, welcher Genuss von demselben abhängt — der Grenzgenuss, wie oben gezeigt — und erkenne damit die Quelle und Grösse seines Werthes. Dieses Verfahren der Werthbestimmung überträgt nun Menger auf den complicirteren Fall, dass man den Werth eines einzelnen von mehreren zusammenwirkenden Productivgütern zu bestimmen hat. Er fragt auch hier danach, was die Folge wäre, wenn aus der ganzen Gruppe verfügbarer Güter — als z. B. Land, Saatkorn, landwirthschaftliche Geräthe und Arbeitsleistungen, Vieh, Dünger u. s. f. — ein einzelnes — z. B. das Arbeitsvieh oder der Dünger — beziehungsweise eine bestimmte Theilmenge desselben verloren ginge. Der Ausfall am Gesammtertrage, der unter dieser Voraussetzung eintritt, gibt ihm dann die Ertragsgrösse, welche der Eigenthümer von dem Besitze der betreffenden Theilmenge abhängig fühlt, und gibt ihm damit die Grundlage des Werthes derselben.

Menger ist bei Anwendung dieses Verfahrens zu überaus merkwürdigen und wichtigen Erkenntnissen gekommen. Kein Productivgut kann für sich allein wirken, jedes bedarf, um thätig werden zu können, der Verbindung mit anderen; insoweit erfordern und ergänzen sich die Productivgüter wechselweise, sie sind, nach dem Ausdruck Menger's, complementäre Güter. Indess die Verbindungen, die sie eingehen, sind minder strenge, als man hienach erwarten sollte. Wenn aus einer productiven Gruppe ein einzelnes Gut ausfällt, so ist damit in aller Regel die Wirksamkeit der übrigen Güter derselben Gruppe keineswegs ganz aufgehoben. Häufig können diese, ohne dass das ausgefallene Gut überhaupt ersetzt zu werden brauchte, beisammen bleiben und noch wirksam verwendet werden, wenn auch mit etwas vermindertem Ertrage, wie z. B. die Landwirthschaft auch ohne Dünger, beziehungsweise ohne die ganze rationell erforderte Menge Düngers noch Früchte erzielt; oder der Ausfall kann, wenn auch nicht mit völlig gleicher Wirkung, durch ein Surrogat ersetzt werden, das einer andern Gruppe entnommen wird, in der dann freilich gleichfalls der Ertrag etwas sinken muss; oder aber es können die erübrigenden Güter in der ursprünglich beabsichtigten Gruppirung zwar unwirksam geworden oder allzu wenig wirksam geworden sein, aber sie lassen sich andern Gruppen anfügen, deren Ertrag hiedurch, wenn auch nicht um die ganze Grösse des Ausfalles erhöht wird, wie wenn z. B. landwirthschaftliche Capitalien und Arbeitskräfte, die ihre ursprüngliche Widmung durch die Verwüstung des Bodens, für den sie bestimmt waren, verloren haben, zu industriellen Zwecken verwendet werden.

Man sieht, die Complementarität reicht minder weit, als der erste Anblick vermuthen liess. Jedes einzelne Gut bedarf wohl der Mitwirkung anderer, um überhaupt zu nützen, aber die Zusammengehörigkeit der Güter ist keine ganz strenge. Immer (mit Ausnahmen, die kaum in Betracht kommen) **hängt vom einzelnen Element nur ein Theil des Ertrages der Verbindung, niemals der ganze Ertrag ab.**

Die Ausführungen Menger's sind ebensosehr durch die Folgerichtigkeit des Denkens, als durch die Kunst der Beobachtung und lebenswahren Deutung der Beobachtungen ausgezeichnet. Sie bringen Licht in das Dunkel eines Vorganges, welchem kein anderer Theoretiker sich anzunähern vermochte, geschweige dass ihn Einer erhellen konnte. Indess auch Menger hat die Lösung noch nicht vollständig gegeben. Ein Beispiel möge dies vorerst zeigen.

Angenommen, drei Productivelemente versprächen bei dem rationellsten Productionsplan durch ihre Verbindung ein Erzeugniss, dessen Werth 10 Wertheinheiten betrüge. Würde man dieselben drei Elemente anders verwenden, in Verbindung mit andern Gruppen, so würden sie deren Ertrag zwar steigern, aber es streitet wider die Voraussetzung des rationellsten Productionsplanes, dass sie ihn auch um volle 10 Wertheinheiten steigern könnten, denn sonst wäre die gewählte Verbindung eben nicht die beste. Immer sind unabsehbar viele Gruppirungen der vorhandenen Elemente möglich, aber jeweils soll man nur einen Plan, den besten, durchführen; weicht man von ihm ab, zu Gunsten eines andern, so muss der Erfolg, wenn auch nur um eine Kleinigkeit kleiner werden.

Nehmen wir an, jene drei Elemente, anders als nach dem besten Plan verwendet, welcher fordert sie unter einander zu einer besonderen Gruppe zu verbinden, brächten einen Ertrag von 9 Einheiten hervor, indem jedes einer andern Gruppe zugewiesen würde und deren Ertrag um 3 Einheiten steigerte.

Wie würde sich der Werth eines jeden von ihnen nach Menger berechnen? Aus dem Ertragsausfalle im Falle des Verlustes. Dieser Ausfall beträgt zunächst 10 E. — den vollen Ertrag der gesprengten besten Verbindung — wovon jedoch 6 durch anderweitige Verwendung der beiden erübrigenden, nicht in Verlust gerathenen Elemente wieder hereinkommen; er stellt sich also schliesslich, und zwar für jedes der drei Güter gleichmässig auf 4. Das gäbe für alle drei zusammen den Werth 12, was aber nicht angeht, da sie bei der besten Verwendung nicht mehr als den Ertrag 10 hervorbringen.

Dieser Fehler im Ergebniss ist die Folge eines Fehlers im Verfahren. Die regelmässige und entscheidende Annahme, auf die hin man den Werth eines Gutes prüft, ist nicht die seines Verlustes, sondern die seines ruhigen Besitzes und seines zweckentsprechenden Gebrauches. Die Annahme des Verlustes dient nur unter gewissen Umständen dazu, den Vortheil des Besitzes deutlicher erscheinen zu lassen — ich sehe deutlicher ein, was ich vom Besitze habe, wenn ich mir vorstelle, welche Folge eintritt, wenn er aufhört zu sein. Dies gilt aber nur unter gewissen Umständen, nämlich gerade unter denen, die für einen Vorrath gleichartiger Genussgüter zutreffen, wo ich, wenn ich in Gedanken ein Gut abziehe, eben nur dieses eine Gut und nichts weiter abziehe; aber es gilt nicht für einen Vorrath verschiedenartiger und zusammenwirkender Productivgüter, wo ich, wenn ich in Gedanken eines abziehe, auch noch die andern eines Theiles ihrer Wirkung mitberaube.

Eine jede productive Verbindung giebt die volle Wirkung ihrer Elemente nur bei ungestörtem Bestand und ich kann daher den Werth, den ich bei ungestörtem Bestand empfange und geniesse, nicht erfahren, wenn ich die Aufhebung der Verbindung voraussetze und mich frage, was ich alsdann noch hätte. Ich muss positiv fragen, was ich von den Gütern, so wie sie mir zu Gebote stehen, wirklich habe. Die in erster Linie stehenden, die vorzüglichsten und zunächst beabsichtigten productiven Verwendungen, nicht die in zweiter Linie stehenden, nur in dem Ausnahmsfall einer Störung durchgeführten Verwendungen entscheiden den Werth. Zwei Personen, die sich genau in den gleichen Verhältnissen befinden und die über die beste Anordnung der Production übereinstimmend urtheilen, müssen offenbar ihrem productiven Besitze durchaus gleichen Werth zuerkennen, auch wenn der Eine für den Fall der Störung eine bessere Auskunft wüsste als der Andere. Nach Menger aber müssten sie unter dieser Voraussetzung den Werth verschieden bemessen, und zwar Derjenige höher, der die schlechtere Auskunft hat, denn ihm müsste um so viel mehr daran gelegen sein, dass die Störung nicht eintrete.

Die Annahme des Verlustes reicht dazu aus, um den Ertrag aufzutheilen, den die Elemente einer Verbindung in andern Verbindungen wieder gewähren, aber sie versagt ihre Wirkung, wenn es sich darum handelt, auch noch den Ueberschuss zu verrechnen, um welchen die erstgewählte Verbindung allen andern überlegen ist. Dieser Ueberschuss bleibt als unvertheilter Rest des Ertrages, bezüglich dessen das Problem der Zurechnung nicht gelöst ist, sondern sich wiederholt.*)

Es bedarf nur einer etwas veränderten Wendung, um den Irrthum Menger's zu verbessern. Wie jeder wirklich gedachte Gedankengang auch durch seine Fehler belehrt, weil auch sie das erste Erforderniss der Einsicht, die Deutlichkeit, besitzen,

---

*) Menger rechnet diesen unvertheilten Rest jedem einzelnen Factor zu, statt ihn ein für alle Mal zu verrechnen, daher fällt der Werth zu hoch aus. In unserem Beispiel ist der erwähnte Ueberschuss gleich 1 (10—9); Menger rechnet ihn dreimal statt einmal, rechnet also um 2 Einheiten zu viel, so dass er einen Werth von 12 erhält, wo doch nur ein Ertrag von 10 erreicht wird.

so enthält auch der Gedankengang Menger's selbst die Weisung, wie der Irrthum zu verbessern sei. Es kommt nicht auf den Ertragsantheil an, der durch den Verlust eines Gutes verloren, sondern auf jenen, der durch seinen Besitz erreicht wird.*)

*) Die andern Versuche der Lösung kommen nicht über Andeutungen hinaus, nur bei Böhm-Bawerk („Werth", pag. 56 ff.) findet sich noch eine ausführlichere Darstellung, welche jedoch nur die Richtung bezeichnen will, in der wohl die Lösung des Problems zu suchen wäre, „die Grösse des Antheils auszumitteln, den jeder der mehreren zusammenwirkenden Factoren an der Erzeugung des gemeinsamen Productes hat". Böhm-Bawerk, indem er zuerst über einige minder wichtige Fälle der Complementarität spricht, stellt hiebei den Grundsatz fest, dass alle Elemente einer Gruppe, die erstens auch ausserhalb derselben verwendet und zweitens zugleich in der Gruppe durch andere — von aussen genommene — Exemplare ihrer Art ersetzt werden können, niemals einen höheren Werth als ihren „Substitutionswerth" erlangen, „d. i. denjenigen, der abgenommen wird vom Ausfall an Nutzen in denjenigen Verwendungszweigen, aus denen man die Ersatzexemplare beschafft". Solcher Art sind z. B. Ziegel, die zu einem Hausbau bestimmt sind. Gehen einige Fuhren von ihnen zu Grunde, so hindert das den Hausbau nicht, sondern man ersetzt sie durch andre. Diesen Satz wendet Böhm-Bawerk auf die Fälle der productiven Complementarität an, indem er die sämmtlichen complementären Productivgüter in zwei Kategorien theilt. Die eine, welche die überwiegende Mehrzahl aller umfasst, enthält solche Güter, die als marktgängige Waare „beliebig ersetzlich" sind; „die Leistungen der Lohnarbeiter, die Rohstoffe, Brennmaterialien, Werkzeuge u. s. f." Die andere, die Minorität, ist „nicht oder nicht leicht vertretbar, wie z. B. das Grundstück, das der Bauer bewirthschaftet, das Bergwerk, der Eisenbahnkörper, die Fabriksanlage, die Thätigkeit des Unternehmers selbst mit ihren höchst persönlichen Qualitäten". Der Werth der zur ersteren Gruppe gehörigen Güter ist nun für jeden einzelnen Fall stets durch ihre anderweitigen Verwendungen gegeben, er ist insoweit fix. Er wird zuerst vom Gesammtertrag abgezogen, der Rest fällt „dem oder den nicht vertretbaren Gliedern" zu; so rechnet ihn „der Bauer seinem Boden, der Bergwerkbesitzer seinem Bergbau, der Fabrikant seiner Fabrik, der Kaufmann seiner Unternehmerthätigkeit" an.

Aehnliche Gedanken finden sich, mehr oder minder klar, bei manchen Schriftstellern, ich selbst habe im „Ursprung des Werthes" auf eine ähnliche Lösung hingedeutet. Man wird nicht irren, wenn man annimmt, dass so manche Autoren das Problem der Auftheilung deshalb aufzuwerfen unterliessen, weil sie die Auftheilung in diesem Sinne theoretisch ebenso einfach erledigt hielten, als sie praktisch erledigt wird. Wie aber, wenn mehrere „unvertretbare" Güter zusammentreffen? Treffen nicht z. B. das Bergwerk und die Unternehmerthätigkeit seines Besitzers zusammen? Treffen nicht auch der „ersetzlichen" Güter immer manche, ja viele zusammen? Ihr Werth, der praktisch jeweils durch Berufung auf ihre anderweitige Verwendung und Schätzung gegeben ist, muss

§. 23. **Das Princip der Lösung. Der productive Beitrag.**

Gesetzt, das Leben eines Jägers hinge davon ab, dass er mit der letzten Patrone, die er hat, ein wildes Thier erlege, welches ihn bedroht. Geht der Schuss fehl, so ist alles verloren. Gewehr und Patrone zusammen haben hier einen genau ausrechenbaren Werth. Ihr Werth, zusammen genommen, ist gleich dem Werthe des Gelingens des Schusses, um nichts grösser und um nichts kleiner. Ihr Werth, einzeln genommen, ist dagegen durch kein Mittel zu berechnen. Sie sind zwei Unbekannte, für die nur eine einzige Gleichung gegeben ist. Nennen wir sie x und y und setzen wir den günstigen Erfolg gleich 100, so ist alles, was sich über ihren Werth bestimmen lässt, in der Gleichung $x + y = 100$ enthalten.

Gesetzt, ein Künstler verfertigte ein zinnernes Gefäss, das seiner vollendeten Form wegen grossen Beifall findet; gesetzt ferner, es wäre dies der Einzige, der überhaupt künstlerisch zu arbeiten vermag, und sein Werk das einzige künstlerische Werk, das überhaupt bekannt geworden ist, und ausser dem Stück Zinn, das er verwendete, wäre gar kein anderes Materiale ähnlicher Brauchbarkeit vorhanden, weder Gold, noch Silber, noch Holz, noch Thon, ja nicht einmal ein anderes Stück Zinn: so wäre es ganz unmöglich, aus dem Werth des Gefässes den Werth der Arbeit und den des Stoffes einzeln zu berechnen, denn die Geschicklichkeit des Künstlers, der es erfand und formte, wie die Beschaffenheit des Materiales, das der formenden Hand nachgab und die empfangene Form festhielt, würden als gleich unersetzliche Bedingungen des Gelingens gelten. Wenn wir in den Verhält-

theoretisch, da die anderweitige Verwendung immer wieder selbst in Verbindung mit complementären Gütern erfolgt, immer erst aus der Verbindung ausgelöst werden — wie kann das aber anders geschehen, als wenn man die Regel der Auftheilung kennt?

Nichtsdestoweniger, wenn die Bemerkungen Böhm-Bawerk's auch keine Lösung für das Problem der Zurechnung geben, enthalten sie doch einen wichtigen und bemerkenswerthen Beitrag zur Lehre von der Zurechnung, welche ohne die von ihm hervorgehobene Unterscheidung nicht zu Ende geführt werden könnte. S. hierüber unten (§. 30) die Untersuchung über „Kostengüter und Monopolgüter".

nissen der Wirthschaft, die uns umgeben, wissen, wie den Künstler und wie den Stoff zu schätzen, so danken wir es dem Umstande, der jeden unter dem Einfluss des Verkehrs vorgenommenen Act von dem Abenteuer des einsamen Jägers unterscheidet, dass er sich nämlich nicht isolirt, sondern mitten unter vielen ähnlichen ereignet, mit denen er verglichen werden kann. Eben jenes Materiale, Zinn, aus welchem ein Künstler ein Gefäss von hohem Kunstwerth erzeugt, dient gleichzeitig dazu, um Gegenstände des gewöhnlichen Gebrauchs von sehr geringem Werth zu liefern: wir folgern daraus, dass dasselbe doch nur geringen Werth haben könne und dass ihm nur ein geringer Antheil von dem hohen Werthe des künstlerischen Erzeugnisses zukomme, während der grösste Theil Eigenthum des Künstlers sein müsse. In diesem Schlusse werden wir bestärkt, wenn wir wahrnehmen, dass jede Arbeit des Künstlers hoch geschätzt wird. Sehen wir aber weiter, dass er auch mit Materialien wie Gold und Edelsteinen arbeitet, die ihrerseits gleichfalls allen Erzeugnissen, zu denen sie verwendet werden, hohen Werth verleihen, so kommen wir zu dem Schlusse, dass dem Künstler trotz seines Talents nicht immer der grössere Theil des Werthes seiner Erzeugnisse gebühre, sondern dass wenn er diese Materialien gebrauche, denselben gleichfalls ein bedeutender, vielleicht der weitaus bedeutendere Antheil zuzurechnen sei. Niemals freilich kann es uns gelingen, weder die Kraft noch den Stoff für sich allein zu beobachten und dadurch die Wirkungen zu bemessen, deren sie selbstständig fähig wären. Jeder productive Factor ist, wenn er wirksam wird, immer mit andern verbunden, mit deren Wirkung sich die seinige vermischt; aber die mitverbundenen Elemente wechseln und das befähigt uns zur Ausscheidung der specifischen Wirkung jedes einzelnen ebenso als ob es ganz allein wirksam wäre.

Wir vermögen die Ausscheidung der Wirkungen nicht blos annäherungsweise vorzunehmen, sondern auch ziffermässig genau zu berechnen, sobald wir alle belangreichen Umstände des Thatbestandes sammeln und messen, als die Menge der Erzeugnisse, ihren Werth und die Menge der jeweils verwendeten Erzeugungsmittel. Nehmen wir diese Umstände genau auf, so erhalten wir eine Anzahl von Gleichungen, durch die wir in den Stand gesetzt sind, die Leistungen der einzelnen Productivmittel zuverlässig zu berechnen. Statt der einen Gleichung x + y = 100 haben wir z. B. — um die ganze Fülle der Ausdrücke, die sich bieten, auf eine kürzeste typische Formel zu bringen — die folgenden Gleichungen:

$$x + y = 100$$
$$2x + 3z = 290$$
$$4y + 5z = 590$$

wo sich x mit 40, y mit 60, z mit 70 berechnet.

So viele einzelne productive Combinationen innerhalb des ganzen Productionsplanes durchgeführt werden, so viele einzelne Gleichungen entstehen, worin die combinirten Productionsfactoren einerseits und der Werth des gemeinsam erzielten (oder zu erwartenden) Ertrages andrerseits einander als äquivalente Grössen gegenübergestellt sind. Summirt man alle Gleichungen, so stellt man den gesammten Productivbesitz dem Gesammtwerthe des Ertrages äquivalent. Diese Summe ist auf die einzelnen productiven Elemente nach Massgabe der Gleichungswerthe vollständig und ohne Rest zu verrechnen, jedem Element fällt damit ein bestimmter Antheil an der Gesammtleistung zu, der weder grösser noch geringer beziffert werden dürfte, soll nicht die Aequivalenz von Productivbesitz und Ertrag aufgehoben werden.

Der so bezifferte **Ertragsantheil** des einzelnen Productivfactors ist es, den man gemeinhin kurzweg den „Ertrag" des betreffenden Factors nennt: Ertrag der Arbeit, des Landes, des Capitales. Ich werde ihn als **productiven Beitrag** (siehe „Ursprung des Werthes" pag. 177) bezeichnen, um an jeder Stelle deutlich zu machen, ob vom Ertrage im Ganzen oder vom Antheil des einzelnen Factors am Ertrage die Rede ist. Der productive Beitrag ist also jener Antheil, mit dem die Leistung des einzelnen Productivelementes im Gesammtertrage der Production enthalten ist. Die Summe aller productiven Beiträge erschöpft genau den Werth des Gesammtertrages.

Es bedarf keiner Erwähnung, dass thatsächlich fast niemals so genau und niemals so umfassend gerechnet wird. Die

Gleichungen werden zwar alle aufgestellt, Jeder schätzt in jedem Falle den productiven Aufwand nach Massgabe des höchsten erreichbaren Ertrages, aber der Ansatz der Gleichungen ist häufig nur mit einem geringen Grade von Genauigkeit gemacht, und vollends die Summe aller Gleichungen wird nie gezogen und so kann sie denn auch nicht auf die einzelnen Elemente vertheilt werden. Nichtsdestoweniger bemüht man sich unausgesetzt, das Ergebniss der Summirung und Vertheilung zu erfahren, nur dass man statt geradezu zu rechnen, in etwas umständlicherer Weise durch Probiren zum Ziele zu kommen sucht. Man setzt die im einzelnen Falle erhaltenen Werthe, soferne sie zutreffend scheinen, auch in andern wieder ein und berichtigt so lange Eines durch's Andere, bis man schliesslich die rechte Vertheilung durchgeführt hat. Man hat dabei die unschätzbare Erleichterung, dass man von früher her an den bekannten und bewährten Productivwerthen einen Theilungsschlüssel besitzt, den man nur noch den neuerlich eingetretenen Veränderungen anzupassen braucht. Niemals wird die grosse Masse aller Productivgüter auf einmal, immer werden nur die Beiträge einzelner von ihnen neu zu calculiren sein und selbst für sie hat man an den alten Werthen eine gute Basis. Neu zu calculiren ist nur in denjenigen Productionen, in denen die erzielbaren Ertragswerthe entweder steigen oder fallen. Dadurch entstehen neue Gleichungen für die betheiligten Factoren, entweder mit günstigeren oder mit ungünstigeren Gesammtwerthen. Je nachdem wird die Erzeugung vergrössert oder eingeschränkt, productive Elemente werden von andern Productionen her zugezogen oder nach andern hin abgestossen, bis auf's Neue der günstigste durchführbare Productionsplan aufgefunden ist. Die Erfahrungen, die man dabei macht, indem man bald dieses bald jenes productive Element hin und her verschiebt und die Wirkung jeder Combination auf den Ertragswerth verfolgt, belehren ausreichend über die Grösse, mit der die einzelnen Elemente im Gesammtertrage enthalten sind.*)

---

*) Damit die Berechnung der productiven Beiträge gelingen könne, muss eine genügend grosse Anzahl von Gleichungen gegeben sein. Es muss mindestens so viele Gleichungen als Unbekannte geben. Diese Bedingung ist sicherlich erfüllt. Wie viele Unbekannte gibt es? So viele als es Arten von Productivgütern gibt,

§. 24. Fortsetzung. Beitrag und Mitwirkung.

Der Unterschied zwischen unserer und der Menger'schen Lösung ist folgender.

Menger nimmt einen andern Wirthschaftsverlauf an, als derjenige ist, auf den man die Wirthschaft einrichtet. Um zu erfahren, was die Productivgüter ertragen, die man besitzt, verfolgt er, was geschähe, wenn der Eigenthümer aufhörte, sie zu besitzen. Nach Menger berechnet sich z. B. der Werth eines Stückes Vieh für einen Landwirth durch den Ertragsaus-

---

die im Verkehre noch unterschieden werden. Ohne Zweifel sind dieselben sehr zahlreich, die Theoretiker, indem sie schlechthin von Land, Capital und Arbeit sprechen, fassen in jede dieser Gruppen eine ungemein grosse Menge von Güterarten zusammen, die im Verkehre nichts weniger als gleichartig gelten. Der Werth der Arbeit ist nicht einheitlich zu berechnen, sondern so oftmal als Arten und Qualitäten von Arbeiten unterschieden werden; der Werth des landwirthschaftlichen Bodens ist selbst in einem und demselben Bezirk für so viele Typen zu berechnen, als ein vollkommen genauer Grundsteuerkataster an Bewirthschaftungs- und Bonitätsclassen unterscheiden müsste — von den Capitalien und ihren unfassbar zahlreichen Formen gar nicht zu reden. So weit aber auch der Verkehr specialisiren mag, so ist die Menge der Arten von productiven Verbindungen doch ohne Zweifel noch viel zahlreicher als die der Arten von Productivgütern. Die Menge der Arten von productiven Verbindungen, in die ein Gut wie Eisen oder wie Kohle (selbst von genau bestimmter Provenienz und Qualität) gebracht wird, ist unabsehbar. Desgleichen die für die gemeine Hand- oder Taglöhnerarbeit. Ein und derselbe Acker wird im Wechsel mit den verschiedensten Früchten bestellt. Dazu kommt, dass, um eine neue Gleichung zu erzeugen, es genügt, wenn nur das quantitative Mischungsverhältniss derselben Güterarten wechselt. Man wird unter all den vielen in der Production verwendeten Gütersorten wohl keine einzige finden, die mit andern, sowohl was deren Art als deren Menge betrifft, immer genau nach der gleichen unveränderlich starren Formel zusammengebracht würde. Verschiedener Grad des Reichthums, der Kenntniss, der Geschicklichkeit, der örtlichen Bedingungen bringen es mit sich, dass selbst diejenigen Gütersorten, die blos eine einzige Art der Verwendung zulassen, d. h. die blos zur Hervorbringung einer einzigen Art von Erzeugnissen geeignet sind, doch zu gleicher Zeit zu dem gleichen Zweck mannigfach variirte Verbindungen eingehen müssen. Sollte es hievon Ausnahmen geben, so sind dieselben ganz vereinzelt. Der Beitrag der betreffenden Güter liesse sich aber auch dann noch berechnen, vorausgesetzt, dass nicht gerade in einer und derselben Gruppe zwei derartige Elemente zusammentreffen sollten. Dann freilich versagt das aufgestellte Princip, dann sind wieder zwei Unbekannte und nur eine Gleichung.

fall, der entstünde, wenn der Eigenthümer desselben verlustig ginge und ohne dasselbe weiter zu wirthschaften hätte. Man kann den von Menger für das einzelne Productivgut berechneten Ertragsantheil den „von dessen Mitwirkung abhängigen Antheil" nennen.

Wir dagegen nehmen den Wirthschaftsverlauf so an, wie ihn der Eigenthümer erwartet. Wir verfolgen die Wirkungen, welche eintreten, wenn alle Productivgüter, die man besitzt, thatsächlich so verwendet werden, wie man es wünscht und anlegt. Hieraus berechnen wir den „productiven Beitrag" jedes Factors.

Die Summe aller „productiven Beiträge" ist genau so gross, als die Werthsumme aller Erzeugnisse; die Summe der „von der Mitwirkung abhängigen Antheile" ist dagegen, wie oben gezeigt wurde, grösser. Mit andern Worten, der „productive Beitrag" ist grundsätzlich kleiner als der „von der Mitwirkung abhängige Antheil". Wir berechnen z. B. den Ertrag des Viehs in der Landwirthschaft niedriger als Menger, indem wir denselben nur nach einem Theile des Ausfalles schätzen, der entstünde, wenn man ohne Vieh zu wirthschaften hätte. Nach Menger ist folgerichtig der Landwirth, wenn er sein Vieh verliert, blos um den Werth des Viehs gebracht, nach unserer Auffassung, indem wir die gleiche Verlustziffer anders verrechnen, verliert er nicht blos den Werth des Viehs, sondern erleidet ausserdem noch eine Werthzerstörung an seinem übrigen productiven Besitz.

Das Menger'sche Verfahren ist ohne Zweifel einfacher und klarer. Die Unterscheidung, die wir zwischen „Beitrag" und „Mitwirkung" eines Factors machen müssen, scheint gesucht und widerspruchsvoll. Aber wir tragen nicht mehr Schwierigkeiten in die Dinge hinein, als thatsächlich in ihnen enthalten sind. „Beitrag" und „Mitwirkung" werden, wenn auch unter andern Namen, allenthalben in der praktischen Wirthschaft unterschieden und müssen unterschieden werden. Es ist eine allgemein bekannte Thatsache, dass jedes productive Element nicht nur seinen eigenen Werth, sondern immer noch den der übrigen Factoren der Erzeugung mit begründet. Nimmt man aus irgend einer Unternehmung irgend ein wesentlicheres Element heraus, so leidet die ganze Unternehmung empfindlich. Mangelt es an Rohstoff, so verlieren auch die menschliche Arbeit und die Maschinen an Leistungsfähigkeit und umgekehrt; die Erfahrung zeigt derartige Vorkommnisse tausendfältig. Tausendfältig zeigt die Erfahrung, dass die Productivmittel einander wechselseitig befördern und behindern. Erhöhte Regsamkeit der Arbeit steigert den Ertrag des Productivbesitzes, erhöhte Ausnützung des Productivbesitzes steigert den der Arbeit. Was beweist dies aber anders, als dass der den Werth eines Factors begründende Ertragsantheil — der ihm zugerechnete „Ertrag", den wir „Beitrag" genannt haben — noch nicht seine ganze Betheiligung am Gedeihen der Production erschöpft? Diese Unterscheidung finden wir also thatsächlich vor, wir tragen sie nicht um unserer Lösung willen in die Wirthschaft hinein, sondern wir erklären einen sonst unerklärlichen Widerspruch der Wirthschaft durch unsere Lösung, die dadurch keinen geringen Grad von Unterstützung und Glaubwürdigkeit erhält. Oder scheint es kein Widerspruch zu sein, dass die Arbeit ausser „ihrem eigenen" noch den „Ertrag des Capitals", dass das Capital ausser „seinem eigenen" noch den „Ertrag der Arbeit" steigen oder fallen macht?

§. 25. Fortsetzung. Der wirthschaftliche Dienst der Zurechnung.

Durch die Zurechnung des productiven Beitrages erhält jedes Productivgut ohne Ausnahme eine **grössere** Wirkung zugesprochen als ihm nach seinen eigensten Kräften zukäme. Keines, selbst das mächtigste von allen, die menschliche Arbeit nicht, vermöchte aus sich allein irgend etwas zu erzeugen, jedes bedarf der Mitwirkung anderer und ist für sich allein nichts. Auf der andern Seite wieder erhält jedes Productivgut ohne Ausnahme durch die Zurechnung des productiven Beitrages eine **geringere** Wirkung zugesprochen als ihm nach dem Grade der Abhängigkeit zukäme, in welchem die complementären Güter ihm gegenüber stehen. Man nehme das unbedeutendste Element einer Verbindung, soferne es nur ein nothwendiges und wirthschaftliches Element derselben ist, aus ihr heraus und sein Ausfall entzieht nicht blos seinen Ertrag, sondern beraubt auch die übrigen noch eines Theiles ihrer Wirkung. Das gilt von der Arbeit im Verhältnisse zum Capital, wie vom Capital im Verhältnisse zur Arbeit. Das vielgebrauchte Argument, dass, wenn die Arbeit nicht wirkte, nichts Früchte brächte und dass der Arbeit daher der ganze Ertrag zuzurechnen sei, ist darum falsch. Nur wer die praktisch geübten Regeln der Zurechnung missversteht, kann sich desselben bedienen. Es ist nichts leichter als es dadurch ad absurdum zu führen, dass man den Fall setzt, es wirke das Capital oder das Land nicht mit.

Die Zurechnung des productiven Beitrages theilt jedem Productivgut solchergestalt einen **mittleren Antheil** zu. Den productiven Beitrag und damit den Werth geradeso, mit dieser Mittelgrösse zu berechnen, hat einen guten Sinn. Diese Art der Berechnung ist die einzige praktisch zuträgliche, sie rechtfertigt ihre Logik durch ihren Nutzen. Der Werth der Productivgüter soll das Controlmittel der Production sein — nun, er wird es in vollkommenster Weise, wenn man ihn nach Massgabe der aufgestellten Regel auf Grund des productiven Beitrags schätzt, er würde es dagegen nur unvollkommen oder gar nicht, soferne man von der Regel abwiche. Die Summe aller Beiträge, haben wir gesehen, kommt dem Werthe des höchsten erreichbaren Gesammtertrages gleich, dieser wird also **wirklich erreicht**, wenn man von jedem Factor eine Leistung fordert, die dem zugerechneten Beitrag gleichkommt. Rechnet man den Productivmitteln überhaupt nichts zu, so würde man sich jeder Möglichkeit berauben, ihre Verwendung durch die Beziehung auf ihren Werth zu controliren; rechnet man ihnen mehr oder weniger als den „Beitrag" zu, so würde man ihre Verwendung durch die Beziehung auf ihren Werth fehlerhaft controliren, indem man sich, je nachdem, zu einer zu eingeschränkten oder einer zu weitgehenden Verwendung aufgefordert fände.

Es möge mir erlaubt werden, diesen Gedanken noch weiter in's Einzelne zu verfolgen.

Würde man weder der Arbeit, noch auch dem Lande und Capitale einen Antheil am Ertrag zurechnen, so hätte man sie alle zu gebrauchen, ohne irgendwie durch ihren Werth geleitet zu sein. Würde man allen Ertrag der Arbeit, den sachlichen Productivmitteln dagegen nichts zurechnen, so würde die Production durch den productiven Werth missleitet. Land und Capital wären als werthlos erklärt, man brauchte auf sie nicht Acht zu haben, die Arbeit dagegen würde überschätzt, man müsste folgerichtig mit ihr allzusehr zurückhalten. Am meisten überschätzt würden diejenigen Arbeitsleistungen, die in Folge der intensivsten sachlichen Unterstützung die absolut grössten Erträge geben. Ein Arbeitsquantum, das mit einem grossen Capitale zusammen den Betrag 100 gibt, müsste höher geschätzt werden als ein anderes gleicher Grösse, aber anderer Qualität, das mit dem zehnten Theile jenes Capitales den Ertrag 99 gibt. Die künstlerische Arbeit, welche ohne viel äussere Hilfsmittel wirkt, würde gering, die reich unterstützte Arbeit, auch wenn sie mechanisch und gemein ist, würde hoch geschätzt, die erstere würde man glauben verschwenden zu dürfen, die letztere würde man glauben sparen zu müssen. Verwirrung und Verkehrtheit würden die Production in ihrer ganzen Ausdehnung, an allen Punkten beherrschen.

Die Zurechnung des Ertrages an Land, Capital und Arbeit nach Mass ihrer productiven Beiträge ist eine natürliche Vorschrift der Wirthschaft, die in jeder Wirthschaftsform gilt, heute wie im communistischen Staate. Es mag — vielleicht — eine Forderung der Gerechtigkeit sein, dass das ganze Erzeugniss den Arbeitern als persönliches Einkommen übergeben werde, jedenfalls und auch wenn dies geschieht, ist es eine Forderung der Wirthschaftlichkeit, die Erzeugnisse auf die Ertragsquellen nach Mass der gelieferten Beiträge zu verrechnen, um ein Mass für die fernere Verwendung der Productionsmittel zu schaffen.

Selbstverständlich besteht eine Geltungsgrenze für die entwickelte Regel der Zurechnung. Sobald man eine allzugrosse Menge von Productivgütern als Einheit zusammenfasst — wie es die Theoretiker thun, wenn sie alle Arbeiten als „Arbeit", alle Capitalien als „Capital", alle Grundstücke als „Land" zusammenfassen — lässt sich die zur Lösung erforderliche Zahl von Gleichungen nicht mehr aufstellen: von „Land, Capital und Arbeit" lässt sich nichts weiter sagen, als dass sie zusammen alles, allein nichts hervorbringen. Praktisch fehlt es keineswegs an Anlässen einer solchen Betrachtung im Grossen. Wären dieselben aber auch noch viel häufiger als sie es sind, so würde dadurch nichtsdestoweniger die Zurechnung im Einzelnen nicht unnöthig gemacht. Die Durchführung der Production führt, obwohl manchmal erst nach Massregeln grössten Stiles, die ihre Vorbereitung und Einleitung forderte, nothwendiger Weise endlich auch auf's Einzelne. Wer hiebei noch am genauesten den Erfolg nachrechnet, wer für die kleinsten Mengen noch ein Mass und einen Unterschied hat, wird, soweit es eben auf die Durchführung ankommt, den grössten Gesammterfolg erreichen; den geringsten Jener, der die Dinge blos nach äusserlicher, oberflächlicher Schätzung in Bausch und Bogen nimmt. Weitergehende Trennung und Verfolgung der Ursachen ist allenthalben Princip und Symptom des menschlichen Fortschrittes, sie muss es auch in dem grossen Gebiete der Wirthschaft sein. Wenn der Socialismus die productive Zurechnung abschaffen will, so führt er einen Zustand herbei, schlimmer als ihn die tiefste Barbarei kannte. Der Wilde weiss, was er seinem Netz, was seinem Pfeil und Bogen zu danken hat, und er wäre schlecht berathen, wenn er es nicht wüsste. Glücklicher Weise ist derselbe Instinct, der ihn antreibt, allen Menschen zu eigen, und man wird, allen Theorien zum Trotz, es nie unterlassen, den Einfluss der productiven Kräfte in jener Weise abzumessen, die der praktische Vortheil erfordert.

Umgekehrt wieder kann durch die Einzelzurechnung die Wahrnehmung der Production im Grossen nicht unnöthig gemacht werden. Die Vorbereitung und Einleitung der productiven Arbeiten fordert, wie gesagt, oft Massregeln grössten Stiles, für deren Erwägung es nicht ausreicht, die productiven Beiträge nachzurechnen. Die productiven Beiträge entsprechen den Wirkungen, welche im Einzelnen eintreten, wenn die Production gelingt. Wie aber wenn sie nicht gelingt, wenn Güterausfälle vorkommen, die sie verzögern, einengen oder ganz unmöglich machen? Dann treten selbst vom einzelnen Gute aus Wirkungen ein, die über das Mass des Beitrages hinausgehen, dann zeigt sich, dass das einzelne Gut nicht blos „seinen eigenen Ertrag" schafft, sondern ausserdem noch die Erträge anderer Güter mitbedingt. Die zerstörende Kraft eines Güterverlustes — die Differenz zwischen „Beitrag" und „Mitwirkung" — ist um so grösser, je grösser das verloren gegangene Güterquantum ist. Wo die Gefahr eines Verlustes droht, und namentlich eines solchen von grösserem Umfange, reicht daher die Einzelzurechnung nicht aus, weil sie den Schaden zu klein berechnet und nur Massregeln zu kleinen Umfanges erlaubt. Hier muss man sich der ganzen Abhängigkeit der Production von ihren Bedingungen und des ganzen Gewichtes der Mitwirkung aller Factoren bewusst werden.

Einzelzurechnung und Wahrnehmung der Production im Grossen, wenn sie auch zu verschiedenen Schätzungen derselben Güter führen, widersprechen sich deshalb doch nicht und heben einander nicht auf. Jede der beiden Schätzungen darf eben nur zu ihrem Zwecke verwendet werden. Die Einzelzurechnung dient dazu, um bei der Durchführung der Production die ökonomische Verwendung jedes Vermögenstheiles zu ermessen; die Wahrnehmung der Production im Grossen dient dazu, um die Sicherheit zu geben, dass es bis zur Durchführung der Production komme. Die Arbeitskräfte eines Volkes z. B. müssen im Einzelnen genau nach Mass ihrer Beiträge geschätzt und verwendet werden; daneben ist eine besondere Fürsorge darauf zu richten, um den Gefahren zu begegnen, die so häufig die Arbeitskraft einzelner Volksschichten, ja grosser Volksclassen auf einmal bedrohen. — Oder die Capitalien eines Volkes müssen im Einzelnen nach Mass ihrer Beiträge geschätzt und verwendet werden; daneben ist im Grossen dafür zu sorgen, dass das Capital im Ganzen und in den Hauptzweigen der Production gegenüber den vorkommenden Angriffen und Gefährdungen erhalten bleibe und sich entwickle. Die Wahrnehmung der Production im Grossen hat namentlich auch darnach zu zielen, dass stets die wesentlichen Grundlagen der Production und das harmonische Verhältniss ihrer Elemente gegenüber allen Störungen gesichert werden.

In der heutigen Volkswirthschaft fällt die Einzelzurechnung vornehmlich den einzelnen Bürgern, die Wahrnehmung der Production im Grossen vornehmlich der Regierung zu. Die erstere gehört vornehmlich der privatwirthschaftlichen, die letztere vornehmlich der staatswirthschaftlichen Werthschätzung an. Wir deuten hier blos auf diesen Gegensatz hin, im zweiten Theile des Buches werden wir ihn genauer zu besprechen haben.

§. 26. Fortsetzung. Die Zurechnung und das Grenzgesetz.

Bei Productivgütern, die nicht vereinzelt, sondern in Vorräthen verfügbar sind, erfolgt die Zurechnung des productiven Beitrages nach dem Grenzgesetze. Jedem einzelnen Stücke, jeder Theilquantität wird der geringste Beitrag zugerechnet, der nach den Umständen wirthschaftlicher Weise mit einem solchen Stücke, mit einer solchen Theilquantität noch erzielt werden darf: der Grenzbeitrag, wie ich ihn („Ursprung des Werthes" pag. 177) genannt habe, das Grenzproduct, wie man mit einer andern Wendung sagen könnte. Böhm-Bawerk hat darauf aufmerksam gemacht („Werth", pag. 502), dass diese Regel für den Verkehrswerth hinsichtlich gewisser Productivgüter längst anerkannt ist, „wenn Thünen — und nach ihm die gesammte volkswirthschaftliche Doctrin — lehrte, dass die Höhe des Capitalzinses durch die Productivität des letzten angelegten Capitaltheilchens, die Höhe des Arbeitslohnes durch den Ertrag des letzten in der Unternehmung angestellten Arbeiters bestimmt werde". Nun, was hiemit eingeschränkt zugestanden ist, gilt allgemein von allen Productivgütern und für jede Form des Werthes, als ein Gesetz natürlicher Schätzung.

Das Grenzgesetz versteht sich für die Productivgüter von selbst, insoweit es für die producirten Gebrauchsgüter gilt. Wir wissen, dass in jedem Vorrath von Gebrauchsgütern jede Einheit ihren Werth vom Grenznutzen empfängt; damit ist der Werth, der für die Producte erwartet wird, bereits auf das Grenzniveau abgeglichen und der von diesem abgeleitete Werth der Productivgüter wird daher vom Anfang an auf die Basis des Grenzwerthes gestellt. Wenn der communistische Staat eine Million neuer Gewehre des gleichen Modells erzeugen will, so wird er in dem Voranschlage der Erzeugung alle einzelnen Gewehre unter einander gleichwerthig rechnen; damit ist vom

Anfang an ausgeschlossen, dass eine Quantität des Eisens, welches zur Verarbeitung bestimmt ist, einen andern Werth empfangen könnte als jede andere Quantität von gleicher Grösse und Beschaffenheit. Werden aus 1000 Productiveinheiten 10.000 Producteinheiten vom Grenzwerth 5 erzeugt, deren gesammter Werth durch die Formel 10.000 × 5 oder 50.000 ausgedrückt ist, so empfängt der gesammte Productiv-Vorrath diesen Werth von 50.000 und jede einzelne Einheit ist gleichermassen mit 50 zu bewerthen.

Während diese Anwendung des Grenzgesetzes auf die Productivgüter mittelbar durch das Medium der Producte erfolgt, ist indess noch eine zweite unmittelbare zu beobachten. Productivgüter mehrfacher Verwendbarkeit werden zur Herstellung von Producten verschiedener Art ausgenützt. In jeder Art für sich genommen, ist der Productwerth auf das Niveau des bezüglichen Grenznutzens ausgeglichen, aber es ist nicht nothwendig zu erwarten, sondern es wäre eigentlich nur ein Zufall, wenn die Grenzgrössen der mehreren Arten gegen einander verglichen, vollkommen übereinstimmten. Wir haben oben §. 4 gezeigt, dass nur in einem eingeschränkten Sinne von einem allgemeinen Haushaltungsniveau gesprochen werden könne: nur in demselben eingeschränkten Sinne kann auch von einem allgemeinen Productionsniveau gesprochen werden. Man soll die productiven Vorräthe stets so verwenden, dass jene Producte erzeugt werden, welche die grösstmögliche Bedürfnissbefriedigung sichern. Insbesondere soll man die Zuweisung der Productivgüter zu den einzelnen Productionen, oder was dasselbe ist, die Auswahl der hervorzubringenden Producte nach Art und Menge und die Dotirung der einzelnen Productionsarten und Zweige stets im Sinne der grösstmöglichen Bedürfnissbefriedigung abwägen. Darin liegt aber ganz und gar nicht, dass man allenthalben Producte des gleichen Grenznutzens erzeuge. Manche Producte befriedigen Bedürfnisse sehr geringer Weite mit kurzen, rasch springenden Sättigungsscalen; andere wieder befriedigen solche von ausserordentlicher Aufnahmsfähigkeit mit sehr langen Sättigungsscalen, die die feinsten Nuancen des Ueberganges von den stärkeren zu den abgeschwächten Intensitäten des Begehrens erkennen lassen. Um ein möglichst drastisches Beispiel zu haben, vergleichen wir die Verwendung des Goldes zur Plombirung von Zähnen und seine Verwendung zu Luxuszwecken — die beiden Sättigungsscalen entsprechen sich ganz und gar nicht, und es ist geradezu ausgeschlossen, in den beiden Verwendungsarten stets genau dasselbe Grenzmass festzuhalten. Alle ökonomischen Anforderungen sind erfüllt, wenn man darauf sieht, nirgends Producte geringeren Grenznutzens mit einem productiven Aufwand zu erzeugen, der anderwärts, in einer andern Gattung von Producten, zu höherem Grenznutzen führen könnte. Es kann daher ganz wohl sein und es wird bei allen Productivmitteln reicher Verwendbarkeit stets der Fall sein, dass die Grenzgrössen in den einzelnen Productgattungen von einander differiren.

Nehmen wir z. B. an, aus einem Vorrath von Eisen würden dreierlei Producte, die wir mit a, b und c bezeichnen wollen, hergestellt und in der Gattung a empfinge die Einheit Eisen entsprechend dem daselbst ökonomischer Weise erzielbaren Grenznutzen 10 den Werth 10, in der Gattung b entsprechend deren Grenznutzen 9 den Werth 9 und in der Gattung c entsprechend deren Grenznutzen 8 den Werth 8; so haben wir einen Fall vor uns, wo der Nutzen auf der Stufe der Erzeugnisse noch nicht völlig auf das Grenzniveau abgeglichen ist und die Abgleichung erst auf der Stufe der Productivgüter und unmittelbar an diesen erfolgen muss. Dass die Abgleichung überhaupt erfolgen muss, kann nicht bezweifelt werden. Man kann nicht ein Drittel des Eisens höher als ein anderes anschlagen, es liesse sich ja, die gleiche Qualität vorausgesetzt, durch gar keine Erwägung entscheiden, welchem concreten Theile des Vorraths der Vorzug vor dem Reste zuerkannt werden sollte. So lange irgend eine praktisch in's Gewicht fallende Quantität des Eisens dazu bestimmt ist, Producte des Grenznutzens 8 zu erzeugen, kann keine Einheit des ganzen Vorraths auf einen höheren Ertrag geschätzt werden. Jeder Einheit ist insolange der Grenzertrag 8 als Beitrag zuzurechnen und der Werth des ganzen Vorraths ist durch die Multiplication der Zahl von Einheiten, die er enthält, mit dem Grenzwerthe 8 zu berechnen.*)

---

*) Dies ist eine der folgenreichsten Anwendungen des Grenzgesetzes, wir werden uns im Folgenden fort und fort auf sie berufen, namentlich im 5. Ab-

Dadurch, dass das Grenzgesetz theils mittelbar, theils unmittelbar auch die Productivgüter ergreift, vermag der Werth seinen eigenthümlichen wirthschaftlichen Dienst als Rechenform und Controlmittel des Nutzens erst mit grösserer Wirksamkeit zu erfüllen. Die productiven Vorräthe sind im Vergleiche zu den Vorräthen der Gebrauchsgüter grösser, concentrirter und gleichartiger. Im Haushalte eines Individuums sind nur wenige Dinge in Vorräthen vorhanden, aber die productiven Elemente fast aller seiner Besitzthümer finden sich, zum Theile in ungeheuern Massen, bei den Producenten in Vorräthen angesammelt und werden damit der vereinfachenden Werthrechnung unterworfen, welche die wirthschaftliche Grösse jedes Vorraths durch das Vielfache von Menge und Grenzwerth ausdrückt. Durch das Kostengesetz (s. die Anmerkung) werden dann auch die Producte in grossen Massen dieser vereinfachenden Betrachtung unterworfen.

Wir sehen die Producenten ihre Waarenlager, Materialien, Inventare und Vorräthe fort und fort in der einfachen Weise berechnen, dass sie die Menge und den Preis der Einheit anschlagen und den durch die Multiplication beider erhaltenen Betrag als Gesammtwerth ansetzen. Diese einzige Beobachtung genügt, um die weite Geltung des Grenzgesetzes in unserer heutigen Wirthschaft zu erweisen. Nicht blos die Preise werden durch ein Grenzgesetz bestimmt, sondern vermittelst der Preise wird fort und fort die ganze Production, die ihren Calcül durchaus nach ihnen einrichtet, auf einen Grenzanschlag basirt. Ist es nicht des Nachdenkens werth zu erfahren, welchen Sinn die Anwendung eines solchen Grenzanschlages habe? Und ist es nicht beruhigend, zu wissen, dass die von den Menschen seit jeher naiv, kraft der ursprünglichsten Antriebe ihrer Natur befolgte Art des Anschlags der Güter ein Wunder an Einfachheit und Zweckmässigkeit ist?

schnitte über die Kosten. Zum besseren Verständniss sei vom Kostengesetze hier schon so viel vorausgenommen, dass der productive Grenzwerth seinerseits in die Productwerthe nivellirend eingeht. In dem obigen Beispiel wird in der Gattung a der Werth vom Grenznutzen 10 auf das productive Grenzmass 8, in der Gattung b von 9 gleichfalls auf 8 herabgedrückt.

§. 27. Die einzelnen Motive der Zurechnung. 1. Der Vorrath.

Diejenigen Umstände, die immer als Ursachen der Werthveränderung der Productivgüter angeführt werden, haben diese Wirkung dadurch, dass sie in erster Linie den zuzurechnenden Beitrag verändern. Wir wollen sie jetzt nacheinander besprechen. Wir kommen damit vielleicht an den ermüdendsten Theil unserer Aufgabe.

An erster Stelle ist der verfügbare Vorrath zu erwähnen.

Je grösser der verfügbare Vorrath einer bestimmten Sorte von Productivmitteln wird, desto geringere Producte dürfen und müssen erzeugt werden, vorausgesetzt, dass im Uebrigen keine entgegenwirkende Aenderung der Umstände eingetreten ist. Ist mehr Eisen gewonnen worden, so dürfen und müssen Eisenerzeugnisse geringeren Grenznutzens hergestellt werden. Es ist unabwendbar, dass diese Folge dem Erzeugungsstoffe, dem Eisen, zugerechnet und in einer geringeren Schätzung seiner productiven Grenzleistung ausgedrückt werde. Man kann sie keinem anderen Erzeugungsfactor, z. B. nicht der mitwirkenden Arbeit zurechnen, denn an deren Verhältnissen ist keine Aenderung eingetreten. Von allen Ertragsgleichungen sind blos diejenigen herabgesetzt worden, in denen Eisen vorkommt, diejenigen, in denen Arbeit auf einen andern Stoff angewendet vorkommt, sind gleichgeblieben, folglich stellt sich die Rechnung nur für das erstere, nicht auch für die letztere niedriger. Eisen erhält daher einen geringeren Ertragsantheil zugerechnet, die Arbeit nicht. Wollte man alles wie bisher rechnen, oder wollte man der Arbeit den geringeren Erfolg zurechnen, so würde man zweckwidrig rechnen; man würde so rechnen, als ob alles wie bisher oder als ob die Arbeit mit grösserer Freiheit verwendet werden dürfte. Beides wäre unzulässig.

Von allen Productivgütern müssen diejenigen die geringsten Beiträge zugerechnet erhalten, deren Vorräthe im Vergleich zum Bedarf die reichlichsten sind. Diese darf man am freiesten, bis zu den geringsten Leistungen herab, verwenden. So weit die productive Ausbeutung in Betracht kommt, ist zu wünschen, dass die am meisten bedurften Güter auch die häufigsten seien und die geringsten Beiträge zugerechnet erhalten.

§. 28. **Fortsetzung. 2. Der Bedarf und die complementären Güter.**

Bedarf und Bedürfniss fallen bei den Gütern unmittelbarer Verzehrung zusammen: die Menge von Bodenfrüchten, die zur vollen Sättigung des persönlichen Bedürfnisses erforderlich ist, bildet den Bedarf an Bodenfrüchten. Anders bei Productivgütern; bei diesen erzeugt das persönliche Bedürfniss nicht immer einen Bedarf. Wenn das Land ohne Bearbeitung freiwillig im Ueberfluss Früchte lieferte, so hätte man ganz und gar keinen Bedarf an landwirthschaftlichen Geräthen. Und wiederum, wenn das Land allen Ertrag versagte, wenn aller Boden unfruchtbar und öde wäre, so hätte man gleichfalls keinen Bedarf an landwirthschaftlichen Geräthen, man könnte sie ja nicht benützen. Ein Bedarf an Productivmitteln entsteht nur dann, wenn man dieselben einerseits anzuwenden gezwungen ist, um ihre Früchte nicht entbehren zu müssen, und wenn man sie andrerseits anzuwenden vermag, indem man über die erforderlichen complementären Güter verfügt. So lange die complementären Güter fehlen, kann man höchstens von einem **latenten** Bedarf sprechen, **effectiv** wird der Bedarf erst, bis man auch die complementären Güter erworben hat (s. hiezu Menger, pag. 39 ff.).

Der **effective** Bedarf an Productivmitteln wird sich — in weiterer Consequenz dieses Gedankenganges — daher nicht blos dann verändern müssen, wenn sich das persönliche Bedürfniss verändert, sondern auch dann, wenn sich die Menge der complementären Güter verändert. Nach beiden Richtungen ist die Wirkung auf die Zurechnung zu untersuchen und wir haben daher in Ansehung des Bedarfes bei den Productivgütern einen viel verwickelteren Causalzusammenhang vor uns, als bei den Gebrauchsgütern. Es wird sich indess zeigen, dass das Gesetz dennoch das gleiche ist. Wie der Werth der Gebrauchsgüter, verändert sich auch der zuzurechnende Beitrag der Productivgüter stets im Sinne des Bedarfes. Steigt der Bedarf aus welchem Grunde immer, so steigt auch der Beitrag; wie er auch mit ihm sinkt. Das soll nun in thunlichster Kürze erwiesen werden.

Erstens, es sei angenommen, dass der effective Bedarf steigt, weil der Reichthum an complementären Gütern zunimmt, während das persönliche Bedürfniss gleich bleibt. Z. B. der Reichthum an landwirthschaftlichen Capitalien und die Menge der verfügbaren landwirthschaftlichen Arbeitskräfte nehmen zu und es steigt daher der effective Bedarf an Grundstücken, indem latenter Bedarf entbunden wird, d. h. man könnte, soweit es auf die complementären Güter ankommt, von nun an mehr Boden bebauen und das Bedürfniss vollkommener befriedigen. Welche Wirkung muss dieser Umstand auf die landwirthschaftliche Ertragsrechnung haben? Offenbar sind wieder mehrere Fälle zu unterscheiden. Es kann sein, dass der Boden gar keine weitere Bebauung mehr zulässt, so dass die Erzeugung trotz der reicheren Mittel nicht ausgedehnt werden kann; das mag bei Weinland ausgesuchter Lage wohl zutreffen. Oder der Ertrag kann im ganzen Verhältniss der Zunahme von Capital und Arbeit vermehrt werden; wir wollen annehmen, dies sei auf dem wenig ausgebeuteten Boden einer neuen Colonie möglich. Oder endlich, wie in aller Regel auf altbebautem Boden, der Ertrag kann wohl vermehrt werden, aber nicht im vollen Verhältniss jener Zunahme der complementären Güter, indem zwar sämmtliche neuen Capitale und Arbeitskräfte Verwendung finden, aber mit einer gegen die bisher gewohnte verminderten Wirkung.

So verschieden diese Fälle sind, das Endergebniss ist in allen das gleiche, wenn es auch auf verschiedenen Wegen herbeigeführt wird. In allen Fällen wird dem Boden ein stärkerer Ertragsantheil zugerechnet.

Kann die Erzeugung nicht weiter ausgedehnt werden, so bleibt der Werth der Erzeugnisse nach wie vor derselbe, es ist ja kein Grund zur Veränderung eingetreten; wohl aber ändert sich der Theilungsschlüssel für die Zurechnung. Die Gleichung, aus welcher in dem oben gewählten Beispiel der Ertrag des Weinlandes, des auf demselben verwendeten Capitales und der auf demselben verwendeten Arbeit zusammengenommen zu berechnen ist, bleibt wie sie war. Capital und Arbeit aber, deren Vorrath vermehrt wurde, müssen nun anderwärts, auf anderem Land oder in Gewerbe und Industrie, in neuen Verbindungen verwendet werden, in denen sie geringeren Ertrag geben: ihre Gleichungen werden also im Ganzen ungünstiger und das hat die Folge, dass nun auch die Gleichung, die die Weinproduction liefert, für sie ungünstiger aufgelöst wird. Ihr productiver Grenzbeitrag sinkt und vom Werthe des Weines erübrigt, nachdem für Capital und Arbeit weniger in Abzug kommt, ein grösserer Antheil auf Rechnung des Landes. Dieses gewinnt einen grösseren Ertragsantheil gleichsam durch Aufsaugung der Wirkungen, die den complementären Gütern aus allgemeinen Rücksichten nicht mehr angerechnet werden können, weil das Grenzgesetz verlangt, dass sie überall gleich angeschlagen werden und weil die allgemeine Grenze ihrer Verwendbarkeit heruntergegangen ist.

Wo die Erzeugung im vollen Masse ausgedehnt werden kann, steigt ,im aufsteigenden Aste der Werthbewegung' der Gesammtwerth der Erzeugnisse, wenn auch das einzelne Erzeugniss an Werth verliert. Die Ertragsgleichungen stellen sich für alle betheiligten Factoren gleichmässig günstiger, auf Land, Capital und Arbeit entfällt vom grösseren Ertrage nach gleicher Quote ein absolut grösserer Antheil.

Wo die Erzeugung nur zum Theile ausgedehnt werden kann, vermischen sich beide Wirkungen. Der zu berechnende Beitrag des Landes erfährt einen doppelten Zuwachs, einmal einen solchen, der der gesteigerten Ausnützung zu danken ist, und sodann einen solchen, der von dem geringeren Anschlage der verwendeten Hülfsmittel kommt.

Zweitens, der effective Bedarf steigt, weil bei gleichem complementären Reichthum das persönliche Bedürfniss zunimmt. Hier liegt die Sache sehr einfach. Die Verhältnisszahlen, welche über die Auftheilung des Ertrages entscheiden sind unverändert geblieben, aber der Werth des Ertrages hat zugenommen. Die Folge ist, dass die gleiche Quote einen absolut grösseren Werth hat.

Die oben erwiesene Wechselbeziehung zwischen den zusammenwirkenden Factoren der Erzeugungen ist durch die Erfahrung des täglichen Lebens Jedermann in Ansehung des Verkehrswerthes hinlänglich vertraut. Jeder Unternehmer weiss, dass es für ihn vortheilhaft ist, wenn die Hilfsmittel, die er braucht, sei es wegen ihrer vermehrten Erzeugung, sei es wegen ihres verminderten anderweitigen Gebrauches, zahlreicher auf den Markt kommen, weil er nun sein Unternehmen erweitern oder weil er es nun besser für sich ausnützen kann, indem er bei gleichem Ertrag weniger für den Ankauf der Hilfsmittel auszugeben hat. Jeder Unternehmer weiss andrerseits, dass es ihm Schaden bringt, wenn die von ihm gebrauchten Hilfsmittel seltener zu Markte kommen oder was auf dasselbe hinauskommt, zahlreicher nach andern Erzeugungen hin abgezogen werden. Im communistischen Staat werden ganz ähnliche Erwägungen zu machen sein, um die Wechselwirkungen der complementären Güter auf einander richtig anzuschlagen. Ein Weingarten von den früher beschriebenen Verhältnissen müsste auch im communistischen Staate höher angeschlagen werden, sobald die Hilfsmittel seiner Bearbeitung zahlreicher vorhanden wären oder anderweitig minder zahlreich gebraucht würden; müsste er doch gewiss im umgekehrten Falle niedriger angeschlagen werden, sobald die Hilfsmittel seiner Bearbeitung wegen ihres verminderten Vorkommens oder ihrer erhöhten anderweitigen Verwendung höher geschätzt würden; müsste doch gewiss sein Ertragsantheil auf Null herabsinken, sobald die Hilfsmittel seiner Bearbeitung so hoch geschätzt würden, dass ihre Beiträge gerade dem ganzen Ertrag an Wein gleichkommen; und müsste seine Bearbeitung doch gewiss ganz aufgegeben werden, sobald diese Beiträge aus dem Weinertrage nicht mehr gedeckt werden könnten.

Die natürlichen Regeln der Zurechnung fordern, wenn die Verfügung über einen Factor der Erzeugung, sei es Land, Capital oder Arbeit, freier geworden ist, die andern höher anzuschlagen, sowie sie fordern, alle höher anzuschlagen, wenn die persönliche Bedürftigkeit durchaus und allenthalben gestiegen ist.

§. 29. Fortsetzung. 3. Die Technik.

Die Technik ist die Kunst der Ausnützung der Productivmittel. Jeder Fortschritt der Technik verbessert entweder die

Qualität oder die Quantität der Erzeugnisse. Auch ein sogenanntes kostensparendes Verfahren wirkt schliesslich im Sinne erhöhter Ausnützung. Indem es an einer Stelle oder gegenwärtig Productivmittel schont, lässt es dieselben für andere oder für spätere Verwendungen übrig.

Die Verbesserung der Qualität der Erzeugnisse erhöht ihren Werth. Die Vermehrung der Quantität vermindert wohl den Werth des einzelnen Erzeugnisses, aber im aufsteigenden Aste der Werthbewegung — von dem wir jetzt der Kürze wegen allein sprechen wollen — erhöht sie gleichwohl die Werthsumme aller Erzeugnisse zusammen. Technische Fortschritte haben somit die Folge, dass die „bekannten" Grössen in den Ertragsgleichungen, aus welchen die Beiträge der Productivgüter zu berechnen sind, höher angesetzt werden, während die Menge der „Unbekannten" gleich bleibt. Je nach Umständen erhöhen sich hienach die Beiträge aller oder blos einzelner Factoren der betroffenen Erzeugungen; manchmal liegen jedoch die Umstände so, dass die Beiträge gewisser Factoren geringer gerechnet werden müssen.

Was geschieht z. B., wenn ein kostensparendes Verfahren in einer Production eingeführt wird, die keiner weiteren Ausdehnung mehr fähig ist wie die Production von Wein in einer beschränkten, schon auf das Aeusserste ausgenützten Lage? Der Ertrag an Wein bleibt gleich, sein Werth auch, aber dem Weinland wird ein grösserer Antheil als bisher zugerechnet werden müssen, weil es sich mit weniger Erzeugungsfactoren als bisher zu theilen hat. Die ersparten Erzeugungselemente können und werden anderweitig verwendet werden, sie vermehren den anderweitig verfügbaren Vorrath ihrer Sorten, während der anderweitige Bedarf gleich bleibt. Die letzte Folge ist daher die Herabsetzung ihres productiven Beitrages. Das Gleiche gilt für alle Productivmittel, die durch technische Fortschritte aus ihren bisherigen Verwendungen verdrängt werden. Die bekannte Wirkung arbeitsparender Maschinen ist, dass sie den Arbeits lohn sinken machen; das rührt davon her, dass sie in erster Linie den Arbeitsbeitrag sinken machen. Auch im communistischen Staate träte dieser Theil der Wirkung ein. Je mehr die Arbeit im communistischen Staate durch Maschinen ersetzt werden könnte, desto freier wäre die Arbeitskraft verfügbar, zu desto geringeren Verwendungen dürfte sie wirthschaftlicher Weise bestimmt werden. War es vorher ein Fehler, sie zu so geringen Verwendungen zu bestimmen, so wäre es jetzt ein Fehler, sie dazu nicht zu bestimmen. Die Rolle der Arbeit in der Production hätte sich eben geändert, sie gehört von nun an andere Plätze, und andere Wirkungen sind ihr zuzurechnen, wenn die Zurechnung nach natürlichen Grundsätzen, d. h. im Interesse der möglichst vortheilhaften Verwendung gemacht werden soll.

In allen Productionen, in welchen die Erzeugung durch specifische Elemente eingeengt wird, kommt der Hauptvortheil der technischen Errungenschaften auf Rechnung dieser Elemente. Die Productivmittel ausgedehnterer Verwendung werden durch Veränderungen in einzelnen Productionszweigen nur wenig berührt, nur solche Fortschritte der Technik werden für sie bedeutungsvoll, welche sich auf alle ihre Verwendungen oder einen grossen Theil derselben erstrecken, denn nur dadurch werden die Ertragsgleichungen auch für sie merklich verändert. Die Verbesserung der Transportmittel, die die erhöhte Ausnützung einer überaus grossen Anzahl von Productionen mit sich brachte, ist ein Beispiel einer umfassenden technischen Verbesserung, die die Kraft hatte, die Ertragsantheile so ziemlich aller Productivmittel zu erhöhen.

Jede Veränderung der technischen Kunst fordert selbstverständlich eine gewisse Veränderung des Productionsplanes, eine gewisse Verschiebung der productiven Bestimmungen und Widmungen. Andere Erfolge sind nun die verlockendsten, andere Producte sind nun die Grenzproducte. Die lebhafte Entwicklung der Industrie im Laufe unseres Jahrhunderts hat viele Arbeiter aus der Landwirthschaft in die industriellen Erwerbe hinüber gelockt. Dieser Uebergang, der für die Landwirthe höchst empfindlich war, weil sie überdies die verbleibenden Arbeiter nach den höheren Lohnsätzen bezahlen mussten, welche die Fabriken bewilligten, war für die Production durchaus förderlich, indem er die Arbeiter aus Beschäftigungen, die wenig einbrachten, die jedoch früher Mangels rentablerer zulässig waren, in andere versetzte, wo sie ihre Kräfte zu höheren Beiträgen verwerthen konnten. Sollte im communistischen Staate einmal eine ähnliche

Verschiebung der productiven Wirkungen als Folge technischer Entwicklung eintreten, so wird sie auch mit einer ähnlichen Verschiebung der productiven Widmungen beantwortet werden müssen, der die Wahrnehmung der productiven Grenzbeiträge das Mass zu geben hätte.

§. 30. **Fortsetzung. 4. Die Zurechnung bei Kostengütern und bei Monopolgütern.**

Die Betrachtung des Einflusses von Vorrath, Bedarf und Technik zeigt zur Genüge, dass bei der Zurechnung des Ertrages eine gewisse Kategorie von Productivgütern besonders begünstigt, eine andere besonders zurückgesetzt wird. Die Eintheilung, die sich hienach ergibt, lässt sich allerdings nicht mit Strenge durchführen, die Uebergänge zwischen den beiden Gruppen sind unmerklich, die Einreihung in die Gruppen wechselt mit den wechselnden Verhältnissen, und selbst innerhalb der Gruppen geht jener Gegensatz noch weiter. Ein Gut, das vor vielen andern begünstigt ist, kann nichtsdestoweniger im Vergleiche zu noch andern zurückgesetzt sein.

Die eine Gruppe wird von den Gütern gebildet, denen ein natürliches Monopol (im Gegensatz zum rechtlichen Monopol) zukommt. Charakteristisch ist die verhältnissmässig grosse Seltenheit des Vorkommens gegenüber dem Bedarf, beziehungsweise die verhältnissmässig geringe erzeugbare Menge. Ausgesprochenen Monopolcharakter haben beispielsweise seltene Rohstoffe, Grundstücke von ausgezeichneter Lage, die Leistungen eines eigenthümlich begabten, besonders eines künstlerischen oder wissenschaftlichen Arbeiters vom höchsten Range, ein geheim gehaltenes und zugleich erfolgreiches Verfahren, d. h. genauer ausgedrückt, die geheimgehaltene Kenntniss eines solchen, wodurch die Leistungen der wissenden Personen vor denen der übrigen qualificirt sind, endlich auch künstliche Anlagen, die wegen ihres Umfanges oder wegen technischer Schwierigkeiten nur vereinzelt ausgeführt werden können.

Die Güter, welche in die zweite Gruppe gehören, kann man **Kostengüter** nennen, indem sie die Elemente der Kostenrechnungen werden.* Es sind Güter reichlichen und sogar

---

*) Siehe hierüber den 5. Abschnitt

überaus häufigen Vorkommens, beziehungsweise ausgedehnter Erzeugung. Ausgesprochenen Kostencharakter haben die gemeine Handarbeit, Kohle, Holz, die gewöhnlichsten Metalle, auch Grundstücke, wenn sie zu gewerblichen Unternehmungen bestimmt sind und nicht gerade ein besonderer Platzvortheil in Frage kommt. Dinge, die im Ueberfluss da sind, zählen nicht zu den Kostengütern, sie zählen ja überhaupt nicht zu den wirthschaftlichen Gütern. Während die Monopolgüter **specifische Elemente** einzelner Productionen sind, sind die Kostengüter die **verbreiteten, viel gebrauchten, überall mitwirkenden Kräfte und Stoffe der Erzeugung**.

Diejenigen Erzeugnisse, zu deren Hervorbringung keinerlei Monopolgut erfordert wird, können vergleichsweise in den grössten Mengen hervorgebracht werden, dagegen diejenigen in den geringsten, welche Erzeugungsfactoren von besonders ausgeprägtem Monopolcharakter in Anspruch nehmen, auch wenn im Uebrigen, neben denselben, solche Kostengüter zugesetzt werden, bezüglich deren man nur wenig beschränkt ist. Bei gleichem Bedürfnisse muss also der Werth von Erzeugnissen der Monopolproductionen, wegen ihrer geringeren Menge, vergleichsweise hoch stehen; folglich muss im Allgemeinen Monopolgütern im Vergleiche zu Kostengütern ein Beitrag höheren Werthes zugerechnet werden. Dies ist die **erste Begünstigung**, die jene vor diesen geniessen, im Verlaufe der wirthschaftlichen Entwicklung kommen dann noch mehrere hinzu, und zwar um so mehr, je mehr etwa durch die Entwicklung selbst die Kluft erweitert werden sollte, die bezüglich der Häufigkeit des Vorkommens besteht.

Im gewöhnlichen Verlaufe der Wirthschaft wachsen die verfügbaren Vorräthe vieler Monopolgüter nur langsam oder gar nicht, manchmal werden sie selbst kleiner, die verfügbaren Vorräthe vieler Kostengüter wachsen dagegen rasch und ununterbrochen, zwei Gründe zugleich, um die Differenz der Zurechnung noch zu vergrössern, weil der zugerechnete Beitrag sich für jedes Gut im **umgekehrten** Verhältnisse zur Veränderung des eigenen Vorrathes und im **geraden Verhältnisse** zur Veränderung des complementären Reichthums verändert. Im gewöhnlichen Verlaufe der Wirthschaft nimmt die Zahl der bedürftigen Personen und die Ausbildung der Bedürftigkeit fort und fort zu. im gewöhnlichen Verlaufe der Wirthschaft wird die Technik fort und fort vervollkommnet. Beides erzeugt eine Tendenz der Werthsteigerung der Productivgüter; diese Tendenz wirkt auf die Monopolgüter weiter. bei den Kostengütern dagegen wird sie durch die Gegentendenz, die von deren Vermehrung ausgeht. häufig — entweder sofort oder nach einiger Zeit — wieder aufgewogen. Ueberhaupt können die Kostengüter nur von solchen Werthsteigerungen des Ertrages gewinnen. die umfassend sind. so dass sie über den Umfang einer einzelnen Production hinausreichen. Werthsteigerungen. die sich auf einzelne Productionen beschränken. werden. wie früher (§. 28 und 29) gezeigt wurde. ganz und gar von den specifischen Elementen derselben. von den Monopolgütern. aufgesogen. Finden sich solche specifische Elemente nicht vor. wie ja sein kann. so fällt doch die Steigerung in einer einzelnen Production verhältnissmässig wenig in's Gewicht bei Elementen. die gleichzeitig in sehr vielen verwendet werden.

Während die Kostengüter bei der Verrechnung des Ertrages so zurückgesetzt werden. sind sie es doch. die auf den Erfolg der Production und deren Anordnung und damit auch auf die Grundlage der Zurechnung den grössten Einfluss nehmen. Sie sind die Güter des allgemeineren Vorkommens (des allgemeineren Marktes. wie man in der Sprache des Verkehrswerthes sagen muss), sie bilden die grosse Masse der Güter und bauen den Körper der Volkswirthschaft auf. Die Monopolgüter müssen sich mehr in das Gegebene einordnen. ihre Ausbeutung wechselt fort mit dem Wechsel des allgemeinen Standes der Volkswirthschaft. mit dem sie gleichsam auf und nieder steigt. wie das Niveau des Grundwassers im Boden mit dem des Stromes. Praktisch kommt es scheinbar darauf hinaus. dass die Zurechnung für die Monopolgüter immer erst gemacht wird. nachdem die für die Kostengüter völlig durchgeführt ist; vom gesammten Productionsertrage werden stets zunächst die Antheile der Kostengüter abgezogen. der Rest fällt dann den Monopolgütern zu. Bei näherer Betrachtung freilich zeigt sich die Sache etwas anders. Nur im einzelnen Falle kann so gerechnet werden. in der Gesammtheit der Fälle zusammen genommen. darf auch der Einfluss der Monopolgüter auf die allgemeine Ertragsgestaltung und Zurechnung nicht übersehen werden. Dieser Einfluss ist theils ein indirecter, indem grosse Mengen von Kostengütern in den Monopolproductionen verwendet werden, wodurch die productiven Grenzbeiträge derselben mittelbar betroffen werden müssen; theils ist er selbst ein directer, indem auch durch den Erfolg der Monopolproductionen Werthgleichungen geliefert werden, die zur Gesammtberechnung unentbehrlich sind.

Die Monopolgüter werden in der Theorie häufig ganz besonders gestellt. So lehrt z. B. Ricardo, dass sie allein ihren Werth der Seltenheit verdanken, während alle andern Güter ihn von der Erzeugungsarbeit erhalten. Eine genügend erweiterte Betrachtung erweist indess, dass die Monopolgüter sich ganz in die allgemeinen Bedingungen der Werthschätzung einordnen und sich von den übrigen wirthschaftlichen Gütern nur darin unterscheiden, dass sie den allen gemeinsamen Charakter um vieles auffälliger zeigen.

§. 31. Fortsetzung. 5. Die Zurechnung bei Erzeugungsfactoren bevorzugter Qualität.

Von zwei gleichartigen Productivgütern besitzt das die bessere Qualität, das die höhere Rentabilität bewirkt, d. h. das mit complementären Gütern derselben Menge verbunden, einen Ertrag höheren Werthes gibt; sei es, dass der höhere Werth des Ertrages davon stammt, dass mehr erzeugt wurde, oder davon, dass eine bessere, beliebtere Gebrauchsqualität erzeugt wurde. Der Kürze wegen soll im Folgenden blos von dem ersteren Falle gehandelt werden.

Besitzt man mehrere Productivgüter, die in dem so eingeschränkten Sinn verschiedener Qualität sind, so wird man die schlechteren Qualitäten offenbar nur dann zur Production mitverwenden, wenn der Vorrath der besseren für den Bedarf nicht ausreicht, und offenbar wird alsdann der Ertragsantheil der besseren sich um eine genau bestimmbare Quote über den der schlechteren stellen. Nachdem die besseren Productivmittel bei gleichem Zusatz von complementären Gütern einen grösseren

Gesammtertrag liefern, so stellt sich die Werthgleichung für sie um den ganzen Belauf des Mehrertrages günstiger. Ihr productiver Beitrag ist gleich dem der schlechteren Qualitäten mehr diesem Mehrertrag. Erhalten die schlechteren Qualitäten gar keinen Beitrag zugerechnet, weil sie im Ueberflusse zur Verwendung kommen, so wird der Beitrag der besseren mit dem Mehrertrage allein berechnet. Die Erfahrung bestätigt diese Sätze tausendfach, sie entsprechen den wirthschaftlichen Anschauungen eines Jeden.

Die Theoretiker, die die Gesetze der Complementarität im Allgemeinen so wenig beachtet haben, haben sich mit diesem besonderen Falle ungemein eifrig beschäftigt. Ricardo behandelt in seiner Grundrententheorie den Vorzug der grösseren natürlichen Fruchtbarkeit bei landwirthschaftlichen Grundstücken, bezw. der grösseren Ergiebigkeit bei Minen; sodann noch den Vorzug der grösseren Rentabilität für die erstaufgewendeten Betriebscapitalien gegenüber folgenden Capitalsvermehrungen. Die Ricardo'sche Grundrententheorie wurde durch die Hinweisung ergänzt, dass die Rentabilität von Grundstücken auch durch die Lage derselben beeinflusst sei, nämlich durch ihre Entfernung vom Bedarfsorte der Erzeugnisse. Endlich wurde gezeigt, dass ebenso mannigfaltig als die Rentabilität der ländlichen Grundstücke auch die der städtischen, sowie die der Capitalien und Arbeiten abgestuft und dass hier ebenso häufig wie dort die Gelegenheit gegeben sei, für die bessere Qualität eine grössere Rente, einen Mehrertrag und Mehrwerth zu gewinnen.

Diese theoretischen Darstellungen beziehen sich alle auf den Preis, aber sie kommen, wie sie sind, auch der Theorie des Werthes zu Gute. Das fruchtbarere Grundstück, das dem Bedarfsorte näher gelegene Grundstück, der gewandtere Arbeiter, die leistungsfähigere Maschine werden nicht blos mit dem höheren Preise bezahlt, sondern sie erhalten auf Grund ihrer besseren Qualität auch einen verhältnissmässig grösseren Antheil am Ertrage zugerechnet; was eben die Ursache davon ist, dass sie besser bezahlt werden. Auch im communistischen Staate wird man so zurechnen. Das fruchtbarere oder das dem Bedarfsorte näher gelegene Grundstück werden auch im communistischen

Staate vor allen andern bewirthschaftet, und wenn ausser ihnen noch andere, schlechtere bewirthschaftet werden müssen, im vollen Verhältnisse ihres Mehrertrages höher geschätzt werden.

2. Abtheilung.
Die natürliche Grundrente.

§. 32. Die Ricardo'sche Differentialrente von Grundstücken bevorzugter Qualität.

Ricardo untersucht in seinem berühmten Buche die sogenannte ausbedungene Grundrente, welche entsteht, wenn der Eigenthümer sein Grundstück verpachtet. Es ist allgemein zugegeben, dass das Gesetz der Pachtrente im Wesentlichen auch für jenes Einkommen gilt, welches der Eigenthümer vom Grundstück ohne Verpachtung durch den Verkauf der Bodenfrüchte gewinnen kann. Die bisherigen Ausführungen über die Zurechnung haben wohl schon gezeigt, dass die Analogie noch weiter fortzusetzen ist. Das persönliche Einkommen, welches ein Grundstück abwirft, ruht letzlich darauf, dass dasselbe nach Abrechnung der Antheile von Capital und Arbeit einen Ertrag abwirft, welcher ihm nach natürlichen Regeln zugerechnet werden muss. Das Problem der Grundrente, in erster Linie als Problem der Einkommensvertheilung erfasst, enthält in letzter Linie auch ein Problem der Ertragsauftheilung in sich. Als Problem der Ertragsauftheilung ist es im communistischen Staate ebenso wohl vorhanden wie in der heutigen Gesellschaft und findet hier wie dort grundsätzlich die gleiche Lösung.

Ricardo beginnt seine Darstellung mit der Erörterung der geschichtlichen Anfangszustände. So lange die Bevölkerung dünn sei und nicht einmal alle Grundstücke erster Qualität zu bebauen brauche, um Nahrung zu finden, könne gar kein Grundstück Rente erzielen. Wer werde einen Preis für etwas zahlen, was im Ueberfluss vorhanden und daher umsonst zu haben sei? Nehme die Bevölkerung zu, so dass auch Grundstücke zweiter Qualität bebaut werden müssten, so entstehe dagegen für die der ersten Qualität eine Rente. Grundstücke zweiter Qualität erforderten höhere Kostenaufwendungen, um denselben Ertrag wie solche erster Qualität zu liefern; sie könnten daher erst dann bebaut werden, wenn die erhöhte Nachfrage den Preis der Bodenfrüchte bis auf den erhöhten Kostenbedarf gesteigert hätte; bei diesem Preise bleibe aber für die erste Qualität ein Ueberschuss — die Grundrente — nach Mass der Kostenersparniss, die sie erlaube. Wenn auch Grundstücke dritter Qualität verwendet werden müssten, entstehe auch für die zweite Qualität eine Rente, während sich die Rente der ersten Qualität erhöhe, und so verschaffe jede neu einbezogene schlechtere Qualität den besseren eine Rente nach Mass der Differenz der Qualitäten.

Nehmen wir bestimmte Ziffern an. Vorausgesetzt der Werth der Bodenfrüchte sei $12^1/_2$ Wertheinheiten für den Centner und es bringe bei einem Kostenaufwand von 1000 Wertheinheiten die Bebauung eines Grundstücks

1. Classe einen Ertrag von 100 Centnern im Werthe von 1250
2. „   „   „   „   80   „   „   „ 1000
3. „   „   „   „   60   „   „   „   750

hervor, so wird sich ein privater Eigenthümer auf die Bebauung der zwei besseren Classen beschränken und sich von der ersten Classe eine Grundrente im Belaufe von 250 berechnen.

Im communistischen Staate wird man unter den gleichen Voraussetzungen zum gleichen Ergebnisse kommen. So lange Grundstücke erster Güte im Ueberfluss vorhanden oder „frei" sind, wird ihnen kein Antheil vom Ertrage, den sie bringen helfen, zugerechnet. Warum auch? da man doch die Wahl hat, auf welchem von den vielen gleichqualificirten Grundstücken der Anbau vorgenommen werden soll und da man mithin sich von keinem einzelnen abhängig findet. Grundstücke zweiter Classe werden erst bebaut, bis die der ersten alle angebaut sind und zugleich die Nachfrage nach Bodenerzeugnissen hinlänglich gestiegen ist, um durch höheren Werth des Ertrages den erhöhten Kostenaufwand zu decken. Ist aber der höhere Aufwand in der zweiten Classe gedeckt, so bleibt in der ersten ein Ueberschuss, der dem Grundstück als Rente zugerechnet werden muss —

das Grundstück und seine bessere Qualität ist ja die „Ursache" des Mehrertrages; man kann denselben nicht aus den Kostengütern herleiten, die ja überall auf allen Grundstücken in gleicher Beschaffenheit und Menge zugesetzt sind. Eine sehr einfache Gegenprobe bestätigt die Richtigkeit dieses Verfahrens der Zurechnung. Lässt man ein Grundstück erster Classe unbebaut, so verschwindet augenblicklich der Mehrertrag, die Kostengüter vermögen ihn anderwärts nicht wieder hervorzubringen, da kein gleichqualificirtes Grundstück mehr zum Ersatze da ist. Diese Gegenprobe anzustellen, hat man praktisch genügende Veranlassungen. Bei jeder Entscheidung über die Benützung der in Frage stehenden Grundstücke hat man sich gegenwärtig zu halten, dass sie jene Rente verbürgen, wenn sie richtig bebaut werden, und dass man sich jener Rente begibt, wenn man sie anders benützt oder ganz unbenützt lässt. Hat man z. B. eine Strasse zu führen, so muss man sich gegenwärtig halten, dass sie über Grundstücke erster Classe geführt, um den ganzen Belauf jener Rente theurer zu stehen kommt — doch wozu noch Beispiele? Will man in der Production überhaupt rechnen, so muss man so rechnen; die Differentialrente nicht mehr rechnen, hiesse nicht mehr darauf achten, dass die Grundstücke thatsächlich von verschiedener Ergiebigkeit sind, hiesse dagegen gleichgiltig sein, ob man viel oder wenig Ertrag gewinnt.

Im Vermögensinventar des communistischen Staates werden die besseren Grundstücke mit jenem Betrag eingesetzt sein, der der Capitalisirung ihrer Rente entspricht, die Wirthschaftsbeamten werden dafür verantwortlich gemacht werden müssen, dass sie von den besseren Grundstücken nach Mass der Qualität Rente abliefern — der communistische Staat wird in all diesen Beziehungen nicht anders vorgehen können, wie heute ein grosser Grundbesitzer, der sein Vermögen wirthschaftlich verwalten und seine Beamten wirksam controliren will.

§. 33. **Die Ricardo'sche Differentialrente von Bodenkräften bevorzugter Qualität.**

Die Ricardo'sche Theorie hat noch einen zweiten Theil, der nicht selten übersehen wird, obwohl gerade er der wichtigere ist.

Dem „Bodengesetz" zufolge hat jedes Grundstück Bodenkräfte
verschiedener Qualität. Wie zuerst nur die besten Grundstücke,
so werden zuerst in jedem Grundstücke nur die besten Bodenkräfte in Anspruch genommen. Von den in Anspruch genommenen
Bodenkräften gibt jeweils die schlechteste Classe — solange sie
über den Bedarf hinaus zureicht — keine Rente und die besseren
Classen geben insolange eine reine Differentialrente.

Die natürlichen Regeln der Zurechnung befinden sich auch
in diesem zweiten Theile seiner Theorie in voller Uebereinstimmung mit den von Ricardo entwickelten Regeln der Bildung
des Pachtzinses. Nehmen wir zur Erläuterung ein Beispiel. Der
Centner Weizen sei $12^1{}_2$ Wertheinheiten werth und ein gewisses Grundstück bringe, je nachdem es mit grösserer oder
geringerer Aufwendung von Capital- und Arbeitskosten bewirthschaftet wird, folgende Erträge hervor:

	Werth-einheiten	Centner		Werth-einheiten
mit Aufwendung von	1000	einen Ertrag von 100 im Werthe von		1250
„ „ eines 2. Tausend		„ „ 80 „ „		1000
Zus. mit Aufwendung von	2000	einen Ertrag von 180 im Werthe von		2250
mit Aufwendung eines 3. Tausend		„ „ 60 „ „		750
Zus. mit Aufwendung von	3000	einen Ertrag von 240 im Werthe von		3000

Ein privater Eigenthümer wird es unter solchen Umständen vortheilhaft finden, blos 2000 aufzuwenden, womit er
2250 verdient und das 3. Tausend nicht in das Grundstück zu
stecken, wo es nur 750 verdient, sondern anderweitig zu seinem
vollen erreichbaren Ertrag von 1000 zu bringen. Von den in
der Landwirthschaft verdienten 2250 rechnet er 2000 auf die
Kosten, 250 ist die Rente, welche als Pachtzins zu geben und
zu fordern ist. Gerade so müsste man aber auch im communistischen Staate, nach den natürlichen Regeln der Schätzung
rechnen. Auch die natürlichen Regeln fordern, nur 2000 in das
Grundstück zu stecken und den dabei verdienten Ueberschuss
von 250 dem Grundstück als Rente zuzurechnen.*)

---

*) Wollte man 3000 hineinstecken, so würde man zwar im Ganzen wieder
3000 zurückempfangen, aber nichtsdestoweniger am 3. Tausend 250 verlieren.
Würde man nur 2000 hineinstecken, aber den Ueberschuss von 250 nicht dem
Grundstück, sondern dem Capital oder der Arbeit zurechnen, so beginge man

Man kann die Differentialrente von Bodenkräften bevorzugter Qualität auch die **Intensitätsrente** nennen, weil sie entsteht und anwächst, wie der Boden intensiver bebaut wird Die Intensitätsrente könnte im Sinne Ricardo's ganz wohl eine allgemeine sein, für alle Grundstücke eines Landes oder der Welt, wenn eben alle mit ausreichender Intensität bebaut wären. Die Ricardo'sche Differentialtheorie erfordert keineswegs, wie wohl behauptet wird, die Existenz renteloser Grundstücke, es genügt für sie, wenn rentelose Bodenkräfte vorhanden sind.

Die Intensitätsrente muss selbstverständlich wirthschaftlich ebenso genau beachtet werden als die Rente der besseren Grundstücke. Es ist wohl unnöthig hierüber noch etwas Weiteres zu sagen.

§. 34. Zur Kritik der Ricardo'schen Theorie.

Nach derjenigen Meinung, welche wohl die verbreitetste ist, erklärt sich die Differentialrente der besseren Grundstücke, beziehungsweise Bodenkräfte einfach daraus, dass dieselben in einer den Bedarf nicht deckenden Menge vorhanden sind, dass sie, wie man häufig sagt, „ein Monopol haben". Indess, hiemit langt man, wie leicht einzusehen ist, für die Erklärung nicht aus, noch zwei andere Thatsachen müssen ausserdem vorausgesetzt werden.

Erstens, die Grundstücke, beziehungsweise Bodenkräfte der letztbenützten Qualität müssen im Ueberfluss vorhanden sein. Damit z. B. Grundstücke 1. Classe eine Differentialrente tragen, ist sowohl erforderlich, dass sie für sich dem Bedarfe nicht ge-

zwei einander widersprechende Irrthümer. Erstens das Grundstück als solches wäre als ertraglos erklärt — die praktische Folge wäre, dass es erlaubt sein müsste, es nicht zu bebauen, sondern Capital und Arbeit anders zu verwenden, wobei man doch die ganzen 250 verlöre; und zweitens Capital und Arbeit würden in ihrer Anwendung auf dieses Grundstück als besonders rentabel erklärt — die praktische Folge wäre, dass es geboten schiene, noch mehr Capital und Arbeit in dasselbe hineinzustecken, was doch nicht sein soll, da der Aufwand 2000, wie gezeigt, der höchste zulässige ist. Die Grundrente von 250 ist also der **rationelle Ausdruck der vortheilhaftesten Productionsanordnung**.

nügen, als auch, dass neben ihnen „freie" Grundstücke 2. Classe vorhanden seien. Die Eingeschränktheit, das „Monopol" der 1. Classe ist die nächste Veranlassung der Rente, die jedenfalls entstünde, wenn auch andere Grundstücke gar nicht vorhanden wären; die Dazwischenkunft von Grundstücken 2. Classe, die zahlreicher sind als der Bedarf und die daher rentelos arbeiten, hat dann die Wirkung, dass sie die Rente der 1. Classe, welche sonst in's Ungemessene steigen könnte, auf das Mass derjenigen Differenz herabdrückt, welche zwischen den Qualitäten beider Classen besteht. Wäre die 2. Classe nicht „frei", so trüge sie auch eine Rente, die dann erst durch Dazwischenkunft einer 3. Classe wieder zur Differentialrente herabgedrückt würde. Kurz, damit eine reine Differentialrente bestehe, bedarf es immer einer letzten rentelos arbeitenden und daher „freien" Kategorie von Grundstücken, beziehungsweise Bodenkräften neben besseren, eingeschränkten. **Beides muss da sein. Eingeschränktheit und Ueberfluss des Bodengehaltes.**

Zweitens, daran nicht genug, bedarf es noch des „**Monopoles**" von **Capital und Arbeit**. Warum zieht man die besseren Bodenclassen vor? Weil sich in ihnen Capital und Arbeit ergiebiger erweisen. Warum aber liegt etwas daran, dass sich Capital und Arbeit ergiebiger erweisen? Weil man von beiden (in aller Regel) nicht genügend hat. Wäre es ganz gleichgiltig, welchen Ertrag man aus bestimmten Mengen von Capital und Arbeit gewinnt, weil man jeden Ausfall durch Verwendung anderer Mengen immer wieder ersetzen könnte, so wäre es auch ganz gleichgiltig, auf welchen Bodenclassen man sie zum Ertrag brächte, vorausgesetzt, dass es wenigstens an den allerschlechtesten Bodenclassen niemals fehlte. Wenn man bei Ueberfluss der schlechtesten Bodenclassen doch noch die besseren und besten unterscheidet und vorzugsweise schätzt, so thut man es, weil man die Aufgabe hat, mit Capital und Arbeit hauszuhalten — die Differentialrente drückt genau das Mass des Vortheiles aus, welchen die besseren und besten Bodenclassen bei der Erfüllung dieser Aufgabe gewähren.

Dort wo eine reine Differentialrente besteht, ist also Land theilweise eingeschränkt (in den besseren und besten Classen) und theilweise im Ueberfluss (in den schlechteren), Capital und

Arbeit dagegen durchaus eingeschränkt verfügbar.*) Dieses Verhältniss übersehen zu haben ist der erste Mangel der Ricardo'schen Theorie; Ricardo lehrt ausdrücklich, dass die Menge der Arbeit (worunter das Capital mitverstanden ist), welche productiv verwendet werden soll, in aller Regel beliebig, nach Willkür vermehrbar sei, während die rentetragenden Bodenclassen zu spärlich vorhanden seien. Es hängt dieser Mangel zusammen mit einem anderen grösseren, dass nämlich Ricardo — und das gilt nicht blos von ihm — eine allgemeine Theorie der Wirthschaft, des Werthes und der Zurechnung überhaupt nicht hat. Aller Scharfsinn ist auf Einzelheiten wie z. B. auf die Erklärung der Grundrente verschwendet, wo es dann verständlich wird, dass dieselben nur einseitig beobachtet und begriffen sein können.

Ein fernerer Mangel der Differentialtheorie ist, dass sie nicht für alle Fälle ausreicht. Es kommt vor, dass auch die letztbenützten Grundstücke beziehungsweise Bodenkräfte Rente geben, und dafür hat Ricardo keine Erklärung, oder um genauer zu sprechen: kein Gesetz. Jedesmal, so oft die Nachfrage nach Bodenfrüchten so sehr angewachsen ist, dass die bisher als letzte benützte Bodenclasse nicht mehr ausreicht, während zugleich der Werth der Bodenfrüchte noch nicht genügend gesteigert ist, damit eine neue schlechtere Classe ein-

---

*) Von den Bäumen eines Urwaldes, die im Allgemeinen, weil im Ueberflusse verfügbar, ohne Werth sind, können dennoch einige Werth erhalten, nämlich alle jene, die mit besonderen Vortheilen zu fällen und fortzubringen sind, z. B. weil sie in nächster Nähe einer natürlichen Wasserstrasse stehen. Ihr Werth beziffert sich genau mit der Grösse der Kostenersparniss, welche sie bei der Arbeit des Fällens und Fortbringens gegenüber den nächst günstig situirten Bäumen, die keinen Werth mehr zugesprochen erhalten, gewähren. Hier ist am Beispiele eines Capitales eine vollkommene Analogie zu der Ricardo'schen Differentialrente von Grundstücken bevorzugter Qualität gegeben. Auch zur reinen Intensitätsrente finden sich am Capitale Analogien. Die Rinder in den Ebenen Südamerikas erhalten nicht durch ihren ganzen Nutzgehalt Werth, d. h. nicht durch den ganzen in Europa oder sonst an einem Orte starken Bedarfes von einem gleichqualificirten Rinde nutzbar gemachten Gehalt, sondern nur durch denjenigen Theil desselben, der die Kosten des Transportes bis zu den Orten grösseren Bedarfs vergilt. Der übrige Theil ist zunächst werthlos, kann aber durch Anwachsen des Bedarfes später gleichfalls Werth erhalten. An diesen Beispielen kann man die Bedingungen für die reine Differentialrente mit Leichtigkeit abnehmen.

bezogen werden könnte, gibt auch die letztbenützte Classe eine Rente, die erst durch die thatsächliche Einbeziehung der folgenden Classe zur Differentialrente wird. Und gar wenn alle Classen erschöpft sind und der Anbau überhaupt nicht mehr weiter ausgedehnt werden kann, entsteht eine „allgemeine" Grundrente, allgemein nicht nur für alle Grundstücke (in diesem Sinne kann auch die Intensitätsrente allgemein sein), sondern selbst für alle Bodenkräfte. Dieser Fall der Unausdehnbarkeit des Anbaues ereignet sich häufiger als man denken sollte, er steht nicht erst, wie es wohl den Anschein hat, am Schlusse der geschichtlichen Entwicklung der Wirthschaft zu erwarten, dann wenn einmal die ganze Erde übervölkert sein sollte, sondern er gehört zu den regelmässigen Erscheinungen während der Entwicklung, und er ist gerade für die Vergangenheit mit aller Bestimmtheit festzustellen, während die Vorhersagungen des Künftigen doch immer unsicher bleiben und niemals mit wissenschaftlicher Genauigkeit zu machen sind. Wenige Worte werden hinreichen, um diesen Satz klar zu machen.

Land und Capital scheinen, was die Bedingungen ihres Besitzes anbelangt, in völligem Gegensatz zu stehen. Alles Capital mit geringen Ausnahmen ist erst durch Menschenhand gewonnen worden und die Capitalmenge ist noch fortwährend und ohne Absehen vermehrbar. Alles Land dagegen (mit Ausnahmen, die im Ganzen verschwinden) ist vom Anfang an natürlich da und der Umfang des Landes ist durch Menschenhand so gut wie nicht zu vermehren — ein Geograph oder Physiker müsste wenigstens so urtheilen. Darf man aber auch ökonomisch so urtheilen? Gewiss nicht, ökonomisch haben die Menschen nicht vom Anfang an über die ganze feste Erdrinde und ihre Schätze geboten, sondern nur über einen verschwindend geringen Theil, von dem aus der Umkreis ihrer Macht sich kaum in geringerem Verhältniss als der ihres Capitalbesitzes erweitert hat, ohne dass die Grenzen der Herrschaft schon erreicht wären, ja ohne dass man sagen könnte, wann sie erreicht werden müssen und wo sie überhaupt liegen. Oekonomisch ist immer nur so viel Land und so viel Bodengehalt verfügbar als man auszubeuten versteht und die Mittel hat. Entwicklung der landwirthschaftlichen Kunst und der Technik überhaupt, Urbarmachung,

Besiedlung, Wanderung. Entdeckung. Ausbreitung des Handels. Vervollkommnung der Transportmittel, Zunahme des Reichthums an Capital und Arbeit haben den Landbesitz nach und nach enorm gesteigert. Dem Jäger gehört nur die Oberfläche des Bodens, dem Bauer, der mit dem Pflug in den Boden eindringt, gehört auch dessen Inneres, und je tiefer der Pflug geführt wird, um so mehr Bodengehalt ist dem Menschen dienstbar. Gerade in unseren Tagen hat sich die Menge des Landes, die dem europäischen Consum in den fremden Welttheilen zu Gebote steht, in einer für die europäischen Landwirthe erschreckenden Weise vermehrt. Blickt man in die Vergangenheit zurück, so möchte man fast glauben, es habe sich im grossen Ganzen mit dem Lande so verhalten wie mit dem Capitale: zuerst sei die Versorgung am dürftigsten gewesen, späterhin sei sie immer reichlicher geworden. Gewiss wäre der Irrthum, den man mit dieser Meinung beginge, nicht grösser als der, den man mit der landläufigen Meinung von der Unvermehrbarkeit des Landes begeht. Jedenfalls ist das Eine ausser Zweifel, dass es denkbar ist, es könne zu Zeiten aller ökonomisch verfügbare Bodengehalt bereits voll in Anspruch genommen worden sein und es könne späterhin gleichwohl so viel Bodengehalt ökonomisch neu zugewachsen sein, dass eine viel grössere Bevölkerung ernährt werden mochte, ohne die Grenzen des Nahrungsspielraumes auch nur zu streifen. Und sollte dieser denkbare Fall nie eingetreten sein? Haben wir nicht uralte Berichte von Uebervölkerung und nothgedrungener Auswanderung? Hat nicht das Gespenst der Hungersnoth jedes Land und jedes Volk der Erde heimgesucht und nur die reichsten Culturnationen haben es auf der Höhe ihrer Entwicklung zu verscheuchen vermocht?

Doch wie dem auch sei, mag es auch thatsächlich noch nie vorgekommen sein, dass die Grenzen des Anbaues erreicht worden wären, so bleibt doch theoretisch eine Theorie unzulänglich, die den Fall einer „allgemeinen" Grundrente nicht unter ein Gesetz zu bringen vermöchte. Wer kein Gesetz für den angenommenen Fall zu sagen weiss, dass alle Grundstücke und alle Bodenkräfte Rente tragen, weiss auch kein Gesetz für die unläugbare Thatsache, dass alle wirthschaftlich verwendeten Arbeiten und Capitalien Ertrag geben; er weiss überhaupt nichts zu sagen, als dass die besseren Qualitäten der Güter um den Belauf ihres Mehrertrages mehr zugerechnet erhalten, während er ausser Stande ist, uns zu belehren, welche Antheile den gewöhnlichen Qualitäten, der Masse der Productivgüter, zuzurechnen sind. Das Gesetz der allgemeinen Grundrente und das allgemeine Gesetz der Zurechnung sind identisch und eine Theorie, die für das erstere keine Formel hat, gesteht ihre Unfähigkeit, das Problem der Werthschätzung der Productivgüter überhaupt zu lösen.*)

---

3. Abtheilung.

Der natürliche Capitalertrag.

§. 35. Die Productivität des Capitales.

Dass das Land den Ertrag, den es in einem Jahre bringt, auch weiterhin bringt, ist insoferne nicht verwunderlich, als das Land dauerhaft und unverwüstlich ist. Nennt man einen sich immer wiederholenden Ertrag Rente, so bedarf die Grundrente insoferne keiner besonderen Erklärung. Aehnlich verhält es sich mit der Thatsache, dass die menschliche Arbeit Quelle eines andauernden Ertrages wird. Kehrt doch beim gesunden Menschen

---

*) Als ein fernerer grundsätzlicher Mangel der Ricardo'schen Theorie könnte es noch bezeichnet werden, dass die Rückwirkung der Landrente auf den Ertrag von Capital und Arbeit übersehen ist. Die Landrente ist gewiss von den jeweiligen Kostenschätzungen abhängig, aber umgekehrt sind es auch diese von jener, wenn auch nicht in gleichem Grade. Die Ertragsrechnung für Capital und Arbeit ist wesentlich dadurch mit beeinflusst, welche Quantitäten zur Bewirthschaftung des Landes erfordert, und welche Erträge durch diese Bewirthschaftung gewonnen werden.

Endlich könnte noch gerügt werden, dass Ricardo die allgemeine Bedeutung der Differentialschätzung (vergl. oben §. 31) übersehen hat. Selbst reine Differentialschätzungen kommen auch anderswo als beim Lande vor, wie die soeben gegebenen Beispiele vom Holz im Urwald und von den Rinderherden in Südamerika zeigen. Allerdings aber befindet sich das Land weitaus am häufigsten in dem Verhaltnisse, welches zu einer reinen Differentialschätzung der bevorzugten Qualitäten führt: quantitativer Ueberfluss im Ganzen neben quantitativer Eingeschränktheit der besten und besseren Qualitäten. Vergl. hiezu Menger. S. 143 ff.

die Arbeitskraft nach Pausen der Ruhe und Erfrischung immer wieder.

Dagegen ist es sehr verwunderlich, wenn wir den verbrauchlichen Bodengehalt und wenn wir alle die beweglichen Productivmittel, die Rohstoffe, Hilfsstoffe, Geräthe, Werkzeuge, Maschinen, Gebäude und sonstigen productiven Vorrichtungen und Anlagen, die sich im Dienste der Production rascher oder langsamer verzehren, Quellen von andauernden Erträgen werden sehen, von Erträgen, die sich fort und fort erneuern, auch wenn die ersten Factoren ihrer Erzeugung längst aufgezehrt sind. Hiemit stehen wir bei einem der wichtigsten und schwierigsten Probleme der ökonomischen Theorie, bei der Frage, wie die Thatsache zu erklären sei, dass das Capital Reinertrag gibt.*)

---

*) Ich verstehe im Folgenden unter dem Capitale die verbrauchlichen beziehungsweise (mit der im Texte klargestellten Erweiterung) die beweglichen Productivmittel. Diese Auffassung ist den Verhältnissen des communistischen Staates angepasst, in welchem das Volkseinkommen nur durch Production erworben wird. Auf jene Capitalformen einzugehen, welche der Einkommensbildung ausserhalb der Production dienen, schien mir nicht am Orte, weil dieselben zu sehr mit den specifischen Bedingungen der heutigen Wirthschaftsordnung zusammenhängen. Auch jene Bestandtheile der heutigen Unternehmercapitalien, welche nicht zu den technischen Productionsmitteln gehören, ziehe ich aus dem gleichen Grunde nicht in Betracht. Ich habe indess unten in §. 45 anhangsweise den Zins im Consumtivdarlehen und bei Vermiethungen und in §. 59 (am Schlusse) den Zins vom Lohnfond der Unternehmer besprochen.

Zur Vermeidung von Missverständnissen hebe ich noch ausdrücklich hervor, dass ich unter die technischen Productionsmittel die Subsistenzmittel, die für die Arbeiter vorräthig gehalten werden müssen, nicht rechne. Sie sind Bedingungen der Production, aber nicht deren Ursachen. Die Ursache ist hier der Arbeiter allein. Das ist kein Widerspruch wider das oben (§. 21) Ausgeführte. Die Dinge, auf die der Arbeiter seine Kraft anwendet, und diejenigen, die seine Kraft erhalten, stehen zum productiven Erfolge in ganz verschiedener Beziehung; die ersteren beeinflussen denselben direct, die letzteren nur durch das Medium der Arbeitskraft, in die sie sich vorerst umsetzen müssen. Will man die letzteren für Productionsfactoren erklären, so kann man es nur thun, wenn man als ihr erstes Product den Arbeiter erklärt. Vergl. unten §. 55 über die „Productionskosten" der Arbeit. Ich verweise, was die begriffliche Einordnung der Subsistenzmittel des Arbeiters anbelangt, durchaus auf die Ausführungen von Sax (insbesondere pag. 324), wenn ich auch den Zins vom diesbezüglichen Theile des Unternehmercapitales anders erkläre.

Unmittelbar bevor ich diese Blätter dem Druck übergebe, ist in den Conrad'schen Jahrbüchern Menger's Abhandlung „Zur Theorie des

Jedes Capital gibt zunächst und unmittelbar nur **rohen Ertrag**, d. h. solchen, der mit einer Verminderung der Capitalsubstanz erkauft ist. Die Bedingung, unter welcher dieser rohe Ertrag Quelle eines reinen werden könnte, ist sehr leicht zu formuliren. Es müssen sich im Rohertrage alle verbrauchten Capitaltheile neu erzeugt wiederfinden, und ausserdem muss noch ein Ueberschuss vorhanden sein. Dieser Ueberschuss wäre ein Reinertrag, ein solcher, der ohne Verminderung der Substanz und andauernd gewonnen und verzehrt werden könnte.

Wenn wir nun fragen, ob diese Bedingung thatsächlich erfüllt sei, so finden wir zunächst, dass die Natur des Capitales die Erfüllung zulässt. Das Capital ist wie einerseits verbrauchlich, so andrerseits wiedererzeugbar. Es dient der Production und wird producirt. Wird es aber auch in genügender Menge producirt und **vom Capitale selbst** in genügender Menge producirt, um vollen Ersatz des Verbrauchten und noch Ueberschuss zu geben? Bevor wir die Antwort auf diese Frage suchen, sei nur noch eine Bemerkung formaler Art gestattet.

Capitalien, die rohen Ertrag geben, sind ohne Zweifel schon deshalb allein als Productivgüter zu bezeichnen, denn sie produciren ja, sie verwandeln sich aus einer unfertigen Güterform in eine fertige oder der Fertigkeit nähere. Im vorzugsweisen Sinne sind jedoch Capitalien dann productiv zu nennen, wenn sie reinen Ertrag geben. In diesem Sinne wollen wir die „**Productivität des Capitales**" ausschliesslich verstehen.

Die Productivität kann, wie **Böhm-Bawerk** gezeigt hat, entweder als **physische** oder als **Werthproductivität**

Capitals" erschienen, die in geistvoller Weise gegenüber den wissenschaftlichen Capitalbegriffen den volksthümlichen Begriff vertritt und denselben dahin interpretirt, dass er das in Geld bestehende oder calculirte Stammvermögen einer Erwerbswirthschaft ohne Rücksicht auf die technische Natur der Erwerbsmittel zusammenfasse. In der That ist der Umstand, ob man Erwerbsmittel in Geld calculirt, von einschneidender Bedeutung für ihre Schätzung. In Geld calculiren heisst, wenn man von der Form absieht, 1. genau calculiren und 2. mit Rücksicht auf den Verkehr und die von diesem geschaffene Einheit aller Verkehrsgüter calculiren. Auch wir betrachten die Werthschätzung durchaus unter diesen beiden Voraussetzungen, wenn wir auch an Stelle des privatwirthschaftlichen Tauschverkehrs den internen Umsatz der Güter im staatlichen Haushalt setzen. Die natürlichen Regeln, wie wir sie ableiten, gelten nur für grosse Verhältnisse und eine hochentwickelte Wirthschaft.

erfasst werden. Es ist von Wichtigkeit, sich dieses Unterschiedes klar bewusst zu werden. Physische Productivität ist vorhanden, wo die Menge der gewonnenen Rohertragsgüter grösser ist als die Menge der zerstörten Capitalsgüter; wir haben bei der eben gegebenen Ableitung der Begriffe von Roh- und Reinertrag somit physische Productivität vorausgesetzt. Werthproductivität ist vorhanden, wo der Werth des Rohertrages grösser ist als der Werth des Capitalverbrauches. Die Aufgabe der Theorie ist letztlich, die Werthproductivität des Capitales zu erweisen, zu diesem Zwecke muss aber erst die physische Productivität nachgewiesen sein, die das Gerüste für jene ist. Die Werthproductivität setzt bereits die Bestimmung des Capitalwerthes voraus, zur Bestimmung des Capitalwerthes kann man aber nur gelangen, wenn vorerst die Frage der Zurechnung für den physischen Ertrag erledigt ist, weil der Werth des Capitales auf dem zugerechneten Ertragsantheile beruht. Gerade so wie erst die Landrente ermittelt sein muss, bevor der Landwerth berechnet werden kann und wie überhaupt erst die Regeln der Zurechnung erkannt sein müssen, bevor der Werth der Productivgüter erörtert werden kann, so muss auch für das Capital zuerst die Ertragszurechnung durchgeführt sein, bevor das Werthproblem zur Untersuchung kommt. Zufolge der allgemeinen Eintheilung des Stoffes, die wir getroffen haben, finden wir daher zunächst nur das Problem der physischen Productivität des Capitales auf unserem Wege.

Unzweifelhaft ist der Gesammtertrag aller drei Productionsfactoren Land, Capital und Arbeit zusammen gross genug, um den Capitalverbrauch zu ersetzen und Reinertrag zu geben. Das ist eine Thatsache der Wirthschaft, welche notorisch ist und so wenig eines Beweises bedarf wie etwa die Thatsache, dass es Güter, oder dass es eine Production gibt. Zwar missglückt ab und zu eine productive Unternehmung und deckt ihren Aufwand nicht, manche Unternehmung liefert selbst gar kein brauchbares Erzeugniss, aber das sind Ausnahmen, die Regel ist, dass Reinerträge gewonnen werden, ja Reinerträge allergrössten Umfanges, so dass nicht blos die mehr als eine Milliarde Menschen erhalten, sondern ausserdem aus den Ueberschüssen noch fortwährend Capitalvermehrungen gemacht werden können.

Es kann sich daher nur um das Eine fragen, ob auch dem Factor Capital ein Theil dieses unzweifelhaften Reinertrages zuzurechnen sei — aber auch das kann nicht ernstlich in Frage gezogen werden. Warum sollte gerade dem Capitale kein solcher Antheil zukommen? Ist einmal verstanden und zugegeben, dass das Capital ein wirthschaftlicher Productionsfactor ist, dem der productive Erfolg mit zugerechnet wird (§. 21), so ist auch verstanden und zugegeben, dass ihm ein Antheil am Reinertrage gebührt, in dem erst der productive Erfolg sich verkörpert. Sollte das Capital immer nur etwas weniger als seinen eigenen Ersatz hervorzubringen im Stande sein? Die Annahme wäre offenbar willkürlich. Sollte es immer gerade nur seinen eigenen Ersatz hervorzubringen im Stande sein, wie verschieden auch die Productionen gelingen mögen? Die Annahme wäre offenbar nicht minder willkürlich. Wer dem Capitale Reinertrag abspricht, kann dies nur thun, wenn er ihm überhaupt den Ertrag abspricht.

Ich müsste fürchten, mich zu wiederholen, wollte ich einen förmlichen Beweis dafür antreten, dass das Capital am productiven Reinertrag Antheil habe. Ich begnüge mich, einige Fälle zu nennen, die die Nothwendigkeit der Zurechnung von Reinertrag vorzugsweise klar machen.*)

Ueberall wo durch das Capital Arbeit verdrängt wird, wo z. B. eine Maschine die Leistung übernimmt, die bisher die menschliche Hand ausführte — was im communistischen Staate nicht minder vorkommen wird wie heute — muss das Capital, muss die Maschine zum mindesten den bisherigen Ertrag der Arbeit zugerechnet erhalten. Dieser aber war ein Reinertrag, also muss auch das Capitalgut Reinertrag zugerechnet erhalten.

*) Ich nenne unter diesen Fällen auch solche, wo der Capitalgebrauch die bisherige Ergiebigkeit der Production steigert. Hier ist es ganz besonders deutlich, dass die Reinertragszunahme dem Capitale zuzurechnen ist. Es wäre indess ein Irrthum, zu glauben, dass das Capital nur dann Antheil am Reinertrage erhalten könnte, wenn sein Gebrauch gerade die bisherige Ergiebigkeit der Production steigert, bezw. dass dieser Antheil verloren gehen müsste, sobald man an die gesteigerten Wirkungen einmal gewöhnt ist. Die Erfahrung zeigt die Productivität des Capitales auch in einer stationären Wirthschaft. Daher sind alle Theorien unzulänglich, die die Productivität des Capitales lediglich auf dessen Fähigkeit zurückführen, die Entwicklung der Wirthschaft zu befördern.

Vermöchte die Maschine eben nur ihre eigene Substanz, wie dieselbe beim Gebrauche sich abnützt, wiederzuerzeugen, so wäre sie ja minder wirksam als die Arbeit und hätte nicht die Kraft gehabt, diese zu verdrängen. Warum aber sollte eine derartige Maschine vor andern Capitalbestandtheilen irgend einen Vorzug der Zurechnung haben? Welche Erfahrung spräche dafür?

Dem allgemeinen Gesetze der Differentialzurechnung zufolge erhält jedes Capitalgut besserer Qualität einen höheren Ertrag zugerechnet als die minderen Qualitäten, nach Mass der Steigerung, die die Verwendung der besseren Qualitäten in der productiven Ergiebigkeit hervorbringt. Da für die Production im Ganzen und ihre Ergiebigkeit jedenfalls nur Reinerträge in Betracht kommen, so ist hiedurch bewiesen, dass bei der Vergleichung der Capitalqualitäten der Massstab der Zurechnung vom Reinertrage zu nehmen ist.

Wer sein Capital nach dem Massstabe gebraucht, in welchem er dasselbe den productiven Reinertrag beeinflussen sieht, gebraucht es gut; wer es anders gebraucht, gebraucht es schlecht. Darüber ist heute das allgemeine Urtheil einig, wie es im communistischen Staate einig sein wird. Das allgemeine Urtheil, das wir hiemit anrufen, ist aber nicht das laienhafte Urtheil des Publikums in Dingen der Theorie, sondern der reife Ausdruck der Erfahrung.*)

---

*) Wie die Theorie der Landrente, so ist auch die des Capitalzinses immer für sich besonders erörtert worden, ich meine ohne die vorangehende Erörterung der allgemeinen Regeln der Zurechnung. Indess war der Erfolg hier ein ungleich geringerer als dort; leicht begreiflich, weil es sich hier um die Hauptsache des Problems der Zurechnung, dort aber im Wesentlichen doch nur um eine auch für sich fassbare Besonderheit, die Differentialzurechnung, handelte. Das grosse Werk von Böhm-Bawerk, „Geschichte und Kritik der Capitalzinstheorien" (Innsbruck 1884), hat der gelehrten Welt klargelegt, wie unbefriedigend alle bisherigen Erklärungsversuche waren.

Ich stehe dem Verfasser durch Bande der Familie und der Freundschaft zu nahe, als dass das Lob seiner Arbeit, wenn es aus meinem Munde kommt, vor Andern Werth haben könnte. Ich beschränke mich darum auf die Bemerkung, dass ich alles, was die folgenden Blätter über den Capitalertrag und den Werth des Capitales enthalten, unter dem Einflusse seiner tiefgehenden Kritik geschrieben habe, und dass nichts von dem was etwa Gutes daran gefunden

§. 36. **Die Berechnung des Capitalertrages in der primitiven und in der entwickelten Wirthschaft.**

Die Schriftsteller, welche die Productivität des Capitales behaupten, wählen mit Vorliebe Zustände der primitivsten Wirthschaft, um ihre Meinung klar zu machen. Thünen z. B. (im „Isolirten Staat". 2. Aufl., 2. Th., 1. Abthlg., pag. 74 ff.) versetzt den Leser zu diesem Zweck in ein Land, in dem sich vorerst noch gar kein Capital befinden soll. Das Volk lebt im tropischen Klima im buchstäblichen Sinn von seiner Hände Arbeit. Ein Arbeiter ist hiebei im Stande, alljährlich seinen gesammten Jahresunterhalt, der mit 100 angesetzt wird, und ausserdem noch 10%, zusammen 110 Einheiten hervorzubringen, er kann leben und ausserdem zurücklegen. Nun gelingt es einem Manne, der ein ganzes Jahr — während dessen er sich von dem Zurückgelegten früherer Jahre erhält — hierauf verwendet, Bogen, Pfeile und Netze zu erzeugen. Er findet sich dafür belohnt, indem er, von den neuen Geräthen unterstützt, von nun an alljährlich 150 Einheiten zu gewinnen vermag, wobei er ausserdem noch Zeit findet, die Schäden, die sein kleines Capital durch den Gebrauch erleidet, wieder gut zu machen und dasselbe immer im gleichen Stand zu erhalten. Der Gesammtzuwachs seines Einkommens im Jahre beträgt daher 40 Einheiten, und dieser Zuwachs ist trotz der Verbrauchlichkeit des Capitales ein dauernder, weil das Capital nicht blos verbrauchlich, sondern eben auch wiedererzeugbar ist und fortwährend wiedererzeugt wird. Welchem Factor ist dieser Zuwachs zuzurechnen? Offenbar dem Capitale. Auf dessen Rechnung allein ist er zu setzen. Das wird sich z. B. darin äussern, dass jeder andere Arbeiter geneigt sein wird, das Capital um einen Preis zu miethen, der sich auf die Berechnung dieses ihm zu dankenden Mehrerfolges gründet.

Aehnliche Darstellungen werden auch von andern Schriftstellern gegeben. Sie sind in der That sehr geeignet, um den

werden mag, ohne diesen Einfluss hatte entstehen können. Damit verträgt es sich, dass ich gleichwohl zu andern Schlussergebnissen komme als diejenigen sind, auf welche Böhm-Bawerk, soweit aus seiner vorerst allein erschienenen kritischen Vorarbeit erkennbar ist, zu zielen scheint.

Gedanken der Productivität des Capitales in seinen allgemeinsten Umrissen klarzulegen und den Leser zu seiner Annahme zu bewegen. Dagegen leiten sie für unsere entwickelten Productionsverhältnisse fast in allen Einzelheiten irre und insbesondere erzeugen sie eine durchaus falsche Vorstellung über das Mass der Productivität.

In so primitiven Verhältnissen, als sie Thünen geschildert hat, beim allerersten Entstehen des Capitales berechnet sich der Capitalertrag mit dem ganzen Mehrbelaufe des Einkommens, den die durch Capital unterstützte Arbeit gegenüber der capitallosen gewinnt; oder anders ausgedrückt, dem Capitale wird der ganze „von seiner Mitwirkung abhängige Antheil" als „Beitrag" zugerechnet. Mit Recht. In jenen primitivsten Verhältnissen gibt es ziemlich viele Arbeitskräfte, ja gegenüber den dürftigen Arbeitsgelegenheiten fast zu viele, dagegen sind die Capitalien selten und gesucht. Viele Arbeiten müssen ohne Capitalhilfe verrichtet werden und der Vergleich zwischen den Wirkungen capitalunterstützter und capitalloser Arbeit drängt sich Jedermann von selbst auf. Er ist nicht schriftstellerisch erklügelt, sondern er wird praktisch gemacht, weil man fortwährend zwischen beiden Arten der Arbeitsverrichtung zu wählen hat.

Wie anders heute! Heute ist man praktisch nie vor diese Wahl gestellt. Niemand wird eine Production ohne Capital durchführen wollen und Niemand, ausser einem theoretisirenden Schriftsteller, wird es beifallen, den Werth des Capitales dadurch zu messen, dass er berechnet, welcher Ausfall entstünde, wenn überhaupt gar kein Capital bei der Production mitwirkte; so wenig es Jemand praktisch beifallen kann, umgekehrt den Werth der Arbeit dadurch zu messen, dass er berechnet, welcher Ausfall entstünde, wenn die Arbeit ihrerseits nicht mitwirkte. Jede Arbeit wird auf die selbstverständliche Voraussetzung hin beurtheilt, dass sie mit Capital, jedes Capital, dass es mit Arbeit in Verbindung gebracht werde. Die Production ist eben viel complicirter geworden und mit ihr die Kunst der productiven Calculation. Die einfachen Formeln von ehedem reichen nicht mehr aus und Beispiele, die auf jene einfachen Formeln hinleiten, führen irre.

Wie also setzen sich heute Capital und Arbeit auseinander? Die Antwort ist nicht zweifelhaft. Nach jener complicirten Formel, nach all jenen Regeln, die für die Ertragszurechnung überhaupt gelten.

Der „Beitrag" des Capitales bleibt heute weit hinter dem „von seiner Mitwirkung abhängigen Antheile" zurück. Während sich dieser so ziemlich mit dem Gesammtertrage der Production deckt, ist jener nur eine einzelne Quote desselben, neben den Quoten des Landes und der Arbeit.

Blos in einer Beziehung belehrt das Thünen'sche Beispiel auch über das Mass des Capitalertrages. Es macht klar, dass man dem Capitale (soferne es in gehöriger Weise verwendet wird) jedenfalls doch Reinertrag zuzurechnen habe, einen Ertrag, der trotz der Verbrauchlichkeit der Capitalstheile und trotz ihres fortwährenden Wechsels in Verzehrung und Wiedererzeugung dennoch dauernd bezogen werden kann. Das Capital, richtig verwendet, leistet mehr, als dass es blos sich selbst erneuert, es liefert überdies einen Ueberschuss, der ihm zuzurechnen ist; dieser Satz wird uns durch die Darstellung Thünen's und ähnliche Darstellungen für die primitiven Zustände der Wirthschaft unbezweifelbar, in denen die Fortschritte der Wirthschaft durch die Fortschritte der Auffindung und Ausführung der Capitalformen bezeichnet werden. Wird aber Jemand behaupten wollen, dass, was dem primitiven Capitale zukam, nicht auch dem entwickelten modernen Capitale zukommen muss?

§. 37. **Rohertragszurechnung und Reinertragszurechnung.**

Wir haben gesagt, das Capital zeige sich bei richtiger Verwendung productiv, indem es sich mit einem Ueberschuss wiedererzeuge. Dieser Satz, obwohl im Schlussergebnisse unzweifelhaft, bedarf doch noch einer wesentlichen Berichtigung.

Pfeile, Bogen und Netze, das Capital in dem soeben angeführten Beispiele Thünen's, erzeugen sie sich im trockensten Sinne des Wortes wieder? Gewiss nicht, sie verschaffen nichts als Jagdbeute und Fische, hierin erschöpft sich ihre unmittelbare nächste Wirksamkeit; nicht im mindesten bringen sie selber wieder Pfeile, Bogen und Netze hervor, noch leisten sie bei deren Hervorbringung directen Beistand. Der Ertrag, der ihnen in erster Linie zuzurechnen kommt, ist also ein Rohertrag in fremdartigen Dingen, in Dingen, aus denen sie sich nicht ersetzen, mit denen sie wohl im Werthe, aber nicht der Menge nach verglichen werden können und durch welche daher ein physischer Reinertrag nicht dargestellt ist. Aber man darf in der Betrachtung hier nicht stehen bleiben, die mittelbare Wirksamkeit des Capitales geht in der That um vieles weiter. Der einmal gewonnene Besitz von Pfeilen, Bogen und Netzen erleichtert die Bedingungen der Wiedererzeugung, wenn er auch an derselben nicht mitwirkt; er erleichtert sie durch die ausserordentliche Steigerung des Rohertrages an Wild und Fischen, in Folge deren nun weit mehr Arbeit als früher für die Capitalsbeschaffung frei ist. Daher kommt diesen Capitalgütern schliesslich im Gesammtergebnisse ein Reinertrag zuzurechnen, gerade so als ob sie sich selber unmittelbar mit einem Ueberschusse wiedererzeugten.

Die gleiche Folgerung gilt für das Capital in der entwickelten Wirthschaft, nur sind hier die Umstände um vieles verwickelter, so dass der Verlauf schwerer zu erkennen ist. Kein Capital, auch in der entwickeltsten Wirthschaft, erzeugt sich unmittelbar selber, jedes liefert stets einen fremdartigen Rohertrag, an dem sich seine Productivität physisch nicht erfassen lässt. Das Capital eines Bäckers liefert Brot, das eines Müllers liefert Mehl, das des Bauern Getreide. Damit der Bäcker sein Capital wieder vervollständige, muss er sich an den Müller und an all die übrigen Personen wenden, die ihm die Stoffe und Vorrichtungen seiner Erzeugung liefern können. Der Rohertrag jedes Capitales muss gegen Roherträge anderer Capitalien, ja gegen Erträge, die der Arbeit und dem Lande zuzurechnen sind, umgesetzt werden, damit das Capital wieder hergestellt und der Reinertrag physisch erkennbar sei. Stets findet unmittelbar nur eine Rohertragszurechnung statt, aber aus derselben folgt (so lange die Wirksamkeit des Capitales unvermindert zu denken ist und wo das Capital angemessen verwendet wird) im Schlussergebnisse, wenn auch nach den weitesten

Umwegen eine Reinertragszurechnung gerade so, als ob jedes Capital sich selber mit einem Ueberschuss wiedererzeugte.

Man pflegt in den meisten Fällen den Ertrag des ganzen in einem Geschäfte, in einer Unternehmung steckenden Capitales in einem Ansatze zusammenzufassen. Es bedarf keines Beweises, dass von dem Gesammtertrage jedem einzelnen Capitaltheilchen (dessen angemessene Verwendung vorausgesetzt) wieder sein Antheil zukommt. Jedes Capitaltheilchen erzeugt sich bei angemessener Verwendung unmittelbar einen Rohertrag in fremdartigen Gütern und schliesslich nach der gehörigen Auswechslung der Rohertragsgüter seinen Wiederersatz und einen Reinertrag. In diesem Sinne erzeugt die Maschine, das Werkzeug, der Rohstoff, der Hilfsstoff, kurz jedes Capitalgut, selbst das kleinste und das am raschesten verbrauchte und das, von dem materiell in das Product gar nichts übergeht, seinen Ersatz und einen Ueberschuss; jedes Stückchen Kohle, das zum Zwecke einer Production verbrannt wird, erschafft so angesehen schliesslich ein gleiches Stückchen Kohle und darüber hinaus noch einen verzehrbaren Reinertrag. Indem man die wiederhergestellten Capitaltheilchen wieder und immer wieder verwendet, wird jedes kleinste vergänglichste Capitaltheilchen Quelle einer dauernden Rente.*)

---

*) Bei den Umsätzen, die nothwendig sind, um an Stelle der unmittelbar gewonnenen Rohertragsgüter die Capitalersatzgüter zu beschaffen, werden die Güter selbstverständlich nach ihrem Werthe berechnet. Die Capitalgüter also nach ihrem Capitalwerth; insoferne scheint es, dass die Kenntniss des Capitalwerthes und seiner Gesetze der Reinertragszurechnung vorausgehen müsse. Nur in einem so einfachen Falle, als der Thünen's ist, kann die Reinertragszurechnung ohne vorhergehende Kenntniss des Capitalwerthes erfolgen; damit ist aber der Beweis erbracht, dass grundsätzlich die Reinertragszurechnung von der Schätzung des Capitalwerthes unabhängig ist. Praktisch allerdings ist dieser Grundsatz nicht mehr durchzuführen, sobald die Production verwickelter geworden st. Sobald die Production verwickelter geworden ist, muss aber praktisch überhaupt jede neue Calculation auf die alten bekannten gestützt werden, sonst käme man nicht zum Ende; dann setzt jede neue Werthbestimmung praktisch immer bereits alte Werthbestimmungen voraus (s. hiezu §. 23 am Schluss). So wenig hieraus der Schluss gezogen werden könnte, dass die Theorie den Werth brauche, um den Werth zu erklären, so wenig kann auch der Schluss gezogen werden, dass theoretisch der Capitalwerth die Reinertragszurechnung bedinge.

4. ABSCHNITT.

Der natürliche Werth von Land, Capital und Arbeit.

§. 38. Einleitung.

Wir greifen weit zurück. Nachdem wir uns Klarheit darüber verschafft haben, nach welchen Regeln der gemeinsam gewonnene Ertrag den einzelnen productiven Factoren zuzurechnen sei, nehmen wir die Frage nach dem Werthe der letzteren wieder auf. Das allgemeine Gesetz ist uns bereits bekannt: Der Werth des Productes bestimmt den Werth des Productivgutes. Was uns nun obliegt, ist, diesen Satz auf die besonderen Verhältnisse von Land, Capital und Arbeit anzuwenden.

Weitaus den grössten Schwierigkeiten begegnen wir hiebei am Capitale. Es scheint, dass unsere Erklärung des Capitalwerthes in völligen Widerspruch mit den Thatsachen der Erfahrung kommt. Gesetzt, ein Capital, welches ein Jahr lang in Verwendung steht und sich hiebei ganz aufzehrt, liefere am Schlusse des Jahres einen Ertrag im Werthe von 105, so wird erfahrungsmässig der Capitalwerth nicht voll mit 105 angesetzt, sondern mit einem etwas geringeren Betrage, je nach Mass des herrschenden Zinsfusses; bei einem 5% Zinsfuss z. B. mit 100. Der Rest des Ertrages wird als Reinertrag, als Zins betrachtet. Wie vereint sich das mit unserer Erklärung? Mit welchem Grunde wird dieser Abzug gemacht? Muss nicht vielmehr der volle Werth des Rohertrages ohne allen Abzug in den Capitalwerth eingehen? Aber wenn dem so wäre, wie lösen wir dann den Widerspruch mit der Erfahrung, die den Zins zeigt? Wie ist der Zins zu erklären? Oder schlösse die natürliche Schätzung den Zins aus, wäre derselbe etwa nur eine Erscheinung des Preisverkehres, die im communistischen Staate nicht wiederkehrte?

Unter den kritischen Untersuchungen Böhm-Bawerk's ist eine der geschlossensten und glänzendsten diejenige, welche er den Versuchen widmet, den Zins aus der Annahme der Productivität des Capitales abzuleiten. Böhm-Bawerk kommt in der That zu dem Ergebniss, diese Versuche seien aussichtslos. Lassen wir ihn selbst sprechen: „Es ist nicht blos ein unglücklicher Zufall, dass Keiner das lösende Wort fand, das die geheimnissvolle Entstehung des Capitalzinses aus der Productivität des Capitales aufzudecken die Kraft hat. Das lösende Wort konnte nicht gefunden werden, weil der Ausgangspunkt des Weges zur Wahrheit verfehlt ist. Es war von vorneherein ein hoffnungsloses Bemühen, aus einer productiven Kraft des Capitales den Zins ganz und voll erklären zu wollen. Ja, wenn es eine Kraft gäbe, die ebenso, wie auf dem Acker Weizen wächst, direct einen „Mehrwerth" wachsen lassen könnte! Aber eine solche Kraft gibt es nicht. Was die productive Kraft leisten kann, ist nur Schaffung von viel Product, damit auch Schaffung von viel Werth, aber nie die Schaffung von mehr Werth. Der Capitalzins ist ein Ueberschuss, ein Rest, den der Minuend „Capitalproduct" über den Subtrahend „Werth des verzehrten Capitalstückes selbst" übrig lässt. Die productive Kraft des Capitales kann ihre Wirkung darin finden, dass sie den Minuend gross macht. Aber soweit es auf sie allein ankommt, kann sie es nicht, ohne zugleich den Subtrahend ganz ebenso gross zu machen. Denn sie ist unläugbar der Grund und der Massstab auch für den Werth des Capitalstückes selbst, in dem sie liegt. Kann man mit einem Capitalstück nichts produciren, so ist es auch selbst wenig werth; kann man mit ihm viel produciren, so ist es auch selbst viel werth, und zwar immer desto mehr, je mehr man mit seiner Hilfe hervorbringen kann, je grösser der Werth seines Productes ist. Mag daher die productive Kraft des Capitales noch so gross sein, so mag sie zwar den Minuend enorm hoch heben, aber so weit es auf sie ankommt, wird der Subtrahend ganz ebenso hoch gehoben, und ein Rest — ein Ueberschuss — bleibt nicht." (Capitalzinstheorien, pag. 223 ff.)

Wenden wir uns zum Lande, so finden wir auch hier einen auffallenden Widerspruch zwischen dem, was unsere Theorie zu fordern scheint, und der Erfahrung. Das Land gibt fortlaufende Erträge bis in die fernste Zukunft, ohne Absehen — so müsste ja der Landwerth den Werth der Jahresrente nicht blos 20 oder 30mal, wie die Erfahrung zeigt, sondern um vieles öfter, unbestimmbar, unabsehbar oft in sich enthalten, er müsste vielleicht gar statt als endliche als unendliche Grösse angeschlagen werden (s. auch hierüber Böhm-Bawerk, a. a. O. pag. 77 ff.). Die gleiche Gedankenfolge eröffnet sich aber auch für den Capitalwerth. Auch das Capital verspricht bei guter Verwaltung, in unabsehbare Zukunft hinaus seinen Reinertrag zu geben — so müsste vielleicht auch der Capitalwerth als unendliche Grösse angeschlagen werden.

Man sieht, die Schwierigkeiten, die sich erheben, sind nicht gering. Wenn ich trotzdem glaube, dass sie zu überwinden sind, so vertraue ich auf die Unterstützung, die durch die Ergebnisse unserer Untersuchungen über die Zurechnung geliefert wird. Kein Schriftsteller, der den Zins aus der Productivität des Capitales abzuleiten versuchte, hatte diese Unterstützung, und auch in Böhm-Bawerk's Kritik ist sie nicht vorgesehen. Haben wir nicht in der That eine productive Kraft gefunden, die zwar nicht — wie Böhm-Bawerk fordert — „mehr Werth", aber doch — was auf dasselbe hinauskommt — „mehr Ertrag", Ueberschuss, schafft?

Wir beginnen mit dem Schwierigsten, der Theorie des Capitalwerthes. Es ist nach dem Gesagten klar, dass sie nicht ohne die Theorie des Capitalzinses entwickelt werden kann.

Fast alles, was in diesem Abschnitte entwickelt werden wird, wird übrigens durch die im folgenden zu gebenden Erörterungen über die Kosten noch seine Ergänzung finden.

§. 39. Der Werth des Capitales und der Capitalzins.
1. Die Discontirung.

Das Capital empfängt seinen Werth von seinen Früchten; wenn man daher, um den Schlussertrag einer Production zu berechnen, vom Werth dieser Früchte den Capitalverbrauch mit seinem Werthe in Abzug bringt, so muss, weil bei der Production früher oder später alles Capital verbraucht wird, sich die Rechnung auf Null stellen — es muss immer so viel abgezogen werden als der Werth der Früchte beträgt, der ja das Mass für die Bewerthung der Abzugsgrösse gibt; folglich lässt die Werthrechnung keinen Reinertrag übrig, der Capitalzins ist nicht nur nicht erklärt, sondern geradezu ausgeschlossen. Erwägt man, dass die Productivmittel sich immer und immer wieder erneuern und ohne absehbares Ende Früchte geben, so entsteht ein anderer Widerspruch gegenüber der Erfahrung, die uns den Capitalwerth nie unendlich, sondern immer endlich begrenzt zeigt.

Das sind die Bedenken, die wir aufzulösen haben, indem wir jetzt daran gehen, den Capitalwerth und Capitalzins zu untersuchen.

Um sie aufzulösen, stehen uns die Ergebnisse unserer Auseinandersetzungen über die physische Productivität des Capitales zu Gebote. Alles Capital setzt sich schliesslich in Rohertrag um, im Rohertrage erzeugt sich das Capital mit einem physischen Ueberschusse, dem Reinertrag, wieder — diese beiden Thatsachen, die wir festgestellt haben, werden uns genügen, um auch die Werthproductivität des Capitales abzuleiten und alle Widersprüche mit der Erfahrung auszugleichen.

Erstens, alles Capital setzt sich schliesslich in Rohertrag um; hieraus folgt, dass der Capitalwerth niemals über den Werth des Rohertrages hinausgehen kann. Der Capitalwerth ist hiedurch eine begrenzte, endliche Grösse, obwohl sich die Wirkungen der immer und immer erneuten Production in eine unbegrenzbare Zukunft hinaus ausdehnen. Die Materialien und Vorrichtungen, aus denen und mit deren Hilfe Brot erzeugt wird, können unmöglich mehr werth sein als das erzeugte Brot; und auch diejenigen Dinge, aus denen diese Materialien und Vorrichtungen selber erzeugt werden und die daher erst im zweiten Productionsgange Brot erzeugen, haben durch den schliesslich in Aussicht stehenden verzehrbaren Rohertrag eine unüberschreitbare Obergrenze ihres Werthes; und so alle Capitalien, wie entfernt auch ihre nächsten Erzeugnisse von der Verwendung zur Bedürfnissbefriedigung stehen mögen. Um in

Ziffern zu sprechen: wenn sich ein Capital früher oder später in einen Rohertrag vom Werthe 105 umsetzt, so kann sein eigener Werth gleichfalls nicht über 105 angeschlagen werden.

Zweitens, im Rohertrage erzeugt sich das Capital mit einem physischen Ueberschusse, dem Reinertrag, wieder; hieraus folgt, dass der Capitalwerth nicht einmal mit dem ganzen Werthe des Rohertrages angeschlagen werden kann. Das Capital stellt sich bei der Wiedererzeugung nur als ein Theil seines eigenen Rohertrages dar, folglich kann es auch nur einen Theil von dem Werthe desselben in sich aufnehmen. Wenn von dem Werthe 105 der Theilbetrag 5 auf Früchte abgeht, welche verzehrt werden können, ohne dass die volle Wiederherstellung des Capitales gestört wird, so kann nur der Rest 100 als Capitalwerth gerechnet werden. Die Aussicht, dass man diesen Restwerth 100, indem man ihn auf's Neue productiv anlegt, nach Abschluss der nächsten Productionsperiode wieder in den Rohertrag 105 umgewandelt haben wird, kann an dieser Schätzung nichts ändern, denn der auf's Neue erwartete Eingang von 105 theilt sich immer wieder — die gleichen Bedingungen vorausgesetzt — mit 100 auf das Capital und mit 5 auf den Zuwachs zum Capitale.

Rohertrag und Reinertrag sind somit die beiden gegebenen Grössen, aus denen der Capitalwerth folgt. Die ganze Schwierigkeit des Problems liegt eigentlich darin, zu erkennen, dass diese beiden Grössen gegeben sind. Wir verweisen hiefür auf die früheren Erörterungen über die Zurechnung im Allgemeinen und beim Capitale insbesondere. Besteht physische Productivität des Capitales in dem von uns behaupteten Sinne mit Rohertrags- und Reinertragszurechnung, dann folgt hieraus unmittelbar eine klare und einfache Regel für die Schätzung des Capitalwerthes.

Für das von dieser Regel geforderte Verfahren der Werthberechnung ist praktisch ein bestimmter Name in Uebung. Um den Gegenwartswerth einer (unverzinslichen) Geldforderung festzustellen, welche in Zukunft fällig ist, bedient man sich bekanntlich des sogenannten Verfahrens der Discontirung, d. h. man bringt von der künftigen Summe den üblichen Zins in Abzug. Nun, jeder Capitalwerth, nicht blos der einer Geldsumme,

sondern der jedes verbrauchlichen Productivmittels wird durch
Discontirung berechnet*, indem man vom Werthe der
künftig erwarteten Summe von Erzeugnissen, in die sich das
Capital umsetzen soll, den entfallenden Reinertrag abzieht; nur
dass bei der praktisch geübten Discontirung von Geldforde-
rungen stets ein bestimmter Zinsfuss, d. i. ein bestimmtes Verhältniss von Capitalwerth und Reinertrag vorausgesetzt und
vorgefunden wird, während wir die Bildung dieses Verhältnisses
erklären, indem wir erst die Regel für die Schätzung des Capitalwerthes aufdecken.

 Böhm-Bawerk bringt gegen Thünen, dessen Erklärung
des Zinses mit der hier gegebenen manches gemein hat, den
Einwand vor, mit welchem Rechte denn angenommen werden
könnte, dass der Werth des Rohertrages den des Capitales niemals auf sein Niveau erheben, oder dass umgekehrt der Werth
des Capitales den des Rohertrages niemals auf sein Niveau
herabdrücken werde? Wenn der Erfolg 105 mit dem Aufwand
100 zu erreichen ist, wird man nicht so lange in der Erzeugung wetteifern oder an den Schätzungen ausgleichen, bis entweder der Aufwand auf 105 oder der Ertrag auf 100 geschätzt
oder beide auf einer Mittelstufe zwischen 105 und 100 einander
gleichgebracht sind? Böhm-Bawerk erhebt, weil er nicht wie
wir von der Vorstellung eines physischen Reinertrages des
Capitales ausgeht, diese Frage mit gutem Recht; hat man aber
diese Vorstellung, so ist die Frage sofort beantwortet und erledigt. Insolange der Rohertrag gross genug bleibt, um Capital-
ersatz und Reinertrag zu geben, insolange können der Werth
des Rohertrages und der Werth des Capitales einander niemals
gleichgeschätzt werden, sondern muss immer eine Differenz, der
Werth des Reinertrages, bleiben. Diese Differenz könnte erst
verschwinden, wenn die physische Productivität des Capitales
verschwände. Die physische Productivität sichert,
solange sie besteht, dem Capitale Werthproductivität. Solange schafft das Capital auch dem Werthe
nach mehr als sich selbst: um die oben angeführten Worte
Böhm-Bawerk's wieder anzuwenden, so lange schafft es
„mehr Werth". Wenn man vom Rohertrage, um den Capital-

---

*) Vergl. hiezu Menger, pag. 135.

verbrauch in Rechnung zu stellen, den Capitalwerth abzieht, so zieht man nicht die ganze Rohertragsgrösse wieder ab, sondern der Subtrahend ist etwas kleiner als der Minuend und es muss der geforderte Rest des Zinses bleiben.

Wenn dies so richtig ist, so wird auch im communistischen Staate der Capitalwerth in solcher Weise geschätzt werden müssen, dass er nur einen Theil des Capitalrohertrages erschöpft; wenigstens insolange, als das Capital jenes wirksame Hilfsmittel der Production bleibt, welches es nach aller Erfahrung seit jeher gewesen ist. Insolange muss es folgerichtig auch im communistischen Staate einen Capitalzins geben. Die Berechnung des Capitalreinertrages und der discontirende Abzug desselben vom Capitalrohertrage, um den Capitalwerth zu ermitteln, gehören zu den natürlichen Wirthschaftscalculationen, die insolange in jeder Wirthschaft unerlässlich sind als die erfahrungsmässigen Grundbedingungen der Production in Kraft bleiben.

Ein Capital, das heute und über's Jahr denselben Rohertrag (z. B. 105) und denselben Reinertrag (z. B. 5) abwirft, wird heute und über's Jahr mit demselben Werthe (z. B. mit 100) angeschlagen. Dennoch ist es nicht gleichgiltig, ob man es von heute an oder erst über's Jahr besitzt, weil der heutige Besitz einen Zinsertrag mehr verbürgt. Es wäre daher falsch, wollte man aus der Aequivalenz des Werthanschlags von Capitalien in Gegenwart und Zukunft auf die volle wirthschaftliche Aequivalenz des gegenwärtigen und des zukünftigen Besitzes derselben schliessen. Eine gegenwärtige Summe ist immer mehr werth, als die gleich bezifferte Summe später, oder die spätere Summe ist immer weniger werth und um so weniger, je später ihr Besitz erreicht wird. Wenn ich aus 100 im Zeitraume eines Jahres 105 machen kann, so sind 100, die ich erst nach einem Jahr erhalten soll, heute nur beiläufig 95 werth. **Künftige Capitalwerthe** müssen, um auf **gegenwärtigen Werth** reducirt zu werden, ebensowohl **discontirt werden** als künftige Rohertragswerthe.

Der Leser wird sich erinnern, dass an einer früheren Stelle der Satz vertheidigt wurde, gegenwärtige und künftige Bedürfnisse, die mit einander in Concurrenz treten, seien (im Allgemeinen) gleich zu achten, d. h. der Unterschied der Zeit bedinge in der Schätzung keinen Unterschied. Zu diesem Satze fügen wir nun den zweiten hinzu, innerhalb der Production mache umgekehrt für die in derselben befangenen Güter der Unterschied der Zeit einen Unterschied der Schätzung nothwendig. Die beiden Sätze vertragen sich mit einander sehr wohl, sie ergänzen sich wechselseitig. Sollen die Bedürfnisse fortlaufend die gleiche Befriedigung finden, so müssen fortlaufend gleiche Erträge geliefert werden; sollen diese geliefert werden, so müssen die Capitalien fortlaufend in gleicher Substanz erhalten werden; werden aber in der That die Capitalien fortlaufend in gleicher Substanz erhalten, so dass sie in der That fortlaufend gleiche Erträge liefern: so muss das in einer Werthschätzung zum Ausdruck kommen, welche das Capital in einem je früheren Zeitpunkt um so höher anschlägt, weil um desto frühere und daher mehr Erträge von ihm zu erwarten stehen.

Der Geschäftsmann, der sich über seine Calculationen Rechenschaft ablegt, der seine Erinnerungen und Eindrücke prüft und sich fragt, weshalb er wohl Capitalzins berechne und wonach er wohl den Capitalwerth abstufe, wird im Wesentlichen zu den gleichen Ergebnissen gelangen, wie wir soeben gelangt sind. Der **Werth der Güter kommt von ihrem Nutzen, der Werth der Capitalgüter kommt von ihrem Nutzertrage, der Zins entspricht einem reinen Zuwachs zum Capitale, einer Frucht desselben:** das sind die von den Theoretikern so viel widersprochenen, ja verketzerten Axiome des Lebens, die jeder „Laie" in seiner Weise als die Motive bezeichnet, von denen er sich bei seinen wirthschaftlichen Operationen geleitet glaubt. Eine Theorie, der es gelungen wäre, diese Nachbilder einer vollendeten Erfahrung zu Ehren zu bringen, dem vagen Eindruck eine bestimmte Fassung und dem seiner Gründe nicht recht bewussten Dafürhalten einen guten und nothwendigen Sinn zu geben, hätte ein Zeugniss für sich, das von keinem andern übertroffen werden könnte.

§. 40. Fortsetzung. 2. Der Zinsfuss.

Zins ist der Capitalertrag, wenn er mit seinem Werthe im Verhältniss zum Capitalwerthe gedacht wird. Das Verhältniss zwischen Capitalwerth und Zins lässt sich, wenn es im einzelnen

Fall festgestellt wird, als **Zuwachspercent** bezeichnen, als **Zinsfuss** ist es erst dann zu bezeichnen, wenn es für eine grosse Anzahl zusammengehöriger Fälle gilt. Der Zinsfuss ist das allgemeine Zuwachspercent aller Capitalien eines Marktes.

Dass in einem und demselben Productionsgebiete ein allgemeines Zuwachspercent entsteht oder doch immer angestrebt wird, ist die Folge der wechselseitigen Verbindungen unter den Productionen. In Folge der verhältnissmässig grossen Freiheit, die man in der Wahl der Widmung der meisten Capitalien, Arbeiten und Grundstücke hat, ist es fast immer möglich, jede einzelne Production auf Kosten anderer auszudehnen oder zu Gunsten anderer einzuschränken. Von dieser Möglichkeit wird man Gebrauch machen, sobald sich und je nachdem sich in den einzelnen Productionen ein besonders günstiges oder ein besonders ungünstiges Zuwachspercent zeigt. Ueberall das günstigste Zuwachspercent aufsuchend und nach dem Ausgleich aller Differenzen strebend, wird man, so weit die Productionen unter einander communiciren, ein allgemeines Zuwachspercent schaffen oder doch immer zu schaffen verlangen.

Diejenigen Einrichtungen, die heutzutage am meisten zur Ausgleichung des Zinsfusses beitragen, sind die Geldmärkte, auf denen die Hauptmassen der Geldcapitalien verliehen werden. Auf den Geldmärkten wird zunächst zwar nur der Darlehenszins bestimmt, aber der Stand des Darlehenszinses wirkt schliesslich auf den productiven Ertrag, indem er die Ausdehnung der Productionen insoweit beeinflusst, als diese mit creditirten Capitalien betrieben werden. Indess nicht blos die Leihcapitalien, sondern auch die im persönlichen Vermögen der Unternehmer stehenden sind in fortwährender Bewegung nach den höchsten Zuwachspercenten hin. Im communistischen Staate würde alles Capital dem einzigen Unternehmer, dem Staate, zugehören; Productionscapitalien würden nicht mehr verliehen und die Beeinflussung des Zuwachspercentes der Productionen durch den Darlehenszins hätte ein Ende. Aber dafür wäre die Verschiebung der Capitalien von einer Production zur andern um so freier, weil sie nicht mehr durch die Schranken behindert wäre, welche die Verhältnisse des Privateigenthums heute ziehen.

Es ist bekannt, dass der Zinsfuss trotz der Tendenzen, ihn auszugleichen, doch niemals wirklich gleich ist. Hauptsächlich rührt dies daher, dass die Einheit der Production keine völlige ist. Nirgends gibt es einen einheitlichen Geldmarkt und noch viel weniger besteht eine einheitliche Leitung der productiven Geschäfte. Der Individualismus der heutigen Wirthschaftsordnung trennt die Production in einzelne Unternehmungen. Allerdings ordnen sich dieselben unter der Gewalt des Triebes nach Erwerb und der Concurrenz in ein zusammenhängendes Gefüge, welches einigermassen die Anordnung verwirklicht, die ein idealer Productionsplan vorzeichnen müsste. Aber doch an wie vielen Punkten bleiben weite Lücken, wie viele Stauungen entstehen durch übermässige Anhäufung der Productivmittel an andern Orten, wie vieles wird überhastet, wie vieles geht nicht rasch genug! Das Missverhältniss ist um so stärker, je entferntere Gruppen mit einander verglichen werden. So mögen die einzelnen Glieder der landwirthschaftlichen Production gegen einander verhältnissmässig mehr in Harmonie gebracht sein, als z. B. die Landwirthschaft im Ganzen gegenüber der Industrie. Die Uebergänge von der Landwirthschaft zur Industrie und umgekehrt werden zu selten gemacht, als dass das richtige Gleichgewicht zwischen ihnen hergestellt werden könnte.

Die Folge hievon ist, wie gesagt, die Verschiedenheit der Zuwachspercente in den einzelnen productiven Gruppen. Es braucht nicht hervorgehoben zu werden, dass jede Zinsfussdifferenz, die diesen Grund hat, von Nachtheil ist. Jede derartige Differenz bedeutet eine Verletzung der obersten Regel der Güterverwendung: die günstigsten Verwendungen zuerst vorzunehmen und ungünstigere nur in dem Masse zuzulassen, als es an günstigeren fehlt. Man begnügt sich in einer Gruppe mit geringeren Zuwachspercenten, während in andern noch höhere erreicht werden könnten. Die nachtheiligen Folgen beschränken sich keineswegs auf den Gebrauch der Capitalien, sondern sie gehen noch weiter, indem auch die Erzeugung der Capitalien irregeleitet wird. Capitalien geringeren Zinses werden zahlreicher erzeugt als sie erzeugt werden dürften, Capitalien hohen Zinses werden seltener erzeugt, als sie erzeugt werden sollten.

Umgekehrt ist die Uebereinstimmung der Zuwachspercente, wo sie besteht, ist der einheitliche Zinsfuss, wo er besteht, ein Beweis ökonomisch wohl abgewogener Capitalgebahrung. Es ist der Beweis dafür, dass die ökonomisch gebotene Grenze der Capitalverwendung allenthalben gleichmässig eingehalten ist, dass nirgends ein Zurückbleiben, nirgends eine Ueberschreitung vorkommt. In der Vorschrift, die Capitalverwendungen dem Zinsfusse entsprechend einzurichten und alle diejenigen zu unterlassen, welche die übliche Verzinsung nicht einbrächten, ist das **Grenzgesetz für alle verschiedenen Capitalsorten einheitlich zusammengefasst**. Der Reinertrag ist eine bestimmte Quote des Rohertrages, und wenn man die Reinertragsquote controlirt, controlirt man damit die Capitalgebahrung überhaupt.

Im communistischen Staate würden mit der einheitlichen Leitung der Production die Differenzen der Zuwachspercente verschwinden, so weit sie durch die Zerstreutheit unserer Production verursacht sind. Freilich blieben auch dann noch gewisse Differenzen übrig, nämlich alle diejenigen, die durch productive Verschiebungen nicht mehr ausgeglichen werden könnten. Ueber ein gewisses Mass hinaus lässt sich, der Natur der Sache nach, wegen der Verschiedenartigkeit der Eignungen der Dinge, keine Erzeugung auf Kosten der andern steigern, unter ein gewisses Mass herab lässt sich aus dem gleichen Grunde keine zu Gunsten der andern einschränken. Das landwirthschaftliche Capital liesse sich nie ganz in die Gewerbe, das gewerbliche nie ganz in die Landwirthschaft übertragen. Was zeigt nun aber die Beobachtung? Gerade derartige Differenzen, die ganz unbehebbar erscheinen, werden immer beseitigt — durch ein Mittel, welches auch dort noch zulässig ist, wo productive Verschiebungen nicht mehr zulässig sind, nämlich durch Berechnung.

Wie dies geschieht und welcher Sinn hierin liegt soll jetzt gezeigt werden.

§. 41. Fortsetzung. 3. Das Gesetz der einheitlichen Berechnung des Zinsfusses.

Ein Capital, welches in einer einjährigen Productionsperiode sich in einen Rohertrag von 105 umsetzt, wird mit dem Werthe 100 angeschlagen, wenn im Allgemeinen ein 5%iger

Zinsfuss gilt; der Rest von 5 ist Reinertrag. Steigt der Rohertrag dieses Capitales plötzlich sehr stark, z. B. bis auf 126 — während der allgemeine Zinsfuss unverändert bleibt — so scheint es zunächst, dass die Steigerung, welche eingetreten ist, den Reinertrag berühren müsste, so dass dieser statt wie bisher mit 5 von nun an mit 26 zu berechnen wäre. Wird in der That so gerechnet? In einem gewissen Falle allerdings, nämlich dann, wenn die Steigerung als eine einmalige betrachtet wird. Wird sie aber als dauernd betrachtet, so wird anders gerechnet. Zwar rechnet sich der Eigenthümer auch dann den ganzen Zuwachs von 26 als Gewinn an, aber er vertheilt denselben mit 20 auf das Capital und mit 6 auf den Reinertrag. Er wird von nun an sein Capital mit 120, daher auch den Capitalverbrauch mit 120 und den Reinertrag nur mit 6 berechnen, so dass er nicht ein Zuwachsprocent von 26, sondern dem allgemeinen Zinsfusse entsprechend nur ein solches von 5 annimmt.*)

Würde umgekehrt der Rohertrag eines Capitales dauernd sinken, während der Zinsfuss unverändert bleibt, so wird ein Theil des Verlustes am Capitalwerth abgeschrieben, derart, dass das Verhältniss von Capitalwerth und Reinertrag wieder dem allgemeinen Zinsfuss entspricht.

In dieser Weise geschieht es, dass dort, wo productive Verschiebungen nicht mehr zulässig sind, durch Berechnung die individuellen Zuwachsprocente einzelner Capitalien nach Mass des allgemeinen Zinsfusses regulirt werden.

*) In dem gegebenen Beispiel ist 1. umlaufendes Capital vorausgesetzt und 2. solches, dessen Werth nicht durch billigere Erzeugungskosten auf ein tieferes Niveau herabgedrückt wird; etwa ein Rohstoff selteneren Vorkommens. Falls Erzeugnisse aus Elfenbein stärker begehrt werden sollten, während das Elfenbein nicht in grösseren Mengen geliefert werden kann, so wird dasselbe im Werthe steigen. Die Unternehmungen, welche Elfenbein verarbeiten, erfahren dadurch einerseits wohl eine Steigerung ihres Rohertrages, aber andrerseits auch wieder eine solche der Abzugspost für Capitalsverbrauch, die sie in ihre Gewinnstrechnung einsetzen müssen. Schliesslich bleibt ihnen zwar ein höherer Reinertrag, aber doch nur im Verhältniss des gesteigerten Capitalaufwandes.

Für stehendes Capital, sowie für solches, dessen Werth durch die Herstellungskosten beeinflusst wird, ist eine viel complicirtere Rechnung zu machen. Ich muss es dem Leser überlassen, mit Rücksicht auf die im Folgenden entwickelten Grundsätze der Bewerthung des stehenden Capitales und des Kosteneinflusses die entsprechenden Modificationen durchzudenken.

Entscheidend ist immer der Zinsfuss derjenigen productiven Gruppe oder desjenigen Marktes, wohin das betreffende Capital zugehört.

Der Sinn dieser Rechenoperation ist leicht zu verstehen. Ein Capital, das sich mit 26% und eines, das sich mit 5% verzinst, sind einander nicht äquivalent, auch wenn sie beide mit der gleichen Summe beziffert sind. Aequivalent sind einander nur gleiche Capitalien gleichen Zinsfusses. Mit Capitalsummen kann man daher nur dann ohneweiters, d. h. ohne Rücksicht auf die Verzinsung rechnen, wenn der Zinsfuss derselbe ist. Das ist der Grund, weshalb man den Zinsfuss dort, wo er nicht gleich zu machen ist, wenigstens gleich rechnet, indem man die Differenzen auf den Capitalwerth verschiebt und dort zum Ausdruck bringt.

Ein 3%iges und ein 6%iges Rentencapital von 100 sind einander nicht äquivalent; man macht sie gegen einander rechenbar, indem man entweder das 3%ige mit 6% rechnet und dabei auf 50 herabsetzt oder umgekehrt das 6%ige mit 3% rechnet und dabei auf 200 erhöht.

Es wäre behufs Erleichterung der Calculation höchst erwünscht, wenn der Zinsfuss allgemein, auf allen Märkten, in allen productiven Gruppen derselbe wäre, indess er ist eben verschieden und das ist eine Thatsache, die hingenommen werden muss. Wenn der Zinsfuss für Hypothekardarlehen 6% und der Wechselzinsfuss 3% beträgt, so liegt das daran, dass die beiden Darlehensmärkte von einander getrennt sind und Angebot und Nachfrage des einen sich nicht oder nur in geringem Grade der Nachfrage und dem Angebote des andern annähern. Dieser Mangel an Berührungen, der den Ausgleich des Zinsfusses unmöglich macht, macht ihn indess auch minder nothwendig; erst wenn Capitalien von einem Markte auf den andern übertragen würden, würde die Differenz der Zinsfüsse für die Capitalbewerthung praktisch wichtig. Anders liegt die Sache auf demselben Markte. Hier werden Capitalien fort und fort gegen einander geschätzt und hier wird die Verschiedenheit der Zuwachsprocente denn auch nicht geduldet. Entweder überwindet man sie durch Regelung der Production oder wo das nicht mehr angeht, durch Rechnung. Im communistischen Staate, wo alle

Capitalien einheitlich verwaltet würden, wäre es ein selbstverständlicher Rechnungsbehelf, die individuellen Zuwachsprocente alle nach dem allgemeinen Zinsfuss zu reguliren.

Wir werden sofort noch mehrere Anwendungen des Grundsatzes kennen lernen, den Zinsfuss, wenn thunlich, einheitlich zu berechnen.

§. 42. Fortsetzung. 4. Der Wechsel des Zinsfusses.

Wenn der Werth der Leistung irgend eines einzelnen Capitalgutes, z. B. eines Rohstoffes oder einer Maschine steigt oder fällt, so ist soeben gezeigt worden, dass diese Thatsache sich in einer entsprechenden Erhöhung oder Verringerung des Capitalwerthes des betreffenden Gutes ausdrückt. Der zugerechnete Reinertrag verändert sich allerdings mit, aber nur so viel, dass er wieder in jenes Verhältniss zum Capitalwerthe gebracht ist, welches der üblichen Verzinsung entspricht.

Damit das allgemeine Zuwachsprocent, damit der Zinsfuss steige oder sinke, sind Veränderungen umfassender Art im Ertrage der grossen Masse der Capitalien nothwendig, durch Veränderungen im Vorrath, im Bedarf, in der Technik, kurz in einem der Motive der Zurechnung hervorgebracht. Ein allgemeines Steigen des Capitalrohertrages, durch eine grossartige überallhin wirksame Erfindung erzeugt, müsste den Capitalreinertrag und dessen Verhältniss zum Capitalwerth oder den Zinsfuss allgemein steigen machen; der Capitalwerth könnte dabei ganz unverändert bleiben. Nur diejenigen Capitalien, die an der Wirkung der Erfindung keinen Theil hätten, die sich darin individuell von der allgemeinen Masse absonderten, müssten jedenfalls in ihrem Werthe betroffen werden. Von dem inmitten der allgemeinen Steigerung unverändert gebliebenen Belaufe ihrer Leistung müsste, dem nun höheren Zinsfusse entsprechend, ein stärkerer Discontabzug gemacht werden, um den Capitalwerth zu berechnen. Angenommen, der Zinsfuss stiege plötzlich von 3% auf 6%, so muss der Werth aller Capitalien entsprechend niedriger taxirt werden, deren Rente unverändert geblieben ist.

Wir haben die Wirkung, welche die einzelnen Motive der Zurechnung auf die Capitalbeiträge hervorbringen, ausführlich genung besprochen, dass hienach die Regeln für den Wechsel des Zinsfusses mit Leichtigkeit abgeleitet werden können.

Eine einzige Bemerkung sei noch gestattet. Es ist ein viel berufener Satz, dass die Zunahme des Capitalreichthumes den Zinsfuss sinken mache. Dieser Satz ist nur mit einer gewissen Einschränkung wahr, nämlich nur dann, wenn man die Zunahme des Capitalreichthums so versteht, dass die Menge anwächst, ohne dass gleichzeitig die Mannigfaltigkeit grösser wird. Die Zunahme der Mannigfaltigkeit der Capitalien ist gleichbedeutend mit einem technischen Fortschritt, sie ist eine jener Thatsachen der Wirthschaftsgeschichte, die am meisten hervorgehoben werden müssen, wenn der Unterschied zwischen primitiver und entwickelter Production klar gemacht werden soll. So kommt ihr denn auch die Wirkung jeder technischen Errungenschaft zu, den Werth der Capitalleistungen im Einzelnen, und wenn sie umfassend genug ist, auch den Zinsfuss zu steigern. Erst dann, wenn der qualitativ errungene Fortschritt quantitativ ausgenützt wird und in den neu aufgekommenen Capitalarten die Vorräthe vermehrt werden, ohne dass neue Arten weiter hinzukommen, erst dann, wenn sich die Productionen in den neu zugewiesenen Schranken wieder füllen, hat die Steigerung des Reichthums die Wirkung, zunächst den Werth der Leistungen im Einzelnen und sodann, bei genügend grossem Umfang der Erscheinung, auch den Zinsfuss sinken zu machen.

Ueberblickt man den Wechsel des productiven Zinsfusses im Laufe der ganzen Wirthschaftsgeschichte, so bemerkt man ein unaufhörliches Auf- und Abschwanken, je nachdem gerade productive Fortschritte gemacht oder die Grenzwerthe der neuen Errungenschaften durch nachfolgenden Capitalzuwachs wieder herabgedrückt wurden. Durch diese unaufhörlichen Schwankungen gehen aber grosse Grundtendenzen durch, die freilich durch entgegengesetzte Tendenzen des Consumtivzinsfusses gestört werden. Die Geschichte der Wirthschaft beginnt mit einer fast capitallosen Zeit, Zeit des Nullpunktes für den Capitalbesitz, wie für den Capitalertrag. Von da an heben sich beide, Besitz und Ertrag, absolut gemessen, fort und fort, so lange die Wirthschaft gedeiht und nicht etwa der absteigende Ast der Werthbewegung erreicht wäre. Die Relation beider, der Zinsfuss, steigt gleichfalls vom Anfang an und fängt erst später an abzunehmen, wenn man beginnt, sich dem absteigenden Ast der Werthbewegung zu nähern.

§. 43. Fortsetzung. 5. Die Schätzung des stehenden Capitales.

Wir haben bisher keine Rücksicht auf den Umstand genommen, dass viele Capitalien — alle diejenigen, welche man stehende nennt — sich nicht schon in einem einzigen Ertrage erschöpfen, sondern indem sie nach einander an mehreren ja vielen Productionsgängen mitwirken, mehrere ja viele Erträge liefern, bis sie endlich abgenützt sind. Wir durften diesen Umstand bisher vernachlässigen, denn er ist für das Princip der Capitalbewerthung, das wir zunächst festzustellen hatten, ohne Wichtigkeit. Nun aber, nachdem wir das Princip gewonnen haben, müssen wir uns auch mit ihm beschäftigen. Wir finden durch ihn die Sachlage nicht wesentlich verändert, aber allerdings um vieles verwickelter.

Statt eines einzigen künftigen Ertrages sind es beim stehenden Capitale eben mehrere oder viele, deren Gegenwartswerth durch Discontirung zu bestimmen ist. Wenn eine Maschine durch 10 Jahre leistungsfähig bleibt, so sind alle 10 Jahresleistungen, die ihr zuzurechnen kommen, auf den heutigen Werth escomptirt zu summiren, um ihren Capitalwerth zu erhalten. Selbstverständlich ist jede spätere Rate, da der Discontabzug im Verhältniss zum Fälligkeitstermine zu machen ist, mit einem um so geringeren Gegenwartswerth anzuschlagen. Ausserdem sind Complicationen noch dadurch verursacht, dass an stehenden Capitalien häufig während der Dauer der Benützung Reparaturen, Reconstructionen oder umfangreichere Neuherstellungen gemacht werden; der hiefür erforderliche Aufwand muss — selbstverständlich mit Rücksicht auf den Zeitpunkt, in welchem er erwartet wird — in Abzug gebracht werden. Noch andere Complicationen endlich sind durch die mit der zunehmenden Benützungsdauer anwachsende Unsicherheit gegeben, ob denn die für künftig erwarteten Erträge auch thatsächlich eingehen werden. Auch hiefür sind besondere Abzüge zu machen, die am einfachsten dort zu machen sind, wo man sich gegen die Gefahr der Ertragskürzung versichern kann.

Bei solchen stehenden Capitalien, die sich nur sehr langsam abnützen und daher ausserordentlich viele Erträge geben, wird häufig statt des Verfahrens der Discontirung das der Capitalisirung gebraucht. Bevor wir von diesem sprechen, muss aber noch eine andere ziemlich schwierige Frage wenigstens berührt werden.

Es handelt sich nämlich noch um die Art der Verrechnung der einzelnen Rohertragsraten auf Zins und Abnützung. Wenn eine Maschine 5 Jahre leistungsfähig bleibt und jährlich 1000 fl. verdient, so ist dieser jährliche Eingang nach einer gewissen Regel auf Zins und Abnützung (Amortisation) aufzutheilen. Um diese Regel zu finden, stellt man sich die einzelnen Ertragsraten am besten als Annuitäten vor. Die ersteinkommende Rate muss den gesammten Capitalwerth für das erste Jahr verzinsen, was darüber einkommt ist Capitalsrückzahlung, die zweite Rate hat den nach Abzug dieser Rückzahlung noch erübrigenden Capitalswerth zu verzinsen, der Rest, der nun grösser sein muss, dient zur weiteren Rückzahlung u. s. f., bis endlich das ganze Capital rückersetzt und für alle Capitalstheile je nach der Zeitdauer ihrer Verwendung die Verzinsung geleistet ist. Der Grund, weshalb so gerechnet werden muss, liegt schliesslich im Gesetze der einheitlichen Berechnung des Zinsfusses.*)

§. 44. Fortsetzung. 6. Die Capitalisirung.

Der Zins ist immer ein aliquoter Theil des Capitalwerthes, der Capitalwerth immer ein Vielfaches des Zinses. Bei einem 5% Zinsfuss z. B. ist der Zins $1/20$ des Capitalwerthes und

---

*) Auf Grund der oben angegebenen Ziffern berechnet sich der Werth der Maschine, indem man die zu erwartenden fünf Jahresraten pr. 1000 fl. mit Zins und Zinseszins auf die Gegenwart escomptirt, einen 5% Zinsfuss vorausgesetzt, mit 4329 fl. 48 kr. Die erste Rate pr. 1000 zahlt die 5% Zinsen dieses Capitales mit 216 fl. 47 kr., während der Rest pr. 783 fl. 53 kr. auf Rückzahlung aufgeht, wonach noch ein Capitalsbestand pr. 3545 fl. 95 kr. verbleibt. Von der zweiten Rate entfällt auf Zins 177 fl. 30 kr., auf Tilgung 822 fl. 70 kr., von der dritten ebenso 136 fl. 16 kr. und 863 fl. 84 kr., von der vierten 92 fl. 97 kr. und 907 fl. 3 kr., endlich von der fünften 47 fl. 62 kr. und 952 fl. 38 kr., wonach das ganze Capital getilgt ist.

dieser das 20fache des Zinses. Diese Wahrnehmung gibt die Möglichkeit, den Capitalwerth statt durch Abzug des Zinses vom Rohertrag durch ein zweites genau zum gleichen Ergebnisse führendes Verfahren, nämlich durch entsprechende Vervielfachung des Zinses oder wie man gewöhnlich sagt, durch Capitalisirung zu bestimmen. Es wird von den Umständen abhängen, ob man lieber discontirt oder capitalisirt. Beim umlaufenden Capitale wird man discontiren, denn hier ist der Rohertrag die nächste und klarste Basis. Beim stehenden Capitale wird man, wenn die Abnützung ziemlich rasch geht und die Anzahl der zu discontirenden Roherträge gering ist, gleichfalls discontiren; ist dagegen eine sehr lange Reihe von Roherträgen in Aussicht, so wird man lieber capitalisiren.

Die Capitalisirung ist am leichtesten dann zu vollziehen, wenn der Rohertrag gar keine Abnützungsquote in sich enthält, wenn er also ganz Reinertrag ist; das wäre der Fall bei einem Capitale ewiger Dauer, welches eine ewige Rente verspräche und noch dazu eine Rente von vollkommener Sicherheit. Die Operation der Discontirung einzeln durchzuführen, wäre hier äusserst mühsam, Jahresrente für Jahresrente müsste für sich berechnet werden, bis man endlich zu derjenigen gelangte, deren Gegenwartswerth Null ist; dann erst hätte die Rechnung ein Ende. Um wie viel einfacher ist es hier, die Jahresrente entsprechend dem Zinsfuss zu vervielfachen. Das Ergebniss, welches man hiebei erhält, stimmt mit dem Ergebniss des ersteren mühsameren Verfahrens nicht blos beiläufig, sondern mathematisch genau zusammen. Jedes Lehrbuch der Mathematik bestätigt dies. Die mathematische Formel für die Discontirung einer ewigen Rente ist eben die Formel der Capitalisirung.

Etwas verwickelter ist die Rechnung, wenn die Roherträge Abnützungsquoten in sich enthalten und wenn aus ihnen Reparaturen u. dergl. gedeckt und Versicherungs- oder Wagnissprämien zurückgehalten werden müssen. In solchem Falle müssen, was im Einzelnen oft sehr schwierig ist, erst alle erforderlichen Abzüge vom Rohertrage gemacht werden, bis man den capitalisirbaren Reinertrag erhält. Die genannten Prämien werden übrigens häufig nicht abgezogen, sondern die Grösse des Wagnisses kommt blos im Zinsfusse zum Ausdruck, der angewendet wird. Der

Ertrag eines Geschäftes z. B., das als minder solid gilt, wird auf Grund eines höheren Zinsfusses, d. h. mit einem minderen Vielfachen capitalisirt.*)

§. 45. Anhang. 7. Der Zins im Consumtivdarlehen und bei Vermiethungen.

Die bisher dargestellten natürlichen Regeln der Schätzung des Capitalwerthes und des Zinses beziehen sich blos auf Verhältnisse der Production: es fragt sich, ob nicht auch dem Zinse, der im Consumtivdarlehen gegeben wird, sowie dem Zinse bei Vermiethungen von Wohnhäusern u. dergl. ein natürlicher Zins entspricht.**

Die Beweggründe eines Schuldners, der ein Darlehen aufnimmt, um es zur Deckung persönlicher Ausgaben zu verwenden, sind andere als die eines Unternehmers, der borgt, um seinen Geschäftsfond zu vermehren. Der Unternehmer hofft Zins und Rückzahlung aus dem Ertrage der geliehenen Summe leisten zu können, ein anderer Schuldner kann dies nicht hoffen, sondern muss darauf vertrauen, dass es ihm möglich sein werde, seine Schuld an Capital und Zins aus andern Einnahmen zu decken. Er leiht, weil er gegenwärtig Güter braucht und nicht hat, während er sie in Zukunft zu haben und nicht im gleichen

---

*) Alle von uns abgeleiteten Einzelregeln der Berechnung von Capitalwerth und Zins werden praktisch befolgt, sind uns praktisch vertraut. Auch theoretisch werden sie häufig gelehrt Aber sie werden immer befolgt und gelehrt unter der Voraussetzung, dass die Thatsache des Zinses und eine bestimmte Grösse des Zinsfusses gegeben seien. Nichts einfacher z. B., als unter dieser Voraussetzung eine Rente zu capitalisiren oder das Verfahren der Capitalisirung zu lehren. Die Theorie hat die Aufgabe, jene Regeln abzuleiten und gleichzeitig zu erklären, weshalb jene Voraussetzungen gemacht werden dürfen. Woher kommt der Zins? woher der Zinsfuss? Das sind unsere Grundfragen. Alle Einzelregeln, die wir erörtert haben, sind theoretisch nur dann gesichert, wenn es uns gelungen sein sollte, auch die Voraussetzungen, von denen sie abgeleitet werden, den Zins und Zinsfuss zu erklären.

Die folgende Auseinandersetzung über den Werth des Landes wird dem Leser noch einmal Gelegenheit zu der Wahrnehmung geben, wie schwer es fällt, in dieser Materie den Zirkelerklärungen zu entgehen und keine Vorraussetzung der Erklärung zuzulassen, die selbst der Erklärung bedarf.

**) Ueber einen weiteren Fall des Zinses siehe §. 59 am Schlusse.

Masse zu brauchen erwartet — oder weil er sich wenigstens mit der Hoffnung dieses Ausganges betrügt. In gewissem Sinne sind somit productiver und consumtiver Zins des gleichen Ursprungs. Bei beiden handelt es sich um einen Unterschied in der Schätzung gegenwärtiger und zukünftiger Güter, nur dass es jeweils andere Ursachen sind, die den Unterschied erzeugen. Im Falle der productiven Anlage eines Capitales ist es die Productivität des Capitales, die die Sachlage in der Zukunft anders gestaltet, als sie gegenwärtig ist, im Falle des Consumtivdarlehens sind es zufällige, persönliche Umstände, die zufällige Anhäufung von Bedürfnissen und Ausgaben, zufällige Störungen in den Einnahmen u. dergl., die den Unterschied der Situationen ausmachen. Ein Mann, der gerade in einer drückenden Nothlage ist, handelt vernünftig, wenn er dem, der ihm aus derselben durch einen Vorschuss heraushilft, für späterhin, wo er reichliche Mittel zu besitzen verhofft, nicht blos die Rückerstattung des Vorschusses, sondern auch einen Ueberschuss, einen Zins zu zahlen verspricht. 105 über's Jahr mögen ihm weniger werth sein als 100 im Augenblick; er könnte vielleicht 150, 200 und mehr versprechen und noch immer nicht unvernünftig handeln. Damit er einen Gläubiger finde, der ihm aushilft, ist indess nöthig, dass nicht alle Personen sich augenblicklich in der gleichen Nothlage und künftighin in der gleichen besseren Lage, wie er, befinden. Es muss Leute geben, die für den Augenblick Mittel entbehrlich haben. Hieraus folgt, dass in einer ganz einheitlichen Wirthschaft, wie sie im communistischen Staat bestünde, die Voraussetzungen für den Consumtivzins fehlen, indem alle physischen Personen zusammen nur ein einziges Wirthschaftssubject bilden und immerfort entweder derselben Nothlage oder desselben besseren Standes wirthschaftlicher Wohlfahrt theilhaftig sind.

Der Zins, der bei Vermiethungen von Wohnhäusern und dergleichen Gegenständen des Gebrauchsvermögens erzielt wird, ist im Durchschnitt von solcher Grösse, dass der Eigenthümer während des Bestandes des Wohnhauses den Zins vom Baucapitale geniessen und ausserdem sein Baucapital amortisiren kann, so dass er das Haus, nachdem es baufällig geworden ist wieder aufzubauen im Stande ist; kurz, es ist ihm im Durchschnitt ein dauernder Reinertrag in der Höhe des landesüblichen Zinses vom Baucapitale gesichert. Während der im Darlehen ausbedungene Zins lange Zeit hindurch gesetzlich verpönt und von den Theoretikern heftig angefochten wurde, fand man am Zinse vom Gebrauchsvermögen nichts auszusetzen. Dieser galt immer als billig. Der Eigenthümer, der einem Andern seinen Besitz dauernd überliess, sollte hiefür auch ein dauerndes Entgelt beanspruchen dürfen. Sieht man indess genau zu, so kehren sich die theoretischen Argumente, die gegen den Darlehenszins vorgebracht werden, auch gegen den Miethzins, so weit dieser mehr leistet als die Baukosten zurückzuzahlen. Wenn die Geldstücke „unfruchtbar" sind, so ist es auch das Gebäude. Es ist insoweit nicht einzusehen, warum es seinem Eigenthümer ein Reineinkommen verdienen sollte, das den physischen Bestand des Hauses überdauert. Behielte der Eigenthümer sein Haus zum eigenen Gebrauche, so hätte er, nachdem es baufällig geworden, nichts mehr von ihm im Vermögen, als etwa die Materialien ausmachen — ist es nicht eine zu harte Bedingung, dass ihm der Miether das Haus wieder aufbauen muss?

Um die Rechtfertigung der herkömmlichen Höhe des Miethzinses zu finden, muss man etwas weiter zurückgehen, bis auf die Thatsache, dass die Gebrauchsgegenstände, die vermiethet werden, erzeugt werden müssen. Sollen sie erzeugt werden, so muss aber ihr Werth die volle dauernde Erhaltung des Unternehmungscapitales nebst dem üblichen Capitalertrage in Aussicht stellen, mag nun der Werth wie immer, durch Verkauf oder durch Vermiethung realisirt werden. Man würde nicht auf Vermiethung bauen, wenn die Aussichten dieses Unternehmens schlechter wären, als die jedes andern; daher muss sich der Miethzins auf den üblichen Stand des Capitalzinses stellen. Es ist dies eine Anwendung des Kostengesetzes (s. unten den 5. Abschnitt), wobei der übliche Capitalzins mit in die Kosten gerechnet ist. Wie in allen Fällen, sichert auch in diesem die Kostenrechnung die vollste wirthschaftliche Eintheilung der Güterverwendungen. Je genauer das Reineinkommen aus der Vermiethung von Wohnhäusern mit dem landesüblichen Zinsfuss zusammentrifft, um so genauer ist die Erbauung von Wohnhäusern und die Befriedigung des Wohnungsbedürfnisses dem allgemeinen Stande der Erzeugung und der Bedürfnissbefriedigung angepasst. Würde man sich z. B. bei Häusern mit einem aussergewöhnlich niedrigen Ertrage begnügen, so wäre das gleichbedeutend mit einer unverhältnissmässig reichlichen Befriedigung des Wohnungsbedürfnisses, die aus dem allgemeinen Plane der Wirthschaft herausträte und mit anderweitigen Einschränkungen erkauft werden müsste.

Auch in einer ganz einheitlichen Volkswirthschaft, in welcher der Gegensatz von Eigenthümern und Miethern aufgehoben wäre, müsste man nach wie vor darauf Bedacht nehmen, den Bau von Häusern dem allgemeinen Stande der Production und des Genusses anzupassen und insoferne mögen Analogien zum Miethzinse gedacht werden in einer Werthberechnung des Wohnungsgenusses, die eine gleich vollkommene Controle des Aufwandes durch den Erfolg gäbe, als sie der Miethzins zu geben im Stande ist.

§. 46. Der Werth des Landes.

Der Landwerth wird — nach der gleichen Regel wie der Werth einer ewigen Rente — berechnet, indem man die Landrente capitalisirt. Das ist ein Satz, der uns heute als selbstverständlich gilt. Er war es indess nicht immer, er konnte es nicht immer sein. Um zu capitalisiren, braucht man einen gegebenen Zinsfuss; damit ein Zinsfuss gegeben sei, braucht man — Capital. Die Landrente capitalisiren, heisst dieselbe nach Regeln vervielfachen, die, wie schon der Name sagt, von der Schätzung des Capitales hergenommen sind.

Man denke sich einen idealen Zustand der Bewirthschaftung des Bodens ganz ohne Capital. Das Land liefere Früchte aller Art und in grossen Mengen. Da lässt sich der Werth jeder Frucht genau schätzen, der Werth jeder Ernte lässt sich genau schätzen, die Landrente kann genau fixirt werden, aber es bietet sich kein Mittel dar, um mit Sicherheit zu entscheiden, wie viele Renten zusammen genommen werden müssen, um den Landwerth zu geben.

Warum bietet sich beim Lande kein solches Mittel dar, während man es beim Capitale besitzt? Sehr einfach. Das Capital erzeugt im Rohertrage sich selber wieder als einen Theil desselben. Daher ein festes Verhältniss zwischen den beiden „Bekannten", Rohertrag und Reinertrag, und der „Unbekannten" Capitalwerth, das den Massstab der Capitalisirung gibt. Das Land hat nicht die gleiche Doppelstellung als productiver Factor und als Product. Es erzeugt, ohne wiedererzeugt zu werden, und deshalb ist es nothwendig, den am Capitale gefundenen Massstab der Capitalisirung zu Hilfe zu nehmen, um den Landwerth zu bestimmen.

Aus dieser Betrachtung folgt der Schluss, dass es zu einer festen Schätzung des Landes insolange nicht kommen konnte, als der Capitalbesitz noch spärlich war. Jeder Besitzer mochte insolange den Landwerth anders anschlagen, indem er je nach wechselnden äusseren Verhältnissen, und je nachdem Leichtsinn oder Vorbedächtigkeit ihn bestimmten, eine grössere oder geringere Anzahl von Jahresrenten zur Basis der Berechnung nahm. Ein vollkommener Egoist, der nur mit der Dauer seines eigenen Lebens rechnete und dem sein Grund und Boden blos deshalb wichtig war, weil er ihm eine Leibrente sicherte, müsste den Landwerth nach Mass seiner wahrscheinlichen Lebensdauer angeschlagen haben und wäre damit zu einer halbwegs bestimmten Schätzung gekommen; jedenfalls wäre er zu einer endlichen Werthziffer, nicht zu einer unendlichen gekommen. Wer aber bei seinem Besitz auch noch seiner Kinder und der nachfolgenden Geschlechter dachte und deren Interessen mit in die Schätzung hineintrug, musste nothwendig zu einer unendlichen Grösse gelangen. Nachdem ein so rücksichtsloser Egoismus doch zu den Ausnahmen zählt, musste der Landwerth in aller Regel als unendlich veranschlagt oder doch als unfassbar bezeichnet worden sein.

In der That dürfte dies der Zustand primitiver Wirthschaft gewesen sein. Wo Land zu Anfangs überhaupt Werth hatte, wie z. B. Weideland für Nomadenstämme, die daran keinen Ueberfluss vorfanden, musste die Meinung entstehen, dass man es hier schlechterdings mit einer unerlässlichen Existenzbedingung zu thun habe, die dauernd behauptet werden müsse und deren Bedeutung in keiner Weise mit der der rasch wechselnden, kommenden und vergehenden, beweglichen Güter verglichen werden könne. Der Besitz des Weidelandes war eine Sache auf Tod und Leben, der Stamm setzte für ihn sein Aeusserstes ein, weil seine eigene Forterhaltung von ihm abhing. Noch heute kann man in abgelegenen Gebirgsgegenden beim einsam wirthschaftenden Bauer auf eine verwandte Sinnesart stossen. Sein Hof ist ihm nicht veräusserlich und im Werthe gegen andere Güter überhaupt nicht bestimmbar. Was soll der Bauer thun, wenn er aufhört Bauer zu sein? Keine Geldsumme, die ihm ein Käufer zu bieten vermag, hat für ihn etwas Verlockendes, ausser es fände sich gerade die — unter den angenommenen Umständen seltene — Gelegenheit, einen andern, besseren Grundbesitz einzutauschen. Der Hof ist und bleibt ihm ein Gut für sich, in Gütern anderer Art seinem Werthe nach nicht auszudrücken, in seinem Werthe überhaupt nicht bestimmbar.

Diese Auffassung ändert sich erst, wenn das Capital häufiger, und wenn auch der Stand der Landbesitzer mit seinem Gebrauch und Anschlag vertrauter geworden ist. Zwei Thatsachen sind entscheidend. Die eine ist, dass man Land und Capital gegen einander nach Mass ihrer Renten zu tauschen anfängt und dabei nun auch den Capitalwerth zum Ausdruck des Landwerthes benützt. Die andere wichtigere ist, dass die Landwirthschaft intensiver wird und selbst viel Capital anwendet. In Folge dessen ist stets bei jedem Act der Bewirthschaftung die Frage zu erwägen, wie man Land und Capital in's Verhältniss zu stellen habe, um am rentabelsten zu produciren. Erträge in denselben Früchten können mit grösserer oder geringerer Inanspruchnahme des Bodens, mit grösseren oder geringeren Zusätzen von Capital erzeugt werden, und man hat sich hierüber zu entscheiden. So werden Land und Capital in ihren Früchten commensurabel. Sobald es so weit gediehen ist, darf man es gar nicht mehr versäumen, den Landwerth nach den Grundsätzen der Capitalbewerthung anzuschlagen, man würde sich sonst des einzigen möglichen Massstabes der Calculation und der wirthschaftlichen Entscheidungen berauben. Wie Capitalien unter einander nur dann richtig verglichen sind, wenn sie auf denselben Zinsfuss gerechnet werden, so kann man auch Land und Capital nur dann richtig vergleichen, wenn die Schätzung des Landes den Zinsfuss des Capitales übernimmt.

Im communistischen Staate fällt die Verbindung, die zwischen Land und Capital durch Umtausch hergestellt wird, zwar weg, aber die Verbindung durch die gemeinsame Mitwirkung an der Production bleibt bestehen, es wird daher auch das Verfahren der Capitalisirung des Landwerthes nach wie vor bestehen bleiben.

§. 47. Der Werth der Arbeit.

Der Sclave ist seinem Herrn ein Capital, dessen Werth wie der eines Thieres, einer Maschine oder jedes stehenden Capitales durch die discontirende Zusammenzählung aller zu erwartenden Leistungen, beziehungsweise durch Capitalisirung des Reinertrages festgestellt wird.

Der Capitalwerth der freien Arbeit, der Werth des freien Arbeiters ist kein Gegenstand der Schätzung, sowie die Person des freien Arbeiters kein Gegenstand der wirthschaftlichen Verfügung, kein „Gut" ist. Dagegen bleiben die einzelnen Arbeitsleistungen fortwährend wie Gegenstände der wirthschaftlichen Verfügung, so auch Werthobjecte, selbst in der freiesten Gesellschaft, selbst in einer Gesellschaft, in welcher der Arbeiter herrscht und welcher er die Gesetze gibt. Keine Wirthschaft könnte geführt werden, ohne dass man wüsste, nicht blos welche Arbeit im Allgemeinen die bessere, welche die schlechtere ist, sondern auch welche nach den besonderen Umständen die wichtigere, welche die minder wichtige ist, welche gespart werden muss, welche minder gespart zu werden braucht.

Das Verfahren der Schätzung der Arbeit ist höchst einfach. Die allgemeinen Regeln der Zurechnung entscheiden, welcher Ertragstheil jeder einzelnen Arbeitsleistung zuzuweisen kommt, und der Werth des Ertragsantheiles gilt dann unmittelbar als Werth der hervorbringenden Leistung. Bei jeder Arbeitsgattung, bei jeder Arbeitsqualität somit ein anderes Ergebniss, je nach verfügbarer Menge. Bedarf, Unterstützung durch die complementären Güter, technischer Leistungsfähigkeit. Am höchsten stellen sich „monopolistische" Leistungen, wenn ihnen die Gunst der Zeit gerade technische Unterstützung und allgemeines Verlangen entgegenbringt, am niedrigsten die überfüllten Arbeitszweige, namentlich die gemeine Handarbeit. Wo immer die Arbeitskraft in Massen verfügbar ist, wird sie als „Kostengut" geschätzt, mit dem ganzen Nachtheile dieser Schätzung. Immer entscheidet die Grenzverwendung, die Verwendung der betreffenden Sorte zu dem geringsten zulässigen Effecte.

Die Socialisten wollen uns belehren, dass der Werth jeder Arbeitsleistung einfach nach Zeit zu schätzen sei, d. h. dass für das Werthverhältniss zu andern Arbeiten einfach die Dauer der Leistung entscheide, wobei sie allerdings annehmen, dass nachlässige Arbeit auf emsige, ungeschickte auf geschickte reducirt werde. Insoweit wäre allerdings die Qualität der Leistung mitberücksichtigt, aber nicht weiter. Jene Unterschiede der Qualität, die in der Arbeitsaufgabe selber liegen, blieben ausser Betracht. Gemeine Handarbeit, höhere gewerbliche Arbeit, ausgezeichnete Geistesarbeit hätten untereinander gleichzugelten. Muss es noch besonders gezeigt werden, dass diese Regel gegen die natürlichen Regeln der Werthschätzung streitet und dass keine Wirthschaft bestehen könnte, die die Arbeitseintheilung in ihrem Sinne träfe?

Die Socialisten übersehen fort und fort — worin sie freilich nur der Mehrheit der Nationalökonomen folgen — dass der Werth in unserer heutigen Gesellschaft zweierlei Aufgaben hat. Die eine ist, als Titel persönlichen Einkommens zu dienen. Jedermann soll in dem grossen Gesellschaftsspiele der Einkommensgewinnung schliesslich so viel erhalten, als der Werth seiner Einlage betrug; wobei es erlaubt ist, Einlagen in persönlicher Arbeit wie in Vermögensbesitz zu leisten. Wer viel Vermögen einzulegen hat, erhält in aller Regel selbst ohne persönliche Arbeit viel Einkommen; wer wenig einzulegen hat, erhält in aller Regel selbst mit angestrengtester Arbeit nur wenig. Der andere Dienst des Werthes, der gewöhnlich vollständig übersehen wird, betrifft die ökonomische Abwägung der Güter gegen einander und der Güterverwendungen gegen einander, abgesehen von der persönlichen Vertheilung, blos mit Rücksicht auf die Erreichung möglichst grosser wirthschaftlicher Erfolge. Diesem

Dienste des Werthes gehören z. B. die unaufgebbaren Regeln jeder Wirthschaft an: jede Production auf den grösstmöglichen Ertrag zu richten, für kein Product mehr aufzuwenden, als dessen Werth vergelten kann, bei der Consumtion das dem dringenden Bedürfnisse gewidmete und daher werthvollere Gut nicht für eine entbehrliche Befriedigung zu verwenden, überall die Grenzen von Bedarf und Vorrath wahrzunehmen, sowie sie im Grenzwerth erfasst sind u. s. f.

Was wollen die Socialisten? Sie wollen eine geordnete Wirthschaft, um nichts schlechter, wo möglich besser geordnet als die heutige, jedoch mit der Besonderheit, dass die Arbeit allein Quelle persönlichen Einkommens sein soll. Der Werth des Landes und Capitales — beziehungsweise der Land- und Capitalrente — soll keinem Einzelnen mehr als sein Einsatz zugerechnet werden, keinem Einzelnen mehr als Titel persönlichen Einkommens dienen können. Liegt in dieser Forderung — über deren Berechtigung wir hier nicht streiten wollen — irgend ein Zwang, mit dem persönlichen Dienste des Werthes zugleich dessen ökonomischen Dienst fallen zu lassen? Weil das Land und das Capital keinem Einzelnen mehr sondern dem Staate gehören soll, muss der Staat deshalb das Land und das Capital für werthlos erachten und in der Production ohne Rücksicht auf die Vorschriften des Werthes verwenden? Weil die Arbeit allein persönliches Einkommen begründen soll — und vielleicht nach Mass der Zeit begründen soll, durch welche Jedermann gearbeitet hat — muss deshalb in der Production allein auf die Arbeit geachtet und muss auf sie vielleicht blos nach Mass ihrer Zeitdauer geachtet werden? Weil eine andere Ordnung in die persönliche Vertheilung der Güter kommen soll, muss deshalb völlige Unordnung in die Gütergebahrung kommen?

Die Socialisten sind selbstverständlich weit davon entfernt, das zu wollen. Sie wollen eine geordnete Wirthschaft, aber sie vermeinen damit auszulangen, dass die Güter nach ihren Nützlichkeiten gebraucht werden. So sollte also wirklich nur die Nützlichkeit der Güter beachtet werden, aber nicht die Menge mit ihren Veränderungen, nicht der Bedarf und sein Auf- und Abschwanken, nicht die gegenseitige Zusammengehörigkeit der Productivmittel mit all den Wechselfällen günstigen und ungünstigen Zusammentreffens? Wenn man Nützlichkeit, Vorrath, Bedarf, Complementarität combinirt, was heisst dies aber anders als die Güter statt nach ihrer allgemeinen Nützlichkeit nach dem ihnen im gegebenen Falle zuzurechnenden Nutzen — nach ihrem Werthe schätzen?

Die natürlichen Regeln der Werthschätzung sind unaufgebbar, weil sie unaufgebbaren Zwecken der Wirthschaft dienen. Folglich: wo sie befolgt werden, dienen sie solchen Zwecken und sind sie insoweit gut. Insoweit der Verkehrswerth dem natürlichen Werth entspricht, ist er gut, wo er die ökonomische Gebahrung mit den Gütern regelt: in jeder Anwendung, auf das Land, auf das Capital und selbst auf die Arbeit. Mag auch der Arbeiter unter dem Gesetze des Werthes schwer leiden, mag auch die ganze Gesellschaft mit ihm leiden, mag auch für die Entlohnung des Arbeiters in seinem und im gesellschaftlichen Interesse ein anderes Gesetz zu fordern sein: so kann doch die Arbeit in Rücksicht auf ihre Verwendung nach keinem andern Gesetze geschätzt werden. Der communistische Staat müsste bei der Arbeitsverwendung das gleiche Gesetz in Kraft erhalten, oder die Wirthschaft würde zum Chaos.

Nicht blos die Frage der Bezahlung muss von der der Verwendung getrennt werden, sondern ausserdem noch die der Entwicklung. Wo gemeine Arbeitskraft unverhältnissmässig reichlich vorhanden ist, darf und muss sie zu Erfolgen sehr geringen Werthes verwendet werden. Nichtsdestoweniger wird man es als ein Uebel empfinden, Arbeitskraft so geringer Ergiebigkeit zur Verfügung zu haben, und alle Anstrengungen werden zu loben sein, die darauf ausgehen, der Arbeit stärkere Leistungen und damit höheren Werth zu sichern: umsomehr, wenn die geringe Ergiebigkeit auch geringe Bezahlung und damit einen kümmerlichen Stand der Bedürfnissbefriedigung in weiten Kreisen zur Folge hat

§. 48. **Der Werth der Productivgüter mit Rücksicht auf die Concurrenz gegenwärtiger und künftiger Interessen.**

Einen Vorrath von Lebensmitteln oder andern Gebrauchsgütern auf einen längeren Zeitraum auszutheilen und mit Rücksicht auf die Concurrenz früherer und späterer Bedürfnisse zu schätzen, ist grundsätzlich eine sehr einfache Aufgabe. Die höchsten Befriedigungen sind auszuwählen, die im Ganzen erreicht werden können, und sie bilden die Basis der Schätzung des Güterwerthes in der Weise, dass die Grenzbefriedigung den Werth der Gütereinheit entscheidet. Auf welchen Zeitpunkt die Grenzbefriedigung fallen wird, lässt sich im Allgemeinen nicht sagen. Es kann sein, dass man zu Anfangs im Genusse am weitesten gehen darf, so z. B. bei Vorräthen, die zu gross und dem Verderben zu sehr ausgesetzt sind als dass sie auf die Länge gut aufbewahrt werden könnten. Es kann aber auch sein, dass man zum Schlusse am reichlichsten geniessen darf, so z. B. wenn die Vorsicht gebietet, um möglicher Störungen wegen Anfangs zurückzuhalten.

Sehr häufig ist die Aufgabe mit der Besonderheit gestellt, dass neben der Verwendung zur unmittelbaren Bedürfnissbefriedigung die productive Verwendung in Frage kommt. Kohle lässt sich ebenso gut in der Wohnung verheizen als in der Fabrik, und so lassen gar manche Sachgüter nach Wahl die Verwendung als Gebrauchsgüter oder als Capitalien zu. Beim Lande ist das Gleiche zu beobachten; man kann z. B. dasselbe Grundstück Ertrag bringen lassen oder als Park benützen. Auch Arbeitsleistungen endlich können entweder zu persönlichen Diensten, z. B. zu Gesindediensten im Hause, in Anspruch genommen oder productiv ausgenützt werden. Da jede Production späterer Verzehrung dient, so ist die Wahl zwischen unmittelbarem Gebrauch und productiver Verwendung immer eine Wahl zwischen gegenwärtiger oder näherer und künftiger oder entfernterer Verzehrung. Die Regel, nach der die Wahl zu treffen ist, ist die soeben angegebene; für die Werthschätzung entscheidet jene Verwendung, welche bei einer auf das Ganze gehenden Betrachtung sich als Grenzverwendung zeigt. Wieder lässt es sich nicht im Allgemeinen sagen, auf welchen Zeitpunkt die Grenzverwendung fallen wird. Es kann sein, dass sie in die Gegenwart, d. h. auf die Periode unmittelbaren Gebrauches, es kann aber auch sein, dass sie in die Zukunft, d. h. auf die Periode productiver Verwendung fällt. Der Grenzwerth der Kohle z. B. könnte ebensowohl durch ihren Dienst in der Wohnung als durch ihren productiven Dienst bestimmt werden.

Diese Betrachtung lässt sich innerhalb der Production weiter fortsetzen. Die Production kann, je nachdem man sie einrichtet, ihre Früchte früher oder später geniessen lassen. Man kann vor allem die Production entweder auf die unmittelbare Erzeugung von Genussgegenständen beschränken, wodurch man rascher zu dem nächstgewünschten Ziele kommt, oder man kann sie immer weiter und weiter auf die Herstellung von Productivgütern selbst und die Sicherung der Bedingungen einer grossen und dauernden Rentabilität richten, wodurch man den Genuss zu Anfangs verlangsamt, um ihn später desto mehr ausdehnen zu können. Nicht blos die Wahl der Objecte der Erzeugung kommt in Betracht, sondern auch noch andere Umstände. Fast jede Production — etwa diejenigen ausgenommen, die strenge an die Jahreszeit gebunden sind — lässt sich entweder rascher oder bedächtiger zu Ende führen, fast jede — mit noch geringeren Ausnahmen — lässt sich entweder extensiver oder intensiver, mit schwächeren Mitteln und vergänglicheren Wirkungen oder mit stärkeren Mitteln und dauerhafteren Wirkungen durchführen. In allen diesen Fällen hat man sich zu entscheiden, ob man lieber dem gegenwärtigen, dem nahen Genusse nachgehen oder dem künftigen, dem entfernten dienen wolle. Endlich ist noch ein besonderes Verhältniss zu erwähnen, das gleichfalls zur Concurrenz gegenwärtiger und künftiger Interessen beiträgt. Die Durchführung fast jeder Production erfordert persönliche Anstrengung und damit Ueberwindung des Widerstandes, den das Verlangen nach Ruhe und Behagen leistet. Auch insoferne kreuzen sich die Rücksichten gegenwärtigen und künftigen Wohlbefindens.

Die Regel, nach welcher die Wahl zu treffen ist, bleibt in allen Fällen die gleiche, wenn sie sich auch, je complicirter die Fälle gedacht werden, um so schwerer anwenden lässt. Immer ist derjenige Plan der Güterverwendung zu wählen, der den grössten Vortheil im Ganzen verspricht. Diesem Plane ist die Werthschätzung — so weit thunlich als Grenzschätzung — anzupassen.

Im Allgemeinen sind wohl die **Arbeit** und das **Capital** stärker in die angeführten Beziehungen verflochten als das Land. Der Entschluss zur Arbeitsthätigkeit findet immer oder doch fast immer im Behagen des Augenblicks eine Gegenkraft, die überwunden werden muss, und das Capital fordert, da es stets neu gebildet werden muss, stets zu der Erwägung auf, ob die Mittel, durch deren Aufwendung es neu gebildet werden soll, nicht besser anderweitige Widmungen zu erhalten hätten. Hievon nehmen zwei vielberufene Theorien ihren Ursprung, eine den Werth der Arbeit, die andere den des Capitales betreffend, die, obschon getrennt entstanden, doch eine nahe innerliche Verwandtschaft besitzen. Die eine leitet den Werth der Arbeit aus dem **Arbeitsopfer** ab; wir werden später noch von ihr zu sprechen haben. Die zweite leitet den Capitalwerth, genauer den Capitalzins aus dem Opfer ab, welches, wie behauptet wird, der Capitalbesitzer bringt, indem er das Capital zur Production widmet statt es zu verzehren; die bekannte **Abstinenztheorie**, die den **Zins als Lohn für die Enthaltsamkeit des Capitalisten** auffasst. Ueber diese Theorie mögen einige Worte hier am Platze sein. Das Urtheil über sie ist auf Grund des eben vorher Gesagten sehr leicht zu geben.

Es ist wahr, dass in allen Fällen der Capitalbildung auch eine andere Widmung als die gerade gewählte durchführbar gewesen wäre — die Production ist von der Verwandlungsfähigkeit eines Proteus; aber es ist nicht wahr — wie man ja derzeit wohl allgemein zugibt — dass jedes Capital auch unmittelbar zu geniessen gewesen wäre. Seit Lassalle's Kritik ist es unnöthig hierüber noch ein Wort zu verlieren. Wäre die Behauptung aber auch durchaus wahr, wäre jedes Capitalgut auch immer unmittelbar zu geniessen, so wäre die Abstinenztheorie dennoch falsch. Niemals könnte eine Verzehrung, deren man sich **wirthschaftlicher Weise zu enthalten hat**, dem Werthe zum Mass dienen. Was könnte hierin für ein Sinn liegen? Die Güter sind uns werth durch das, was wir von ihnen haben können, diejenigen Widmungen, welche als **die wirthschaftlich gebotenen** ausgewählt werden, begründen den Werth. Die Verzehrbarkeit der Capitalgüter kann deren Werth nur insoweit beeinflussen, als **thatsächlich** Capitalgüter zur Verzehrung gewidmet werden; wird Capital verzehrt und wird gar viel Capital verzehrt, so wird der productive Vorrath verringert, beziehungsweise beträchtlich verringert und der productive

Werth steigt. Aber auch dieser Einfluss darf nicht als ein einseitiger aufgefasst werden. Es geschieht wechselseitig, dass die productive Verwendung des Capitales und die persönliche Verzehrung desselben einander bestimmen. Ueberdies bestimmen sie sich nur in Rücksicht auf das jeweilige Mass der Widmung, dagegen vermag keine die andere zu begründen. Der Umstand, dass Capital verzehrbar ist, vermöchte der sinnlosen Verwendung desselben in der Production so wenig Werth zu geben, als umgekehrt der Umstand, dass Capital productiv anwendbar ist, es geniessbar machen könnte, soferne es seiner Natur nach nicht geniessbar wäre. Der Werth einer Widmung muss immer in dieser selbst begründet sein, der productive Werth kann nur aus der Production, der consumtive nur aus der Consumtion hergeleitet werden. Die Werthgrössen in den mehrfachen Verwendungen werden dann allerdings durch das Bestreben, im Ganzen den grösstmöglichen Erfolg zu erreichen, unter einander thunlichst ausgeglichen und überdies noch kraft der eigenthümlichen Art und Weise des Anschlags, die das Grenzgesetz mit sich bringt, selbst dann, wenn sie nicht ausgeglichen sind, doch unter einander gleichgeschätzt. Was die consumtive Enthaltung anbelangt, so ist sie nichts als ein Symptom productiven Werthes, u. zw. productiven Werthes solcher Grösse, dass das Enthaltungsopfer zum mindesten aufgewogen ist.

Die Abstinenztheorie hat in ihrem Wesen grosse Aehnlichkeit mit der Theorie, die den Werth der Erzeugnisse aus den Kosten ableitet. Wie wir sofort sehen werden, besteht das Kostengesetz in der That als ein höchst wirksames Gesetz der Werthschätzung, aber die Kosten begründen doch den Werth nicht, sondern sie gleichen ihn nur aus; überdies lässt der Umstand, dass sie aufgewendet werden, auf das Dasein von Werth schliessen. Die Kostentheorie verwechselt ähnlich wie die Abstinenztheorie — die sich nur auf ein kleineres Gebiet beschränkt — ein Grössengesetz, genauer ein Gesetz der Grössenausgleichung mit dem Grundgesetze der Werthschätzung. Hier wie dort ist überdies ein Symptom, das auf das Dasein des Werthes schliessen lässt, für dessen Ursache und Erklärung genommen.

5. ABSCHNITT.

Der natürliche Kostenwerth der Erzeugnisse.

§. 49. Das Kostengesetz.

Productivgüter mehrfacher oder vielfacher Verwendbarkeit erhalten ihren Werth, wie wir wissen, vom Werthe des geringsten ihrer Producte, dessen Hervorbringung wirthschaftlich noch gestattet ist — des Grenzproductes — bezw. von ihrem Beitrag zu diesem Producte. Dieser Werth kommt allen gleichen Stücken oder Theilmengen eines productiven Vorraths gleichermassen zu, auch denen, die eine höhere Ausnützung geben. Von einem Vorrath Eisen hat jeder Theil mit jedem gleichen Theile den gleichen Werth auf Grund des Grenzbeitrags; ebenso von einem Vorrath Kohle, von einer verfügbaren Menge von gleich qualificirten Arbeitsleistungen und von jedem andern Productivgut. Gesetzt, von einem productiven Vorrath der Gattung a gebe das geringst ausgenützte Stück das Product 1, so hat jedes Stück den Werth 1; jedes Stück der Gattung b hat den Werth 2, wenn der productive Grenzbeitrag dieser Gattung 2 beträgt, und jedes Stück der Gattung c hat den Werth 3, wenn hier der productive Grenzbeitrag 3 beträgt.

Nun, die Productivgüter behalten diesen Werth, wie er ihnen vor Beginn der Production in Erwartung des bestmöglichen Erfolges zuerkannt wird, in aller Regel — die Ausnahmen sollen später erörtert werden — auch nach Vollendung der Production, d. h. sie behaupten ihn auch noch in den Producten, in die sie sich verwandelt haben. Die obigen Ziffern wieder angenommen, wird in aller Regel das Erzeugniss der Elemente

$10a + 10b + 10c$ den Werth $10 + 20 + 30$ oder 60 und das der Elemente $10a + 20b + 10c$ den Werth $10 + 40 + 30$ oder 80 haben.

Man kann dieses Gesetz verschieden ausdrücken, je nachdem man es von den Productivgütern oder von den Producten aussagt.

In der ersteren Fassung lautet es: Gleiche Productivgüter behaupten in aller Regel in jedem Producte 1. den gleichen Werth, nämlich 2. jenen Werth, wie er ihnen durch den productiven Grenzbeitrag zukommt. Das ist die richtige Formulirung. Im Sinne der gewöhnlichen Auffassung des Kostengesetzes wäre dagegen der zweite Passus wegzulassen, womit man einen Ausdruck für die Werthrelationen, aber nicht für die absoluten Werthgrössen besitzt.

In der letzteren Fassung lautet das Gesetz: Der Werth eines Productes ist in aller Regel ein Vielfaches aus der Multiplication der verwendeten productiven Quantität mit dem productiven Einheitswerthe, beziehungsweise — wenn man berücksichtigt, dass jedes Product immer aus mehreren productiven Factoren hergestellt ist — eine Summe von solchen Vielfachen ($10a + 10b + 10c$ oder $10a + 20b + 10c$ u. s. f.). Aus dieser Formel, die die absoluten Werthgrössen bezeichnet, folgt eine andere für die Werthrelationen: Die Werthe von Producten, die einen productiven Factor gemeinsam haben, verhalten sich in Betreff seiner zu einander, wie die zur Herstellung erforderten Quantitäten desselben. Das ist die richtige Formulirung. Im Sinne der gewöhnlichen Auffassung lautet das Gesetz kürzer, dass die Productwerthe sich zu einander verhalten, wie die zur Herstellung erforderten Kostenquantitäten. Man hat wieder nur einen relativen Ausdruck, keinen absoluten. Bei genauerer Betrachtung zeigt sich, dass man nicht einmal den relativen anzuwenden vermag, so lange er allein bleibt. Die Grösse $10a + 20b + 10c$ ist blos in Ansehung des Factors b, aber nicht überhaupt doppelt so gross, wie die Grösse $10a + 10b + 10c$; das allgemeine Verhältniss lässt sich erst feststellen, wenn man die absoluten Werthe von a, b und c kennt. Ist $a = 10$, $b = 20$, $c = 30$, so ist das Verhältniss $= 80 : 60$; ist $b = 100$, so ist es $= 240 : 140$.

Ich habe im „Ursprung des Werthes" Producte, die einen productiven Factor gemeinsam haben, **productionsverwandt** genannt. Sie stellen gleichsam die Descendenz dieses Factors dar und stehen zu einander im Verhältnisse der Seitenverwandtschaft. Alle Producte aus Eisen derselben Qualität sind productionsverwandt. Viele Producte sind einander mehrfach verwandt, so z. B. Erzeugnisse aus Eisen, auf die dieselbe Art von Arbeitsleistungen oder derselbe Brennstoff verwendet wird. In diesem Sinne verstanden, sind es stets productionsverwandte Erzeugnisse, auf die sich das aufgestellte Gesetz bezieht.

Das ist das vielberufene Kostengesetz. Es wird uns nun obliegen, dasselbe zu erklären und zu beweisen.*)

§. 50. Der Begriff der Kosten.

Was Jemand an wirthschaftlichen Productivgütern zur Verfügung hat, an Ländereien, Capitalien oder Arbeitskräften, das zählt er, obwohl es ihn nicht unmittelbar an Genüssen reich

---

*) Ich habe das Kostengesetz nur mit Beziehung auf die sogenannten Productions- oder Erzeugungskosten formulirt. Neben diesen spricht man auch noch von Anschaffungskosten. Man versteht hierunter die Geldsummen, die ein Käufer auszulegen hat, um sich in den Besitz von Gütern zu setzen. Von den Anschaffungskosten gilt ein ganz analoges Gesetz. Alle zum Ankauf von Gütern bestimmten Geldsummen gleicher Grösse haben für denselben Eigenthümer den gleichen Werth, und alle um Geld erkauften Güter haben — unter gewissen Voraussetzungen, die den Bedingungen der Geltung des Kostengesetzes in der Production ganz analog sind — für denselben Eigenthümer einen Werth nach Verhältniss ihrer Anschaffungskosten (siehe hierüber §. 13). Das Gesetz der Productionskosten hat jedoch dadurch eine weiter reichende Bedeutung als das Gesetz der Anschaffungskosten, dass es nicht wie dieses jeweils subjectiv eingeschränkt, sondern auch ein Gesetz des objectiven Verkehrswerthes ist. Um dieser weiter reichenden Folgen willen verdient es eine besondere Darstellung.

Sax hat den Kostenbegriff noch umfassender gestellt (siehe § 56 ff. der „Grundlegung der Staatswirthschaft"). So wichtig auch die Folgerungen sind, zu denen er hiebei gelangt, so scheint es mir doch, dass, aus dem eben ausgesprochenen Grunde, der engere Begriff der Productionskosten gegenüber diesem weiteren Begriffe festgehalten werden muss.

Siehe zu dem folgenden Abschnitt „Ursprung des Werthes", pag. 97 ff., 103 ff. und 146 ff.; ferner Böhm-Bawerk („Werth"), pag. 61 ff. und 534 ff., sodann Sax, pag. 327 ff., endlich die bezüglichen Abschnitte bei Jevons und Walras. Bei Menger sind die Kosten nicht behandelt.

macht, mit so viel Recht zu seinem Reichthum, als die Gebrauchsgüter, die sich unmittelbar geniessen lassen; gibt doch der Besitz von Productivgütern die Erwartung, später Gebrauchsgüter zu erwerben. Die Production schafft daher nicht blos Werth, sondern sie zerstört auch Werth. Nur so lange man durch den productiven Werth noch überrascht ist, weil man ihn nicht erwartete, so lange stellt man ihn als reinen Gewinn in Rechnung. Als die Phönizier, wie die Sage berichtet, zufällig in der Asche auf Glas stiessen, da mochte ihnen blos der Gewinn der Production gegenwärtig sein; wer aber später Glas erzeugte und dabei nicht umhin konnte, die Materialien der Erzeugung zu Rathe zu halten, musste auch ihre zerstörende Wirkung kennen lernen. Wenn die Production auf der einen Seite Erzeugnisse hervorbringt, beschränkt sie auf der andern Seite die erzeugenden Kräfte. Daher hat Jedermann darauf zu achten, dass er die Production stets im Sinne des höchstmöglichen Erfolges leite, damit er nicht mehr zerstöre als er zu gewinnen ausgeht.

In besonderer Weise wird dieses Verhältniss gestaltet und verschärft bei Productivgütern mehrfacher und vielfacher Verwendbarkeit. Hier hat man insbesondere noch darauf zu achten, dass man sowohl nach Art als nach Menge die ökonomisch wirksamste Auswahl der Verwendungen treffe. Ein umlaufendes Capital oder eine Arbeitskraft, die einer Production gewidmet sind, sind dadurch allen andern ganz und gar entzogen; selbst ein stehendes Capital, ja das unverbrauchliche Land sogar sind es auf die Dauer der betreffenden Productionen. Immer ist in diesem Sinne die Zuweisung der Productivmittel zu den einzelnen Productionen wohl abzuwägen. Zu diesem Zwecke hat man, wenn man die Hervorbringung des einen Productes beschliesst, sich genau zu vergegenwärtigen, welchen Werth die andern Producte hätten, deren Hervorbringung man dadurch unmöglich macht. Wie geschieht es aber, dass man sich den Werth der andern Producte vergegenwärtigt? Es geschieht dies durch die Vorstellung des Werthes der gemeinschaftlichen Erzeugungsfactoren, worin sich der Werth aller productionsverwandten Erzeugnisse ohne Ausnahme verkörpert. So erhält der Productivwerth inmitten des ganzen Kreises der productionsverwandten Erzeugnisse eine vermittelnde Stellung. So oft der Werth irgend einer Gattung von Erzeugnissen sinkt oder steigt und dadurch entweder die Ausdehnung der andern Erzeugungen oder deren Einschränkung fordert, theilt sich diese Wirkung zunächst dem Productivwerthe mit, von dem aus sie sodann erst weitergeleitet wird. Die Erzeugungen und der Werth der Erzeugnisse passen sich in jedem einzelnen Falle dem Productivwerth an, der die allen gemeinsame Erzeugungsgrenze bezeichnet.

Damit ist die Anschauung gewonnen, die die Productivgüter als Kosten auffasst. Das erste Element derselben ist, dass die productive Verwendung als Aufwand, als Opfer, als Verlust empfunden wird; das zweite ist, dass hiebei die Rücksicht auf die Ausgleichung mehrerer zusammenhängender Erzeugungen eingreift. „Eine Production verursacht Kosten" heisst so viel, dass sie wirthschaftliche Productivmittel, welche anderweitig gewiss mit Nutzen hätten verwendet werden können, entweder aufbraucht oder doch für die Dauer der Production in Beschlag nimmt. **Kosten sind Productivgüter, wenn dieselben bei einer einzelnen Widmung um ihrer anderweitigen Verwendbarkeit willen als Aufwand eingesetzt werden.***) Das Mass der Kostenschätzung ist immer der productive Grenznutzen, wie er sich durch die Berücksichtigung aller zulässigen Verwendungen ergibt.

Somit können als Kosten nur solche Productivgüter gelten, die wir weiter oben (§. 30) „Kostengüter" im Gegensatze zu den „Monopolgütern" genannt haben. Solche Productivelemente, die nur eine einzige Art von Verwendung zulassen, treten nicht in die Mannigfaltigkeit der Beziehungen ein, die für die Entstehung der Kostenanschauung nothwendig ist. Eine Mineralquelle, deren einziger Gebrauch darin besteht, dass ihr Inhalt aufgefangen und in Flaschen versendet wird, muss begreiflicherweise in ein anderes Verhältniss zum Werthe des Productes gebracht werden, als die Arbeit des Taglöhners, der die Flaschen

---

*) Diese Definition bedarf nur noch einer Richtigstellung, insoferne man Capitalzins und Grundrente (s. unten §§. 59 u. 60) zu den Kosten rechnet. Zins und Rente, bezw. die Güter, die sie bilden, sind nicht Productivgüter, sie sind blos Elemente des productiven Calcüls wie die Productivgüter.

füllt, während er ebensowohl zu hundert andern Leistungen befähigt wäre. Die „Monopolgüter" nehmen den Werth der ihnen zugerechneten Producte einfach in sich auf, ohne ihn wieder auf diese zurückzuleiten, wie dies die „Kostengüter" thun, die die Stammgüter ausgedehnter Productionsverwandtschaften sind, innerhalb deren sie die Verbindung herstellen und werthausgleichend wirken. Je mannigfacher die Verwendungen eines productiven Elementes sind, und je rascher dieselben durchgeführt sind und daher immer wieder vom Neuen beschlossen werden müssen, desto mehr erhält die productive Verwendung den Charakter einer Aufopferung, deren Grösse, um des Gleichgewichtes der Erzeugungen willen, wohl abzuwägen ist. Die gemeine Arbeit und die verbreitetsten Sorten des flüssigen Capitales sind daher die Güter, an denen der Kostenbegriff am geläufigsten wird.

§. 51. Ableitung des Kostengesetzes.

Der Werth der Kostengüter bestimmt den Werth der Erzeugnisse auf zweierlei Weise. Im Allgemeinen bestimmt er ihn mittelbar dadurch, dass er die Erzeugungsmengen regulirt, und in einzelnen Fällen bestimmt er ihn selbst unmittelbar, indem er ohne Zwischenglied seine Grösse dictirt.

Erstens, mittelbare Wirkung der Kosten. Um die Erwartung des grösstmöglichen Productionserfolges zu erfüllen, die im Werthe der Kostengüter zum Ausdruck gebracht ist, muss das Verhältniss der Erzeugungsmengen aller productionsverwandten Producte wohl abgewogen werden. Würde irgendwo zu viel erzeugt, so müsste man anderswo einen Ausfall ertragen, der empfindlicher wäre als der Gewinn durch die Ueberproduction. Würde irgendwo zu wenig erzeugt, so hätte man wieder denselben empfindlichen Ausfall, den man anderswo durch Ueberproduction nicht gutmachen könnte. Ob man zu wenig oder zu viel erzeugt hat, erkennt man genau am Werthe. Wo der Erzeugnisswerth, wie er aus der Vergleichung von Vorrath und Bedarf hervorgeht, den Kostenwerth nicht erreicht, dort ist zu viel erzeugt; Kostengüter, die Producte höheren Werthes hervorbringen sollten, haben nur solche geringeren Werthes hervorgebracht. Wo der Erzeugnisswerth den Kostenwerth übersteigt, hat man — ausser in dem sofort zu erwähnenden Falle — zu wenig erzeugt; die Kostengüter sind nicht voll zur Hervorbringung der Producte höchsten Werthes, deren Erwartung ihnen selber den Werth gab, verwendet worden. Soll man aber Producte weder **unter** noch **über** dem Kostenwerth erzeugen, so soll man sie eben genau **zum** Kostenwerthe erzeugen, um die ökonomisch vortheilhafteste Eintheilung der Production zu finden.

Fragt man nach der Ursache, warum die in diesem Verhältniss hervorgebrachten Erzeugnisse Werth und warum sie Werth bestimmter Grösse haben, so ergibt sich zweifellos, dass sie denselben nur sich selber verdanken. Sie schöpfen ihn aus ihrem Nutzen mit Rücksicht auf die hervorgebrachte Erzeugungsmenge. Der Umstand, dass um ihretwillen Kostengüter gewissen Werthes aufgewendet wurden, ist für ihren Werth belanglos. **Der Kostenwerth bestimmt nicht den Nutzwerth, sondern dieser ist von selbst da und sanctionirt den Kostenwerth.**

Zweitens, **unmittelbare** Wirkung der Kosten. Unter Umständen ist es wirthschaftlich zulässig, Erzeugnisse herzustellen, deren Nutzwerth den Kostenwerth übersteigt; es sind dieselben jedoch sodann auf den Kostenwerth zu schätzen. Dies ist der merkwürdigste Fall. Vorausgesetzt, der Kostenbelauf für einen Artikel habe den Werth 6 und der Nutzwerth des erthergestellten Stückes sei 10, während der eines zweiten Stückes blos 1 betragen würde (man vergleiche hiezu oben §§. 4 und 26): so muss die Erzeugung auf ein Stück beschränkt werden. Wie ist dasselbe zu schätzen? Es wird wohl auf die Sachlage ankommen. Eine Waffe wird im Augenblick drohender Gefahr nach ihrem Nutzwerth zu schätzen sein. Wenn man sich dagegen auf ein Abenteuer mit Musse vorbereitet und rüstet, so wird man die beste Waffe nicht höher schätzen wollen als die Materialien und Arbeitsleistungen, die man zu dem Zwecke verfügbar hat, um sie zu erzeugen und wiederzuerzeugen. Der Verlust der Waffe kann, wenn man Musse und Mittel hat, um sie wiederzuerzeugen, immer noch durch ein Opfer an Kosten gutgemacht werden, dessen Grösse geringer ist als die Wichtigkeit, die sie selber im Augenblick des dringendsten Gebrauches besitzt. Ein Gut vom Nutzwerthe 10, dessen Kostenwerth 6 beträgt, ist auf 6 zu schätzen, soferne seine Nachschaffung noch mit der Wirkung voller Bedarfsbefriedigung möglich ist. Die gleiche Gedankenfolge, die dahin führt, ein einzelnes Stück aus einem Vorrath, welches zufällig dazu bestimmt ist, eine Befriedigung höheren Grades zu geben, doch nur nach dem Grenznutzen zu schätzen, weil dieser allein schliesslich bedroht ist, führt auch dahin, ein Erzeugniss, über das man zugleich mit den Mitteln seiner rechtzeitigen Wiedererzeugung verfügt und dessen specifischer Nutzwerth über den Kostenwerth hinausgeht, doch nur nach dem letzteren zu schätzen, weil wiederum dieser allein schliesslich bedroht ist. Hier ist eine neue Anwendung des Grenzgesetzes.

Die Fälle der zuletzt besprochenen Art werden dem Beobachter dadurch auffällig, dass die Einwirkung der Kosten auf den Werth der Erzeugnisse vor sich geht, ohne dass die Erzeugungsmenge betroffen wird. Wenn in dem gegebenen Beispiele der Kostenwerth von 6 bis auf 9 steigt, oder wenn er bis auf 2 fällt, so wird immer nur ein Product hergestellt werden dürfen, dessen Werth gleichwohl, ohne dass die Erzeugungsmenge verändert wäre, die Veränderungen des Kostenwerthes in sich aufnimmt und je nachdem bis auf 9 steigt oder bis auf 2 fällt. Ricardo hat mit der ihm eigenthümlichen Schärfe die Beobachtung der Fälle, in denen der Productwerth sich dem Kostenwerthe ohne Mengenveränderung anpasst, als eine theoretisch entscheidende bezeichnet. In der That ist sie es, wenn auch Ricardo in ihrer Würdigung geirrt hat. Er wollte hieraus folgern, dass die Kosten grundsätzlich eine selbständige Werthquelle seien, in der That beweist die Beobachtung nur, dass die Kosten in gewissen einzelnen Fällen unmittelbar die Werthgrösse von Erzeugnissen bestimmen können, hauptsächlich aber ist sie dadurch entscheidend, dass sie einen Einblick in die Zusammenhänge des Processes der Güterschätzung gewährt wie kaum eine andere Beobachtung. Sie zeigt uns wohl die unzweideutigste und widerspruchsloseste Anwendung des Grenzgesetzes, die überhaupt zu beobachten ist.

Uebrigens ist auch in diesem Falle die Thatsache, dass Kosten aufgewendet wurden, für den Werth des Erzeugnisses belanglos. Der entscheidende Umstand ist, dass Kosten wieder aufgewendet werden könnten, um mit geringerer Nutzaufopferung höheren Nutzen zu sichern.*)

§. 52. Die Bedingungen für die Geltung des Kostengesetzes.

Dem Kostengesetz sind selbstverständlich nur Erzeugnisse unterworfen. Vornehmlich sind ihm unterworfen Erzeugnisse, die häufig, die in grossen Mengen, die regelmässig erzeugt werden, insbesondere, wenn an ihrer Erzeugung ausschliesslich Kostengüter thätig sind. Erzeugnisse, deren Hervorbringung durch ausgesprochene Monopolgüter enge und fest beschränkt ist, empfinden die Kosteneinwirkung gar nicht. Alle Kostenveränderungen gehen hier statt an den Producten, an den monopolistischen Productionsfactoren aus: jede Kostenminderung hebt, jede Kostensteigerung verringert deren Werth.

Auch solche Producte, die selber wieder produciren sollen, d. h. alle producirten Capitalgüter, unterliegen dem Kostengesetze. Dadurch wird die Schätzung des Capitales zu einer sehr complicirten Sache. Man hat immer beides, den Ertrag des

---

*) Die im Text gegebene Begründung des Kostengesetzes scheint nur auf den natürlichen Werth, dagegen nicht auf den Verkehrswerth oder Preis anwendbar zu sein. Dennoch ist sie auch auf diesen anzuwenden. Die nächste Erklärung für die Geltung des Kostengesetzes beim Preise ist allerdings, dass die Producenten nicht unter dem Kostenwerth verkaufen wollen und — bei freier Concurrenz — nicht über ihm verkaufen können. Warum aber wollen sie das Eine nicht und warum machen sie sich das Andre durch Concurrenz unmöglich? Letztlich doch aus dem Grunde, weil Jeder für sich, so gut er es vermag, die natürlichen Regeln der Werthschätzung anwendet, die ihn zu jener Gestaltung der Erzeugungsmenge, bezw. zu jener Schätzung des Erzeugten bringen, deren Folge das Kostengesetz ist. Die Concurrenz — d. h. das Bestreben Andrer, die die gleichen natürlichen Regeln anwenden — zwingt ihn dann, die Schätzung, die er für sich gemacht hat, auch im Preise zum Ausdruck zu bringen, den er dem Consumenten macht. Für die thatsächliche Gestaltung des Preises kommt es daher wesentlich auf die thatsächliche Gestaltung der Concurrenz an, namentlich auch darauf, inwieweit das Concurrenzbestreben durch „Hindernisse der Ausgleichung" eingeschränkt wird. Besonders stark sind diese Hindernisse im internationalen Handel, in welchem das Kostengesetz daher nur wenig wirksam wird.

Capitales und seine Kosten, zu combiniren. Beide Grössen stehen in Wechselbeziehung und trachten sich thunlichst auszugleichen. Je grösser der Werth des Ertrages, desto stärkere Kostenaufwendungen sind zulässig und werden, so weit thunlich und erforderlich, durchgeführt; je geringere Kostenaufwendungen erforderlich sind, desto geringer endlich auch der Werth des Ertrages, sei es weil endlich die Ausdehnung der Erzeugung entsprechend gesteigert wird, sei es weil die Nutzschätzung unmittelbar auf den Kostenbelauf herabgedrückt wird. Wenn eine Maschine starke Leistungen gibt, so ist das ein Anlass, sie hoch zu schätzen; ist sie aber zugleich billig zu erzeugen, so wird sie selber und werden endlich auch ihre Erzeugnisse billig geschätzt. Die Kosten der Capitalerzeugung wirken bis in die Capitalsfrüchte hinein, so entfernt dieselben auch sein mögen, soferne sie nur noch in den Gesichtskreis der Producenten fallen und bei den Werthanschlägen Berücksichtigung finden können.

Die Erzeugnisse, die dem Kostengesetze unterworfen sind, sind demselben jedoch nicht unter allen Umständen unterworfen. Sie müssen, damit sie es seien, eben **als Erzeugnisse** in Betracht kommen, d. h. **abhängig von ihren Bildungselementen**. Dann wenn sie von diesen unabhängig, wenn sie isolirt für sich geschätzt werden, entscheidet über ihren Werth einzig ihr eigener Nutzen, beziehungsweise Grenznutzen, ohne dass derselbe in dieser Zeit mit dem productiven Grenznutzen in's Gleichgewicht gesetzt würde.

Das wird am klarsten bei der **unmittelbaren Werthbestimmung durch die Kosten**. Warum schätzt man hier nach den Kosten? Weil man die Erzeugnisse gegen das Opfer derselben immer wieder haben kann, und eben deshalb auch nur dann, wenn man sie um dieses Opfer wieder haben kann. Ist die Möglichkeit der Nachschaffung durch irgend einen Umstand ausgeschlossen, z. B. weil ein Platz von der Zufuhr abgeschnitten ist oder weil der Bedarf zu rasch gestiegen ist, als dass die Production sofort nachfolgen könnte, so wird der Werth nach dem vollen Belaufe des Nutzens (beziehungsweise Grenznutzens) geschätzt, den die Erzeugnisse geben sollen. Gewöhnlich hat man von allen Erzeugnissen so reichliche Vorräthe — theils in den Hauswirthschaften, theils in grösseren Lagern, die die

Producenten und Handelsleute halten — dass man für kleinere Ueberschreitungen des Bedarfes versorgt ist. Die Kostenschätzung wird erst bei grösseren und andauernden Productionsstörungen ausser Kraft gesetzt. Ist die Nachschaffung zwar möglich, aber nur mit höherem als dem gewöhnlichen Aufwand, der aber gleichwohl die Nutzhöhe nicht erreicht, so gilt das Kostengesetz fort, nur dass das entscheidende Kostenausmass gestiegen ist. Wenn der Bedarf sinkt oder wenn unvermuthete Vermehrungen des Vorraths eintreten, in solchem Masse, dass der Grenznutzen unter den Kostenbelauf herabgeht, so wird das Kostengesetz so lange aufgehoben, bis bei gestiegenem Grenznutzen die Erzeugung wieder thunlich ist.

Aehnlich ist der Verlauf dort, wo die Kosten nicht unmittelbar den Werth, sondern zunächst nur den Umfang der Erzeugung bestimmen. Der Einfluss der Kosten hört auf zu wirken, so bald und so weit die Erzeugbarkeit aufhört. Auch hier ist wieder derselbe Einfluss der aufgesammelten Vorräthe zu bemerken, dass durch sie alle kleineren Störungen der Bedarfsversorgung ausgeglichen werden.*)

Wenn die das Kostengesetz aufhebenden oder einschränkenden Störungen vorübergegangen sind, dann tritt es auch wieder in Wirkung. Soweit nur irgend möglich, sucht man die Production stets nach einem allgemeinen Plane, der die Productionsverwandtschaften jeweils ganz umfasst, durchzuführen. Isolirte Production verhindert die vollste Ausnützung der productiven Mittel, schränkt die Versorgung in gewissen Punkten allzu sehr ein, während sie anderwärts zu weit geht oder was noch schlimmer ist, während anderwärts die Production ganz ruhen muss. Daher besteht immer die Tendenz, zur umfassendsten Productionsanlage und damit zur Kostenschätzung zurückzukehren, so bald dies nur möglich ist.

Würde man dereinst zu einer solchen Abgeschlossenheit und Beherrschung der Wirthschaft gelangen, dass kein Pro-

---

*) Bis zu einem gewissen Grade werden hiedurch die Kosten auch in diesen Fällen unmittelbar werthbestimmend. Alle Güter, die man aus Lagervorräthen ergänzen kann, welche ihrerseits wieder durch Production zu erneuern sind, erscheinen uns damit unmittelbar als blosse Zusammensetzungen ihrer productiven Elemente. Insoweit darf man wohl sagen, dass im Ganzen die Fälle unmittelbarer Werthbestimmung überwiegen.

ductionsplan in der Ausführung missglücken, dass keine Unterbrechung im Verkehre eintreten, dass keine unvorhergesehenen Güterverluste vorkommen und dass alle Gütererwerbungen im vollsten Masse und auf das genaueste vorausberechnet werden könnten, dass endlich die Bedarfe niemals schwanken würden, oder dass doch ihre Schwankungen sich stets rechtzeitig voraus erkennen liessen: so würde das Kostengesetz bezüglich jener Güter, für die es überhaupt gilt, die einzige Erscheinungsform des allgemeinen Werthgesetzes sein. Es ist nicht anzunehmen, dass irgend eine Einrichtung die gesellschaftliche Wirthschaft so weit bringen werde. Auch im vollkommensten Gesellschaftszustande wird es an Wechselfällen nicht mangeln, um die Geltungssphäre des Kostengesetzes vorübergehend einzuschränken und wieder auszudehnen.

Wenn die Socialisten glauben, in ihrem Zukunftsstaate mit der Kostenschätzung auszulangen, so sind sie im Irrthum, ausser sie setzen einen Grad der menschlichen Herrschaft über die natürlichen Bedingungen des Güterlebens voraus, dass keine Ernte missglücken, ja auch keine zu gesegnet ausfallen könnte, und überdies einen ruhigen Verlauf des Volkslebens, wie er nur gedacht werden kann, wenn kein Krieg mehr geführt wird, keine Entdeckung mehr gelingt und kein Bedürfniss mehr neu aufkommt.

§. 53. Das entscheidende Kostenausmass.

Der Umstand als solcher, dass ein Gut Kosten verursacht hat und dass es Kosten gewisser Höhe verursacht hat, bestimmt seinen Werth nicht. Nicht nur dass die Bedingungen der Geltung des Kostengesetzes erfüllt sein müssen, so muss auch das gerechtfertigte Kostenmass eingehalten sein.

Nur die „gesellschaftlich nothwendigen" Kosten, die geringsten erforderten Kosten entscheiden, sowohl in den Fällen der „mittelbaren" als der „unmittelbaren" Werthbestimmung. In den Fällen der „mittelbaren" Werthbestimmung bedarf der Kostenwerth der Sanction durch den Nutzwerth. Was ohne Nutzen verwendet wurde, erhält gar keinen Werth und was über das Mass hinaus verwendet wurde, mit dem der Nutzen erzielt werden kann, wird gleichfalls nicht anerkannt. In den Fällen der „unmittelbaren" Werthbestimmung kommt es von vorneherein auf den Aufwand an, der für die Reproduction erforderlich ist.

Der Werth von Erzeugnissen, die in ökonomischer Weise mit den geringsten Kosten erzeugt wurden, muss folgerichtig sich verändern, wenn späterhin der entscheidende Kostensatz sich ändert. Insbesondere muss, wenn der Kostensatz geringer wird, der Werth der alten theurer erzeugten Waaren herabgehen, von dem Augenblicke an, in dem neue billige Waare für den Bedarf disponibel wird, oder auch schon früher, soferne die alten Vorräthe reichlich sind und in Erwartung der zunehmenden Erzeugung nicht mehr zurückgehalten zu werden brauchen.

Es kann sein, dass nicht alle begehrten Erzeugnisse zum gleichen billigsten Kostensatze hergestellt werden können. Dann muss man nach Erforderniss zu höheren Kostensätzen aufsteigen. Der Werth von Erzeugnissen, die mit verschieden hohen Kosten hergestellt werden mussten, wird durchaus von dem höchsten erforderlichen Kostensatze bestimmt; der Theil, der am theuersten hergestellt wurde, muss entsprechend hoch geschätzt werden, wenn es erlaubt gewesen sein soll, ihn mit solchem Aufwand zu erzeugen, und der andere Theil, der billiger hergestellt wurde, muss gleichfalls so hoch geschätzt werden, weil alle Erzeugnisse, wenn von gleicher Qualität, unter einander gleichen Werth haben müssen.

Alle diese Sätze sind theoretisch und praktisch wohlbekannt, soferne sie vom Verkehrswerthe verstanden werden. Es ist für uns von Interesse, dass sie auch vom natürlichen Werthe gelten.

§. 54. Kostengesetz und allgemeines Werthgesetz.

Ist die gegebene Darlegung des Kostengesetzes richtig, so kann über das Verhältniss des Kostengesetzes zum allgemeinen Werthgesetze kein Zweifel sein.

Zwischen Kosten und Nutzen ist kein grundsätzlicher Gegensatz. Kosten sind Güter, im einzelnen Falle nach ihrem allgemeinen Nutzen geschätzt. Der Gegensatz von Kosten und Nutzen ist nur der zwischen Nutzen des einzelnen Falles und Nutzen im Ganzen. Wer nur „den Nutzen" aber nicht „die Kosten" bedenkt, verabsäumt letztlich über dem Nutzen e i n e r Erzeugung den von andern Erzeugungen. Wer in jedem einzelnen Falle mit den geringsten Kosten erzeugt, erzeugt eben damit im Ganzen mit dem höchsten Nutzen, indem er alle Nutzgelegenheiten thunlichst schont und damit letztlich thunlichst ausbeutet.

Auch wo das Kostengesetz gilt, bleibt somit der Nutzen Quelle des Werthes. Noch mehr, der Grenznutzen bleibt das Mass des Werthes. Nur werden Nutzen und Grenznutzen nicht mehr einseitig, innerhalb jeder Gattung von Erzeugnissen für sich, sondern im Kreise der ganzen Productionsverwandtschaften festgestellt. Innerhalb dieses Kreises entscheidet immer der gemeinsame productive Grenznutzen. Das Erzeugniss der productiven Verbindung $10 a + 10 b + 10 c$ besitzt den gemeinsamen Grenznutzen aller Productivgüter der Art a zehnmal und ebenso oft den der Arten b und c. Daher steht es in einem festen Werthverhältnisse zu dem Erzeugnisse aus $10 a + 20 b + 10 c$ und dieses Werthverhältniss entspricht dem allgemeinen Werthgesetze, wonach Theilsummen eines Vorraths mit dem Vielfachen von Menge und Grenznutzen anzuschlagen sind. Auch solche Producte, die in äusserer Erscheinung und Bestimmung einander ganz fremd sind, kommen hiedurch, wenn sie auf ihre productiven Bildungselemente zurückgeführt werden, letztlich in dasselbe Werthverhältniss wie Theilsummen eines Vorraths. Ein Schrank und ein Tisch sind an sich verschiedenartige Güter; auf ihre productiven Bildungselemente zurückgeführt, sind sie aber gleichartig, sind sie zu denselben Vorräthen zugehörig und empfangen einen entsprechenden Werthausdruck. Das Kostengesetz ist das allgemeine Werthgesetz in einer besonderen, complicirteren Fassung für einen besonderen, complicirteren Fall, wo die Zugehörigkeit von Gütern zu den gleichen Vorräthen nicht schon durch ihr äusseres Ansehen erkennbar, sondern erst durch die Zurückführung auf ihre productiven Bildungselemente zu erschliessen ist.

Diese Darstellung wäre unvollständig, wenn nicht hinzugefügt würde, dass das Kostengesetz für die Erzeugnisse weitaus die häufigste Erscheinungsform des allgemeinen Werthgesetzes ist. Producte fast jeder Art werden fort und fort neu erzeugt, fort und fort muss daher ihr Werth durch die Grösse der productiven Vorräthe im Vergleiche mit der Grösse des productiven Bedarfes bestimmt werden. Weitaus die meisten Veränderungen der Werthgrösse werden durch die Veränderungen herbeigeführt, die sich im Vorkommen der Productivgüter (bezw. in der Erzeugung derselben, wo sie selber Gegenstände der Erzeugung sind) ereignen; sowie durch die Veränderungen im Stande der Technik oder der Erzeugungsbedingungen, welche die Kostenquanten, mit denen die Dinge herzustellen sind, kleiner oder grösser machen. Dadurch geht der Werthwechsel der Producte in der Mehrzahl der Fälle auf eine Ursache zurück, die sich an den Productivgütern findet. Selbst dann, wenn die erste Ursache des Werthwechsels am Bedürfniss und den Producten eingetreten ist, theilt sich die Wirkung dieser Thatsache den productionsverwandten Producten durch das Medium der Kostengüter mit, deren Werth vertheuert oder verbilligt wurde. Ein Product, das mit hundert andern productionsverwandt ist, wird aller Wahrscheinlichkeit nach hundertmal durch Veränderungen in deren Vorraths- und Bedarfsverhältnissen betroffen werden, bis es einmal durch eine Veränderung seiner eigenen Verhältnisse betroffen wird; und alle diese Einflüsse von aussen her theilen sich ihm durch den Kostenwerth mit. Dazu kommt, dass Veränderungen im eigenen Vorrath und Bedarf spurlos vorübergehen müssen, wenn sie nicht gerade sehr umfangreich und dadurch im Stande sind, gegenüber den Vorraths- und Bedarfsgrössen der ganzen Productionsverwandtschaften den ausschlaggebenden Grenznutzen zu verrücken.

Somit sind die Kostenerscheinungen ein neuer Beleg dafür, wie sehr die objectiven Bedingungen des Güterdaseins den Güterwerth beeinflussen. Wie weit ist derselbe in seiner Schlussgestalt als Kostenwerth davon entfernt, das Spiegelbild jener subjectiven Thatsache des Bedürfnisswerthes zu sein, von der er abgeleitet ist! Der Umstand, dass productionsverwandte Erzeugnisse durch verschieden grosse Quantitäten derselben Erzeugungselemente herzustellen sind, bringt ihre subjectiven Schätzungen in ein Verhältniss, dessen Relationen ganz und gar den objectiven Erzeugungsbedingungen entnommen sind, während freilich die Impulse, die zu seiner Aufstellung hindrängen, sowie die absoluten Werthgrössen der Elemente, deren Vielfache in's Verhältniss gesetzt werden, subjectiv bleiben und damit die Subjectivität des Ursprungs und Wesens des Werthes erweisen.

Der Einfluss der Kosten auf den Productwerth konnte der theoretischen Beobachtung unmöglich entgehen. Nichtsdestoweniger ist die theoretische Erkenntniss des Kostengesetzes die längste Zeit dennoch eine sehr unvollkommene geblieben. Man vermochte dasselbe nur als relatives Gesetz zu erfassen, dass die Productwerthe sich wie die Kostenquantitäten verhalten — was aber die Kosten ihrem Wesen nach seien, woher sie selber ihr Mass empfingen, welche absolute Grösse den Productwerthen zukomme, wusste man so wenig zu sagen, als man die zahlreichen Widersprüche aufzuklären vermochte, auf die man stossen musste, so lange man die Kosten als die letzte Ursache der Productwerthe auffasste. Vielleicht ist es der höchste Triumph für die Theorie des Grenznutzens, dass sie den dunklen Kostenbegriff vollends aufklärt, mit dem jede andere Theorie rechnen musste, ohne irgend über ihn Rechenschaft geben zu können. Nur die Arbeitstheorie hat noch versucht, ihn zu deuten, aber sie hat damit, wie weiter unten gezeigt werden soll, die grössten Irrthümer in die theoretische Nationalökonomie eingeführt, die je in ihr begangen worden sind.

§. 55. Die sogenannten Productionskosten der Arbeit.

Durch eine der sonderbarsten Verirrungen des Urtheils ist die englische Schule der Nationalökonomie zu dem Satze gekommen, auch der Verkehrswerth der menschlichen Arbeit werde durch die Productionskosten bestimmt. Die Productionskosten der menschlichen Arbeit — wenn man diesen Ausdruck aus der unpersönlichen Wendung, die hier die figürliche ist, in die trockene persönliche übersetzt — wären die Kosten der Production des Arbeiters. Welch ungeheuerliche Idee! Gibt es denn eine „Production" von Arbeitern, in dem Sinne, wie es Productionen von Sachgütern gibt? Hat es jemals selbst in den dunkelsten Zeitaltern der Barbarei eine solche gegeben! — Man hätte zum mindesten einen andern Namen wählen sollen als diesen. Aber lassen wir den Namen und gehen wir zur Sache über.

Die Sache ist, dass die Productionskosten der Arbeit die nothwendigen Unterhaltskosten für den Arbeiter und seine Familie bedeuten sollen; die Unterhaltsmittel, die die Arbeiter selbst für das Minimum halten, damit sie leben, in Kraft und Arbeitstüchtigkeit bleiben und Kinder in die Welt setzen und zur Arbeit erziehen können. Wie die Güterpreise auf die Dauer weder unter noch über den Erzeugungskosten, so wird behauptet, dass die Arbeitslöhne auf die Dauer weder unter noch über diesem Existenzminimum stehen können. Allerdings kann der Satz immer nur von der gemeinsten und schlechtest bezahlten Arbeit verstanden werden, denn die besser bezahlten erheben sich ja eben über das geringste noch für zulässig erachtete Lohnniveau.

In der That ist nach der einen Seite hin, was die Unmöglichkeit des Sinkens **unter** das Minimum anlangt, eine nahe, ja furchtbare Analogie zwischen dem Gesetze des Arbeitslohnes und dem Kostengesetze vorhanden: der Arbeitslohn kann in der That dort, wo die Arbeiter kein anderes Einkommen als ihren Lohn zu verzehren haben, auf die Dauer nicht unter das Mass sinken, welches durch die Preise der nothwendigen Unterhaltsmittel abgesteckt ist. Sind die Subsistenzmittel selten und theuer, so muss endlich ein hoher Lohn bewilligt werden. Das Elend und der Tod sind die gebieterischen Mächte, die diese Folge erzwingen, indem sie die Arbeiterzahl so lange verringern, bis durch das gesunkene Angebot der Lohn wieder hinlänglich gesteigert wurde, um die Lebensnothdurft zu decken.

Wie aber steht es nach der andern Seite? Kann sich der Arbeitslohn wirklich niemals auf die Dauer über die Unterhaltskosten erheben? Ist irgend eine, wenn auch nur äusserliche Analogie zu beobachten zwischen dem Drucke, den die Wahrnehmung billiger Erzeugungsbedingungen auf die Schätzung der Producte ausübt, und einem Drucke, den die Wahrnehmung billiger Lebensbedingungen auf die Schätzung der Arbeit ausüben könnte? Die Oekonomen der englischen Schule behaupten es, wobei sie freilich wiederum Motive in's Spiel bringen, die mit den Erwägungen innerhalb der Güterproduction so wenig gemein haben, wie das Gebot der Natur, welches Den sterben heisst, der die Mittel des Lebensunterhaltes nicht findet, mit der Erwägung des Fabrikanten, welcher eine Erzeugung einstellt, bei der er nicht auf seine Kosten kommt. Das Motiv, das angerufen wird, um zu erweisen, dass der Lohn sich nicht über dem Existenzminimum halten könne, ist die Macht des Geschlechtstriebes. Werden die Lebensmittel häufiger und billiger, so ist Spielraum da für Volksvermehrung, für Heiraten und Kindererzeugung und Erhaltung der Gebornen. Das Arbeiterangebot kann wieder zunehmen, die Löhne können wieder abnehmen, beides so lange bis wieder das ernährbare Maximum der Bevölkerungszahl und das Existenzminimum des Lohnes erreicht sind. Diese Folge kann eintreten. Muss sie auch eintreten? Tritt sie wirklich immer ein? Was lehrt die Erfahrung? Sie spricht deutlich genug, so dass selbst Diejenigen, die das Kostengesetz der Arbeit behaupten, ihrem Gesetze Clauseln anzufügen sich gezwungen sehen, die dasselbe so gut wie aufheben. So wird die Clausel zugefügt, dass derjenige Unterhaltsbetrag entscheiden solle, den die Arbeiter selbst als das zulässige Minimum ansehen, weil eben die Erfahrung zeigt, dass die Minimallöhne von Nation zu Nation, von Zeitraum zu Zeitraum, von Ort zu Ort verschieden sind. Diese Clausel hebt aber das Gesetz auf. Kommt es auf die Meinung der Arbeiter an, so ist von einem zwingenden, äusseren, objectiv gegebenen Masse des Lohnes keine Rede mehr. Ueberzeugender noch spricht die Erfahrung in einer andern Beziehung. Wir bemerken allenthalben, dass die Löhne für verschiedene Arbeiten verschieden hoch sind. Nur ein Theil der Arbeiter, durchaus nicht der überwiegende Theil, ist immer auf den geringsten Lohn gesetzt. Wie könnte das aber sein, wenn der ganze Arbeiterstand so durchaus unter der Macht des Geschlechtstriebes stünde als behauptet wird? Müsste dann nicht — wenigstens auf die Dauer und in der Regel — das Arbeitsangebot in allen Zweigen erdrückend gross sein und den Lohn auf das Minimum reduciren? Müssten dann nicht alle Löhne gleich niedrig sein? Die Thatsache, dass höhere Arbeitslöhne in den besseren Arbeitszweigen sich fort und fort erhalten, ist ein deutlicher Beweis, dass die Höhe der Löhne fort und fort von Rücksichten bestimmt wird, welche mächtiger sind, als dass der Geschlechtstrieb ihre günstigen Wirkungen aufheben könnte, oder was dasselbe ist, dass der Geschlechtstrieb doch jene zerstörende Mächtigkeit, die behauptet wird, nicht besitzt. Besitzt er sie für einen Theil der Arbeiterschaft nicht, so ist aber nicht einzusehen, warum man dies für den andern Theil als Nothwendigkeit behaupten sollte.

Wäre das Kostengesetz für die **Arbeitslöhne** wahr, so wäre es damit auch für den **natürlichen Arbeitswerth** wahr. Die Kräfte, welche für das Kostengesetz der Arbeitslöhne angerufen werden, müssten, wenn sie überhaupt so wirken wie von ihnen behauptet wird, unter jeder gesellschaftlichen Organisation gleichmässig wirken. Wäre insbesondere der Geschlechtstrieb von jener überwältigenden Stärke, so müsste er auch im communistischen Staate die Arbeiterzahl immer auf den höchsten Stand hinaufzutreiben suchen, welcher zum Existenzminimum erhalten werden kann; nur dass die Folgen hier, wo der Arbeiterstand das ganze Volk umfasste, um so umfassendere und um so verderblichere wären. Das „eherne Lohngesetz" von heute würde sich in Zukunft zu einem ehernen Gesetze des allgemeinen Elends ausdehnen.

Die neueren Nationalökonomen verwerfen das Kostengesetz der Arbeit in seiner älteren roheren Fassung ziemlich allgemein, dagegen räumen sie der Rücksicht auf die Unterhaltskosten des Lohnarbeiters eine andere Wirkung ein. Jede Arbeiterclasse suche, so sagt man, den einmal gewohnten Lebensunterhalt auch fernerhin festzuhalten, indem sie ihre Lohnforderung entsprechend stelle und durchzusetzen bestrebt sei, ausserdem auch ihre Heiraten und die Kindererzeugung entsprechend regulire. Der einmal gewohnte Lohn soll die Tendenz haben, sich dauernd zu behaupten und den Tendenzen, die ihn herabzudrücken streben, Widerstand zu leisten. Auch dieses Gesetz, wenn es als Gesetz des Lohnes wahr wäre, müsste zugleich als natürliches Gesetz der Wirthschaft anerkannt werden, weil auch seine Gründe von allgemeiner Kraft wären. Die Erfahrung scheint es indess nicht zu bestätigen. Wechseln nicht die Löhne fortwährend auf und ab? Das begreifliche Verlangen, die einmal erreichte Einkommenshöhe nicht mehr zu verlieren, kann wohl auch die ihm zugeschriebene Kraft, den ungünstigen Chancen des Arbeitserfolges Widerstand zu leisten, nicht gut besitzen. Wenn der Arbeitsertrag sinkt, sinkt, ohne durch die Gewohnheit des bisherigen Lebensgenusses irgendwie aufgehalten werden zu können, der natürliche Werth der Arbeit, und es ist die höchste Wahrscheinlichkeit dafür vorhanden, dass mit diesem auch der Verkehrswerth sinken werde; denn wenn auch beide keineswegs immer zusammentreffen — wie oft bleiben die Löhne nicht hinter dem natürlichen Werth zurück — so ist doch, wie die Dinge einmal liegen, nur äusserst selten anzunehmen, dass der Lohn den natürlichen Werth sollte übertreffen können. Die Wirkung, die durch Zurückhaltung in Eheschliessung und Kindererzeugung hervorgebracht werden könnte, käme jedenfalls immer viel zu spät; sie kommt erst nach Jahren, erst bei der folgenden Generation auf, nachdem die Verhältnisse alle sich längst verändert haben. Gewiss ist das Verlangen der Menschen, ein möglichst hohes Einkommen zu gewinnen, ein nicht gering zu schätzendes Motiv unter den mancherlei Motiven, die den Erfolg der Production bestimmen. Es ist so folgenreich, wie Verstand, Geschick, Gunst der äusseren Umstände. Aber weshalb führt man dieses Motiv blos in Ansehung des Arbeitserfolges an? Ist es nicht ebenso mächtig in Ansehung der Erträgnisse, die aus Land und Capital gewonnen werden? Und weshalb schränkt man seine Wirksamkeit auf den einmal erreichten Einkommensstand ein? Geht es nicht noch darüber hinaus, um neues Einkommen zu gewinnen? Die Wahrheit ist, dass die Menschen alle productiven Erträge so gross, als ihnen nach ihren persönlichen Anlagen nur möglich ist, zu machen suchen und dass die so gewonnenen Erträge den Werth der productiven Factoren, der Arbeit wie der übrigen, bestimmen. Dass gerade bei der Arbeit eine Ursache wirksam sei, wodurch der einmal erreichte Stand eine besondere Kraft erhielte, um sich ungeschmälert weiter zu behaupten, ist durch nichts plausibel zu machen.

Auch die neueren Nationalökonomen, wenn sie solche Lehren aufstellen, thun dies wohl nur, um das Gesetz des Arbeitslohnes mit dem allgemeinen Preisgesetze der Erzeugnisse in Analogie zu bringen. Wie hier, so will man auch dort den Werth zwischen die „Obergrenze des Nutzens" und die „Untergrenze der Kosten" gestellt haben, von der falschen Voraussetzung eines principiellen Gegensatzes zwischen Kosten und Nutzen ausgehend. Wäre selbst ein solcher Gegensatz vorhanden,, so wäre er doch zum mindesten bei der Arbeit nicht durchführbar. Die Arbeit ist nun einmal nicht in die sämmtlichen wirthschaftlichen Beziehungen zu zwängen, in die die Sachgüter vermöge ihrer Natur zu bringen sind. Ein erzeugbares Sachgut ist zweifach ein Gut, d. h. eine nützliche Sache; einmal durch seine Wirkungen, in denen es nützt, und sodann durch seine Entstehung und Erhaltung, worin es sachlich beherrschbar ist. Die Arbeit ist nur nach der einen Richtung der nützlichen Wirkung wie eine Sache anzusehen, deren ökonomischer Gebrauch überlegt werden soll und darf. Nach der Richtung der Entstehung und Erhaltung ist sie ein persönliches Ereigniss, über das blosse wirthschaftliche Rücksichten nicht zu entscheiden haben. Es ist eine Ueberschreitung des erlaubten Gebietes wirthschaftlicher Machtausübung, wenn diese mit der Persönlichkeit des Arbeiters ohne andere Rücksichten schaltet, und es ist eine Ueberschreitung des Gebietes wirthschaftlicher Theorie, wenn dieselbe Thatsachen des persönlichen Lebens ausschliesslich mit ihren Mitteln zu erklären beansprucht.[*])

§. 56. Die einzelnen Kostenelemente.
1. Vorbemerkung.

Ich habe es bisher fast ganz unterlassen, auf die fremden Theorien des Werthes kritisch einzugehen. Bisher, bis zur Materie der Kosten, enthalten dieselben keinerlei fremdes Ele-

---

[*]) Wie die Arbeit nicht das Product der Unterhaltsmittel des Arbeiters ist, so sind umgekehrt diese nicht als die Productivfactoren der Arbeit anzusehen. Mit andern Worten: **Die Subsistenzmittel des Arbeiters bilden kein Capital.** Ist die Arbeit das Gut zweiter Ordnung, welches irgend ein Gut erster Ordnung — ein Gebrauchsgut — erzeugt, so enthält der Unterhaltsfond des Arbeiters keineswegs die Güter dritter Ordnung, welche den Arbeiter erzeugten; er enthält wiederum nur Güter erster Ordnung, Gebrauchsgüter für den Arbeiter. Daraus ergibt sich eine wichtige Folgerung für den Werth. Der Werth theilt sich, wie wir wissen, zuerst vom Bedürfniss aus dem Gute erster Ordnung, sodann von diesem aus dem Gute zweiter Ordnung u. s. f. durch alle Ordnungen weiter mit. Wären die Subsistenzmittel Capital, so empfingen sie ihren Werth vom Werthe der Arbeitsleistung. Da sie aber einfach Subsistenzmittel sind, so empfangen sie ihren Werth von den Bedürfnissen, die sie decken.

ment. Soferne sie unzulänglich sind, sind sie es der Hauptsache nach dadurch, dass sie die wahren Elemente des Werthes unzulänglich deuten. Sollte es mir, wie ich freilich kaum zu hoffen wage, gelungen sein, die Theorie, zu der ich mich erklärt habe, in sich überzeugend vorzutragen, so wären damit alle übrigen Theorien in sich widerlegt, indem alle ihre Anläufe sich als erfüllt darstellten. Wo sie nur die Hälfte sagen, wäre das Ganze gesagt, wo sie nur die Annäherung zur Wahrheit finden, wäre die Wahrheit selbst gefunden. Anders aber verhält es sich, allerdings nur zum Theile, mit den Theorien, die den Güterwerth von den Kosten ableiten. Sie rufen ein fremdes Element an, das nicht auf dem von mir eingeschlagenen Wege liegt und das daher nicht anders als auf einem kritischen Seitenwege berührt werden kann. Zugleich enthält dieses fremde Element so viel Verführerisches in sich, dass Derjenige, welcher an ihm einfach vorüberginge, den Schein wider sich hätte, als ob seine Darstellung nicht die ganze Wahrheit umfasste.

Es ist, wie ich sagte, nur ein Theil der Kostentheorien, um den es sich hiebei handelt.

Alle Kostentheorien haben das Eine gemeinsam, dass sie Kosten und Nutzen zu einander in Gegensatz stellen und als verschiedenartige Werthprincipien erklären. Sie unterscheiden sich jedoch wieder in der Behandlung des Kostenprincips. Ein Theil beschränkt sich auf die Aufzählung der einzelnen Kostenelemente und die Darstellung ihres Einflusses auf den Werth, ohne die eigentliche Principienfrage zu erledigen oder auch nur aufzuwerfen, was denn eigentlich Kosten seien und wodurch sie ihren Einfluss, wodurch sie wirthschaftliche Wichtigkeit erlangten. Die Kritik dieser Theorien ist überflüssig. Sie enthalten keinen Irrthum, der kritisirt werden könnte. Ihr Fehler ist ihr Schweigen, dass sie dort endigen, wo der Kern ihrer Aufgabe liegt.

Der andre Theil der Kostentheorien ist anders zu beurtheilen. Er gibt der Idee der Kosten eine ganz bestimmte Deutung, eine Deutung, die zwar, alles in allem genommen, irrig ist, deren Irrthum aber zugleich durch die Grösse der theoretischen Intention entschuldigt wird, ja zur Anerkennung, zur Bewunderung zwingt. Man kann diesen Theil der Kostentheorien mit dem Namen der „Arbeitstheorie" bezeichnen, weil das Element der Arbeit den theoretischen Ausgang bildet. Ricardo's System bezeichnet den Höhepunkt der Arbeitstheorie, das socialistische System ist ihre letzte Consequenz. Viele Autoren, welche das Ricardo'sche wie das socialistische System verwerfen, nehmen doch das Grundmotiv der Arbeitstheorie in ihr Lehrgebäude auf. Es gibt sogar sehr wenige Autoren, die sich hievon ganz frei hielten. Die Kritik findet daher hier eine grosse Aufgabe vor sich. Ich mache kein Hehl daraus, dass mir die Bekämpfung der literarisch entwickelten Ansichten dadurch noch um ein gutes Stück wichtiger erscheint, dass dieselben letztlich aus volksthümlich verbreiteten Ansichten hervorgegangen sind. Die Grundidee der Arbeitstheorie ist Niemand fremd. Jedermann hat sie praktisch bei zutreffender Gelegenheit häufig genug angewendet. Ohne diesen Umstand hätte Ricardo's System seine grosse Geltung nie erreichen können, und dieser Umstand lässt auch für künftighin immer neue Formulirungen der Arbeitstheorie erwarten, wenn es nicht gelingt, die volksthümliche Meinung theoretisch zu reinigen und von den Uebertreibungen, die sie aus der leicht erklärlichen Mangelhaftigkeit ihrer volksthümlichen Fassungen empfängt, auf ihren nicht zu bestreitenden wahren Gehalt zurückzuführen.*)

---

*) Der neueste Bearbeiter der Werthlehre, W. Scharling („Werththeorien und Werthgesetz" in den Conrad'schen Jahrbüchern, 1888) erklärt den Werth wieder aus dem Grundmotiv der Arbeitstheorie, wenn er dasselbe auch mannigfach erweitert und abändert. Er erklärt ihn aus der Schwierigkeit der Erlangung, genauer aus der Grösse der Anstrengung, welche dem Erwerbslustigen dadurch erspart wird, dass er durch den Tausch zu seinem Ziele kommt. Ich will auf die positiven Ausführungen Scharling's nicht genauer eingehen, ich verweise bezüglich ihres Grundmotives auf die unten folgende Polemik wider die Arbeitstheorie. Nur beiläufig sei hervorgehoben, dass Scharling unter die Anstrengungen, welche dem Preise das Mass geben sollen, auch diejenige rechnet (pag. 558), „welche es (auf einer Auction) ... kostet, die andern Liebhaber zu entfernen" oder diejenige „die Unlust des Andern (nämlich des Besitzers) zu überwinden, sich von seinem Gute zu trennen". Beide Anstrengungen bestehen in nichts Anderm als in der Zahlung eben desjenigen Preises, dessen Mass erklärt werden soll. In diesem Sinne gehört es wohl mit zu den Schwierigkeiten der Erwerbung, dass die Dinge mit Geld bezahlt werden müssen, während man mit Geld sparen muss. Seine Meinung über die Theorie des Grenznutzens entwickelt Scharling an einem von Böhm-Bawerk gegebenen Beispiele von

§. 57. Fortsetzung. 2. Die Arbeit.

Dass zu den Kosten eines Erzeugnisses vor allem die Arbeit gehöre, die zu seiner Herstellung erforderlich ist, kann nicht wohl bezweifelt werden. Jedes Product entzieht die Arbeitskraft, die ihm gewidmet wird, andern Producten, denen sie sonst gewidmet werden könnte. Es wäre kein Wort weiter über den Gegenstand zu erwähnen, wenn die Arbeit nicht neben ihrem Nutzen noch durch eine zweite Beziehung zu wirthschaftlicher Abwägung ihrer Verwendungen aufforderte. Die Arbeit, falls sie zu weit getrieben wird, wird zu einer Last und hat eine Reihe von schweren persönlichen Uebeln zur Folge. Man hat gute Ursache, wo die Arbeit Plage, Anstrengung, Gefahren bringt, diese Folgen zu bedenken und um ihretwillen allein jede Leistung als ein Opfer zu betrachten, das nur dann gebracht werden soll, wenn es durch den Erfolg gehörig wiedervergolten wird. In diesem Sinne ist es, dass man gemeinhin sagt, die Production koste Arbeit, und in diesem Sinne ist es, dass auch die meisten Oekonomen die Arbeit als Kostengut

einem Knaben, für welchen „der Genuss von der Verzehrung eines Apfels den Genuss von der Verzehrung einer Pflaume mehr als sieben, aber weniger als achtmal übertrifft". „Denken wir uns nun", fährt Scharling fort, „dass ...... der Vater kommt und dem Knaben sagt: „Unser Nachbar hat Dir „erlaubt, in seinem Garten so viele Aepfel zu pflücken als Du willst" — „gleich wird der Knabe seine Schätzung des Verhältnisses zwischen Apfel „und Pflaumen ändern, obgleich sein Geschmack und sein Genuss an der „Verzehrung der Früchte ganz unverändert bleibt. Aber die Anstrengung, „welche der Besitz eines Apfels ihm erspart, wenn er sich den Genuss eines „solchen verschaffen will, ist nicht mehr dieselbe." Meines Erachtens beweist dieses Beispiel, das Scharling gegen die Grenznutzentheorie vorbringt, durchaus für sie. Worin hat sich die Situation verändert, nachdem der Vater gesprochen? Offenbar darin, dass der Knabe, während vorher nur von einem Apfel die Rede war, nun so viele pflücken kann als er nur will, d. h. dass der verfügbare Vorrath sich bis zum Ueberfluss vergrössert hat. Daher tritt denn die Wirkung ein, die die Theorie des Grenznutzens fordert, dass die Schätzung der Aepfel gänzlich umgeändert wird. Scharling's Entgegnung wäre gerechtfertigt, wenn sie wider eine Theorie gerichtet wäre, die es einfach auf die Nützlichkeit und nicht eben auf den Grenznutzen ankommen liesse, in welchem mit der Nützlichkeit zugleich noch alle Einflüsse miterwogen sind, die vom Vorrath aus den Grad der Ausnützung und Nutzschätzung, ja sogar noch jene, die von den Productionsbedingungen aus die Grösse des Vorraths bestimmen.

auffassen. Nicht der Nutzen, sondern die persönliche Aufopferung des Arbeitenden soll die wirthschaftliche Schätzung der Arbeit und ihren Einfluss auf den Werth der Erzeugnisse bestimmen.

Die Entscheidung, was an dieser Auffassung richtig sei, gehört zu den schwierigsten in der Politischen Oekonomie, und so wie sich die Theorie entwickelt hat, auch zu den wichtigsten. An die Idee, dass die Arbeit um der persönlichen Aufopferung willen geschätzt werde, hat sich vermittelst der weiteren Idee, dass die Arbeit das einzige Productivgut, dass alle Erzeugnisse schlechthin Arbeitserzeugnisse, dass alle Kosten Arbeitskosten seien, endlich der Schluss geknüpft, die für die Erzeugung eines Gutes erforderte Arbeitsaufopferung sei die ausschliessliche Quelle seines Kostenwerthes, ja seines Werthes schlechthin. Aus der Beziehung auf die Arbeitsaufopferung empfange der Begriff des Werthes seinen Inhalt, die Grösse des Werthes ihr Mass. Bei Adam Smith findet sich, wie im Vorwort gesagt wurde, diese Auffassung des Werthes als die „philosophische" im Gegensatze zu einer zweiten „empirischen". Ricardo's System zielt darauf ab, nachzuweisen, dass diese „philosophische" Auffassung durch die empirische Gestaltung des Werthes fast verwirklicht werde. Die Socialisten fordern schliesslich rundweg die vollständige Verwirklichung, indem sie die empirischen Abweichungen als Störungen verurtheilen. Im Zusammenhange mit dieser Auffassung des Werthes steht ein zweiter Schluss aus denselben Prämissen, der den Ursprung und das Ziel der menschlichen Wirthschaft betrifft. Die Wirthschaft leite ihren Ursprung letztlich davon ab, dass die Güter um den Preis der Arbeitsaufopferung gewonnen werden müssen, und das Ziel aller Wirthschaft ginge letztlich dahin, das bei der Güterherstellung erforderte Arbeitsopfer möglichst gering zu gestalten. So finden wir uns, indem wir daran gehen, die Stellung der Arbeit als Kostengut zu untersuchen, inmitten des theoretischen Streites über die Grundfragen der Politischen Oekonomie versetzt.

Die Gegner der Arbeitstheorie lassen ihr meines Erachtens nicht volle Gerechtigkeit widerfahren. Sie suchen sie durchaus zu widerlegen, während sie keineswegs durchaus falsch ist. Sie ist denkbar, nur dass sie nicht auch thatsächlich zutrifft, sie ist, wenn der Ausdruck erlaubt ist, philosophisch richtig, nur dass sie nicht empirisch verwirklicht ist. Es kann in Gedanken ein Zustand der Wirthschaft construirt werden, worin in der That die blosse Rücksicht auf die persönliche Arbeitsaufopferung den Werth wie der Arbeit selbst, so aller Erzeugnisse bestimmte. Die grosse Verbreitung, die das Ricardo'sche System fand, ist nur daraus zu erklären, dass dasselbe auf einen fassbaren und ansprechenden Grundgedanken aufgebaut ist. Man lernte das erste Mal im Grossen „Werth" verstehen, und da setzte man sich denn darüber hinaus, wenn man „den Werth" der Wirklichkeit auch nicht vollständig erklärt fand.

Ich will versuchen, mit aller Schärfe diejenigen Bedingungen zu formuliren, unter denen die Arbeitstheorie zutreffend wäre. Es ist dies das beste Mittel, um zu erkennen, wie viel in Wahrheit daran fehlt, dass die Bedingungen ihres Zutreffens in dem uns umgebenden Wirthschaftszustande verwirklicht seien.

Gesetzt, die Menschen verfügten, während sie gleichzeitig mit allen sachlichen Hilfsmitteln der Arbeit in Hülle und Fülle ausgerüstet wären, über ein solches Mass von Arbeitsfähigkeit und hätten ein so geringes Mass von Bedürfnissen, dass jeder Wunsch, der sich nur regte, vollständig und sogar ohne Aufschub befriedigt werden könnte, nur gegen dem, dass die zur Erzeugung des Befriedigungsmittels erforderte Arbeitsanstrengung überwunden werde; so hätten die erzeugten Befriedigungsmittel, was ihren Nutzen anlangt, keinen Werth, weil sie angenommenermassen jederzeit sofort und in Ueberfülle zu haben wären, dagegen müsste ihnen die Rücksicht auf die erforderte Arbeitsanstrengung Werth geben. Jedes Erzeugniss, das man hergestellt hätte und noch besässe, würde eine Anstrengung sparen, die Anstrengung nämlich, die mit der Wiedererzeugung verbunden wäre. Insoweit hätte man ein lebhaftes Interesse daran, den einmal gewonnenen Besitz auch zu behaupten. Das Mass des Interesses hinge von der durch den Besitz ersparten Anstrengung ab. Ein Erzeugniss mit einem Nutzen von der Intensität 100 und mit einem Arbeitserforderniss von der Intensität 10 hätte den Werth 10; und es wäre gar nichts werth, wenn die Wiederholung seiner Erzeugung nicht Plage kostete.

Die Begriffe von Werth und Reichthum, zu denen man unter den angenommenen Umständen gelangte, wären denen, die entstehen, wenn Werth und Reichthum aus der Betrachtung des Nutzens abgeleitet werden, den die Güter sichern, formell verwandt, während sie sich freilich materiell von denselben durchaus entfernten. Der Werth wäre die Bedeutung, die die Güter wegen des Interesses hätten, das man fühlt, der Unlust der Arbeitsplage enthoben zu sein. Reichthum wäre der ausgedehnte Besitz von Gütern, die vor Arbeitsplage sichern. **Der Gewinn des Reichthums wäre die Ruhe.** Armuth bedeutete nicht Entbehrung, sondern nur Unruhe, Plage. Mit etwas vergrösserter Anstrengung liesse sich jeder Vorsprung des Besitzes bald wieder einholen.

Dass dies nicht die Armuth ist, die der Arme in Wirklichkeit fühlen lernt, und ebenso dies nicht der Reichthum, wie ihn die Menschen in Wirklichkeit schätzen, noch der Werth und die Wirthschaft, wie wir sie aus Erfahrung kennen, bedarf keiner Auseinandersetzung. Könnte man blos durch Plage reich werden, so wären Diejenigen, die heute die Aermsten sind, seit längst berufen, die Reichsten zu sein. Nichts verhält sich in Wahrheit so, wie es die Arbeitstheorie voraussetzen muss. Unsere Wünsche sind zu gross, unsere sachlichen Hilfsmittel zu beschränkt, unsere Arbeitskraft zu gering. Kein wirthschaftlicher Besitz kann verloren gehen, ohne dass ein Genuss mit ihm verloren ginge. **Die Idee des Nutzens kann unmöglich von den Absichten der Wirthschaft und vom Begriffe des Werthes getrennt werden.**

Es könnte sich nur noch um das Eine fragen, ob die Rücksicht auf die Arbeitsaufopferung nicht immer neben der Rücksicht auf den Arbeitsnutzen und mit derselben vereint in die Schätzung der Arbeit als Kostengut und damit insoweit in den Kostenwerth der Erzeugnisse eingeht. Aber auch das ist nicht der Fall. Es kann nicht der Fall sein. Diese Möglichkeit ist nicht empirisch, sie ist logisch ausgeschlossen. Niemals kann eine Erzeugungsarbeit zugleich wegen des Nutzens, der von ihrem Gelingen oder Misslingen abhängt, und wegen der persönlichen Anstrengung, die hievon abhängt, Werth haben. Wann hat eine Arbeit Nutzwerth? Wenn man im Falle ihres Misslingens auf ihren Nutzen verzichten müsste, weil sie ein zweites Mal nicht mehr geleistet werden könnte, oder wenn in diesem Falle, um sie dennoch wiederholen zu können, um ihretwillen eine andere Arbeit unterlassen und deren erwarteter Nutzen preisgegeben werden müsste; wenn man also nicht so viele Arbeitsleistungen zur Verfügung hat, als man zur vollsten Deckung des Bedarfes nothwendig hätte, wenn **Arbeitskräfte nicht im Ueberfluss verfügbar sind**. Wann wird eine Arbeit nach dem Arbeitsopfer geschätzt? Wenn man im Falle des Misslingens auf ihren Nutzen nicht zu verzichten brauchte, weil sie ohne weitere Folgen als die Plage wiederholter Anstrengung immer wiederholt werden könnte; wenn also nicht alle Arbeitskräfte von vorneherein ihre bestimmte Widmung haben, sondern immer noch freie Arbeitskräfte, die überflüssig sind, zur Verfügung stehen. Damit eine Arbeit zugleich nach Nutzen und nach Anstrengung geschätzt werden könnte, müsste sie zugleich unwiederholbar und wiederholbar sein, müsste man zugleich Mangel und Ueberfluss an Arbeitskräften haben. Wo die verfügbaren Arbeitskräfte geringer sind als der Bedarf, wird der Arbeitswerth daher ausschliesslich nach Nutzen geschätzt. Wo die verfügbaren Arbeitskräfte den Bedarf übersteigen sollten, wird er ausschliesslich nach dem persönlichen Arbeitsopfer geschätzt."

*) Es ist nicht im mindesten ausgeschlossen, dass an demselben Orte Arbeiter für gewisse Verrichtungen — z. B. für gelernte Arbeit — mangeln, für andre — z. B. für gemeine Handarbeit — im Ueberfluss zur Verfügung stehen. Dann werden die Leistungen der Ersteren nach Nutzwerth, die der Letzteren nach der Arbeitsbeschwerde geschätzt. In primitiven Wirthschaftszuständen sind die „Vorräthe an Arbeitskraft" häufig übergross; erst mit zunehmender Cultur wird es zur Regel, dass dieselben nicht mehr ausreichen. Uebrigens kann selbst die Arbeitskraft einer und derselben Person in Rücksicht auf gewisse Arbeitsanforderungen zu klein, in Rücksicht auf andre gleichzeitig zu gross sein. Es kommt fast in aller Regel vor, dass Arbeiter, deren berufsmässige Leistungen den volkswirthschaftlichen Bedarf an derartigen Leistungen nicht decken, doch für ihr Hauswesen und die geringfügigen Arbeitsanforderungen, die in demselben an sie gestellt werden, immer genug Leistungsfähigkeit übrig haben. Dies hängt noch damit zusammen, dass die Arbeitskraft niemals im Ganzen ermüdet; nach der Berufsthätigkeit erholt man sich wohl noch an leichten und zerstreuenden Geschäften. Selbst in einem Lande, wo der volkswirthschaftliche Arbeitsbedarf ganz ungenügend versorgt ist, fehlt es daher niemals an Gelegenheiten, um die Arbeit nach ihrer Beschwerde zu schätzen. Jedermann kommt immer wieder in solche Gelegenheiten. Jedermann lernt mithin das Grundmotiv der Arbeitstheorie aus eigener Erfahrung kennen.

Auch dort, wo der Arbeitswerth nach dem Nutzen geschätzt wird, hört man natürlich nicht auf, die Mühen und Gefahren der Arbeit zu achten. Die Rücksicht auf sie geht nur nicht unmittelbar in den Arbeitswerth ein, im Uebrigen bleibt diese Rücksicht so lange bestehen, so lange Mühe als Mühe und Gefahr als Gefahr empfunden wird. Sie kann selbst mittelbar auf die Werthschätzung Einfluss gewinnen, wie sie denn wirthschaftlich in mehrfachen Beziehungen fort und fort wohl abzuwägen ist.

Wir können diese Beziehungen mit Genauigkeit aufzählen.

Erstens, jedesmal bevor man an eine Arbeit geht, hat man zu überlegen, ob ihr Nutzen ihre Anstrengung aufwiege. Nur solche Arbeiten sollen vernünftiger Weise verrichtet werden, deren Erfolg ihre Beschwerde übertrifft. Hierin liegt übrigens eingeschlossen, dass die Arbeit dort, wo sie blos nach ihrer Beschwerde geschätzt wird, niedriger geschätzt wird als dort, wo sie ihren Werth von ihrem Erfolge empfängt. Eine andre wichtige Folgerung ergibt sich gleichfalls hieraus. Der Umstand, dass die Arbeitsaufwendung als Last empfunden wird, muss die Auswahl der Arbeitswidmungen etwas verschieben. Es kann vorkommen, wie Sax (s. unten) treffend hervorhebt, dass statt der nützlicheren Widmung die minder nützliche gewählt wird, weil jene eine verhältnissmässig noch grössere Anstrengung erforderte.

Zweitens, Arbeiten, zu deren Vollziehung man sich entschliesst, sollen immer so verrichtet werden, dass die Mühe und Gefahr möglichst klein gemacht werden.

Drittens, der Umstand dass die Arbeitsaufwendung als Last empfunden wird, macht sich noch darin geltend, dass das Arbeitsangebot im Ganzen etwas verringert wird. Wäre die Arbeit nicht drückend und erschöpfend, so würde etwas mehr gearbeitet. Hiedurch wird, worauf oben hingewiesen wurde, der Nutzwerth der Arbeit mittelbar betroffen, indem er sich wegen des verringerten Angebotes etwas höher stellt. Arbeitsleistungen gleicher Nutzbarkeit aber verschiedener Beschwerde reguliren sich daher im Werthe so, dass die beschwerlichere höher taxirt wird. Diese Wirkung tritt aber nur dann ein, wenn das Angebot wirklich verringert wird. Wo die Furcht vor Mühe und Gefahr nicht abschreckend wirkt, oder wo sie durch andre Motive wieder überwunden wird, so dass das Angebot gleich bleibt, erhöht sich der Arbeitswerth nicht. Die Erfahrung zeigt, dass die mühsamsten, lästigsten und gesundheitswidrigsten Arbeiten am mindesten geschätzt werden, weil sie die der grossen Masse am leichtesten zugänglichen sind und daher am reichlichsten angeboten werden. Im communistischen Staat würde es aller Voraussicht nach nicht anders sein. Die Menge der Bürger wird sich immer nur für die gröbsten Dienste eignen, die zugleich die beschwerlichsten und die einfachsten sind. Während der communistische Staat mit denselben reichlich versorgt wäre, so dass man sie bis zu den unbeträchtlichsten Nutzeffecten herab verwenden könnte, würde man dagegen die besseren Arbeitskräfte, so wie es heute geschieht, wegen ihrer beschränkteren Zahl mit vorsichtiger Auswahl ihrer Beschäftigung sparen müssen. Der Nutzen und nicht die Mühe gäbe im Allgemeinen den Massstab der Schätzung für die persönlichen Leistungen.

Die Betrachtung der Arbeitstheorie ist hiemit noch nicht abgeschlossen. Ihre grössten Irrthümer beziehen sich auf die Schätzung, die dem Capitale als Kostenelemente zuzuwenden ist.*

*) Siehe hiezu „Ursprung des Werthes", pag. 103 ff. und nun Böhm-Bawerk „Werth", pag. 42 ff., dagegen Sax §. 45. Sax, von dem richtigen Satze ausgehend, dass nur solche Güter hergestellt werden sollen, deren Nutzen die Arbeitsmühe übertrifft, scheint mir in seinen Folgerungen etwas zu weit zu gehen, wenn er sagt: „Ist die an das bezügliche Bedürfniss, d. h. den Zustand des Bedürfens geknüpfte Unlust geringer als die der Arbeitsplage, dann wird das Verlangen nach dem betreffenden Gute ein passives. Das bezügliche Bedürfniss selbst hört auf empfunden zu werden." Nur soweit das Verlangen „activ" sei, erhalte das erwartete Erzeugniss in Gedanken Werth zuerkannt. — Das scheint mir, wie gesagt, zu weit gegangen. Bei der Ueberlegung, ob man ein Erzeugniss herstellen solle, wird der Werth, wie er aus dem erwarteten Nutzen hervorgeht, unverkürzt angesetzt; daneben wird dann die in Aussicht stehende Mühe als eine Sache für sich erwogen. Wenn ich hungere, aber zu träge bin, um zu arbeiten, so empfinde ich trotzdem den Hunger weiter, und so schätze ich denn auch den Werth der Speise nach dem Masse meines Hungers; nur dass eben die Vorstellung dieses Werthes nicht hinreicht, um meine Trägheit zu überwinden.

§. 58. Fortsetzung. . 3. Das Capital.

In einem vollständigen Kostenanschlag sind zweifelsohne zu den Arbeitskosten auch noch die Ziffern des nothwendigen Capitalverbrauches hinzuzurechnen. Von zwei Erzeugnissen, die gleich viel Arbeit kosten, muss dasjenige theurer sein, für welches die grössere Capitalsverzehrung erforderlich ist. So ist gerechnet worden, seit man Capital besitzt, und so wird immer, auch im communistischen Staate gerechnet werden. Die Nothwendigkeit ist so offenbar, dass selbst die Anhänger der Arbeitstheorie sich vor ihr beugen. Auch sie geben zu, dass die Capitalskosten den Werth der Producte mitbestimmen. Es bleibt ihnen nichts übrig, als ihre Theorie mit dieser unbestreitbaren Thatsache zu vereinbaren. Dafür gibt es nur ein einziges Auskunftsmittel, allerdings so eigenthümlich, dass nur theoretische Verblendung sich seiner bedienen kann. Wenn alle Kosten schliesslich in Arbeit aufgehen sollen, und wenn die Existenz von Capitalkosten nicht zu läugnen ist, so müssen auch die Capitalkosten schliesslich in Arbeitskosten aufgehen — Capital muss Arbeit sein.

Auf zwei Wegen hat man die Zurückführung des Capitales auf Arbeit versucht. Beide verfolgen denselben Grundgedanken. Die Arbeit soll als das wirthschaftliche Urelement gezeigt werden, von dem das Capital eine abgeleitete oder Nebenform darstellt, der Arbeitswerth als der wirthschaftliche Urwerth, von dem der Capitalwerth abgenommen ist.

Der erste der beiden Versuche, diesen Satz zu erweisen, schliesst aus der Wirkung des Capitales. Jedes Capital wirke arbeitsparend oder auch arbeitvermehrend. Erspart eine Maschine nicht menschliche Arbeit? Bringt sie sie nicht zu erhöhter Ergiebigkeit? In der That, es gibt Capitalien, welche Dienste zu leisten vermögen, wie sie die menschliche Arbeit auch leistet, und welche dieselbe insoweit zu substituiren vermögen. Aber kann man dies von allen Capitalien behaupten? Welche Arbeitskraft z. B. substituirt ein Rohstoff? Und man kann gewiss von vielen Arbeiten umgekehrt mit gleichem Fug sagen, sie wirkten capitalsparend oder capitalvermehrend. Manchmal ist es das Capital, welches die Arbeit verdrängt, manchmal ist es aber auch die

Arbeit, welche das Capital verdrängt. Wo der Arbeitslohn niedrig ist, wird jeder Unternehmer am Capital sparen, indem er mehr Arbeiter beschäftigt.

Viel bedeutender ist der zweite Versuch. Derselbe schliesst aus der Entstehung des Capitales. Man geht bis auf die ersten Anfänge der Capitalgewinnung zurück. Alles Capital sei letztlich, so sagt man, durch Arbeit gewonnen worden und aus diesem Grunde repräsentire alles Capital letztlich Arbeit. In den verschiedensten Wendungen, mit den mannigfachsten Beispielen erläutert findet sich dieser Gedanke bei zahlreichen Autoren, er findet sich bei Smith, er findet sich bei Ricardo, und triumphirend übernehmen ihn die Socialisten, um zu verkünden, alle Kosten seien Arbeitskosten, das Capital sei nichts als „materialisirte Arbeit".

Grössere Widersprüche als die Arbeitstheorie, wenn sie diesen Weg nimmt, insbesondere in ihrer extremen socialistischen Fassung in sich vereinigt, lassen sich nicht leicht denken. Man höre. Zuerst wird die wirthschaftliche Schätzung der Arbeit aus der besonderen Natur der Arbeit erklärt, indem ihre Aufwendung persönliche Aufopferung erfordere — dann wird das Capital, nachdem es als materialisirte, als unpersönlich gewordene Arbeit erkannt ist, derselben Schätzung unterworfen, für die doch bei ihm jeder Grund fehlt. Zuerst wird erklärt, die Arbeit sei die einzige productive Kraft, sie allein erzeuge, schaffe Güter, schaffe Werth, das Capital sei nichts als ihr todtes Werkzeug — dann entpuppt sich das Capital selber als Arbeit, das seinen Theil dazu beiträgt, den Kostenwerth der Güter zu bestimmen. Zuerst wird behauptet, Capital und Arbeit stünden im stärksten Gegensatze zu einander — dann verschwindet jeder Unterschied bis auf den einen, dass das Capital zwar wie die Arbeit Werth geben, aber nicht wie sie Werth empfangen darf. Die materialisirte Arbeit soll Arbeit sein, nur soll gerade ihr kein Antheil am Ertrage zugerechnet werden.

Man darf eine Theorie ihrer Widersprüche wegen noch nicht vollends verwerfen. Es könnte ein Kern von Wahrheit in ihr sein, der mit verworfen würde. Wir wollen darum die Behauptung, die uns beschäftigt, noch weiter prüfen. Wir werden freilich finden, dass kaum je weniger Wahrheit in mehr Irrthum eingehüllt war.

Wie wir wissen, werden Producte nur dann nach ihren Kosten geschätzt, wenn sie zum Belaufe derselben wiedererzeugt werden können. Capitalien sind in aller Regel Producte und dieser Satz ist auf sie wie auf alle andern Producte anzuwenden. Capitalien sind nach ihren Kosten zu schätzen, insoweit sie zum Belaufe derselben wiedererzeugt werden können. Die Kosten, die thatsächlich aufgewendet wurden, um sie vom Anbeginn der Geschichte her nach und nach entstehen zu machen — dass Niemand den Belauf dieser Kosten kennt, und dass niemals für irgend eine Messung ein minder genaues Mass empfohlen wurde, sei nur nebenher erwähnt — die thatsächlichen Kosten also der allmäligen geschichtlichen Capitalentstehung kommen so wenig in Betracht, als irgend welche Kosten, die zwar thatsächlich verwendet wurden, aber nimmermehr wieder so verwendet werden würden. Würde es die ökonomisch erforderte Art der Wiederherstellung des verbrauchten Capitales sein, es durch blosse Arbeit wiederzugewinnen, dann wäre das Capital wirthschaftlich durch blosse Arbeit zu messen und würde wirthschaftlich blosse Arbeit repräsentiren. Würde z. B. der Ersatz für die verbrauchte Kohle gewonnen, indem Arbeiter ohne irgend welche Unterstützung als wieder durch Arbeiter neue Kohle zu Tage förderten, so wäre Kohle so viel Arbeit werth als zu ihrer Förderung bedurft wird. Würde eine Maschine gebaut werden können, indem Arbeiter ohne irgend welche Unterstützung als wieder durch Arbeiter werthlose Materialien zusammentrügen und mit blosser Anwendung ihrer Körperkraft formten und verbänden, so wäre der Werth dieser Maschine durch das Arbeitsquantum zu messen, das an sie verwendet werden muss. So lange man aber, um Capital zu erzeugen, wieder Capital gebraucht, so lange ist aus den Kosten des Capitales und damit aus denen aller Capitalsfrüchte der Factor des Capitales nicht zu entfernen und so lange wird man fortfahren, diesen Factor in den Kostenanschlägen neben der Arbeit zu verrechnen, indem man ihn mit dem Nutzwerthe ansetzt, dessen man sich von ihm nach den Erfahrungen, die man hat, versichert hält.

Die Idee, dass das Capital blosse Arbeit repräsentire, ist durchzuführen, so lange man bei den Beispielen aus dem Gesichtskreise eines Robinson oder eines Indianers, an denen sie gewöhnlich zurechtgelegt wird, bei den Beispielen von erlegtem Wild, Rindencanoes, primitiven Pfeilen und Bogen, ungefügen Aexten u. dergl. verbleibt, wo überall das Capital sozusagen in seinem Naturzustande gedacht ist. Vor den complicirten Erscheinungen der Wirthschaft in einer reich gewordenen Gesellschaft versagt sie. Die Arbeitstheorie passt mit ihren von der geschichtlichen Entwicklung abstrahirenden Annahmen in eine Wissenschaft, die der Zeit des Naturrechtes und der Naturphilosophie angehörte. Es war um jene Zeit eines genialen Geistes würdig, sich diese Theorie anzueignen, um ein erstes Licht in die dunkle Masse der wirthschaftlichen Erscheinungen zu bringen; es konnte noch später einen scharfsinnigen Geist verführen, den blendenden Gedanken einmal systematisch durchzudenken; aber es ist schülerhaft, wenn man die Schule der Gründer der Wissenschaft durchgemacht hat und durch sie und ihre Nachfolger so viele Erfahrungen und Bearbeitungen derselben gesammelt vor sich findet, die Meinung der ersten Meister noch weiter beizubehalten. Ein grossartiger Gedanke kann schliesslich zu einem kindischen Irrthum werden.

Eine Maschine ist dem Fabrikanten, dem sie gehört — und auch dem Arbeiter, der sie bedient, wie überhaupt Jedermann — ein Instrument mit gewissen Nutzwirkungen, dessen Erzeugung einen gewissen Verbrauch an Arbeit, an andern Maschinen, Werkzeugen u. s. f. nothwendig macht. Wie muss man über eine Wissenschaft urtheilen, die diese einfache Meinung verwirft und dem Fabrikanten erklärt, er besitze in der Maschine die längst „vorgethane" „materialisirte" Arbeit aller Derer, die vom ersten rohen Werkzeug an etwas dazu beitrugen, dass seine Maschine endlich zu Stande kam. Eine geistreiche Art der Betrachtung ohne Zweifel, aber auch eine solche, die ausserordentlich wenig dazu hilft, die praktischen Zwecke der Wirthschaft zu befördern. Welcher Käufer, welcher Verkäufer, welcher Producent, welcher Schätzmeister hat wohl je schon auf diese Betrachtung hin einen Preis gezahlt oder gefordert oder Kosten aufgewendet oder den Werth taxirt? Wer wird je in

Zukunft seine wirthschaftlichen Entschliessungen von dieser Betrachtung leiten lassen? Man hat sich in der ökonomischen Theorie endlich zu entscheiden, ob man die Wirthschaft erklären oder nutzlose Gedanken weiterdenken will.

§. 59. Fortsetzung. 4. Der Capitalzins.

Jeder Unternehmer rechnet sich in den Kostenwerth seiner Erzeugnisse ausser dem Werthe des verbrauchten Capitales noch den Zins hinein, der von dem gesammten in der Production gebundenen Capitale, auch von dem unverbraucht gebliebenen, für jenen Zeitraum entfällt, durch welchen hindurch das Capital gebunden bleiben musste. Es ist eine bekannte Beobachtung, dass der Verkehrswerth der Erzeugnisse, insoweit er überhaupt von den Kosten beeinflusst wird, auch den so berechneten Zins mit zum Ausdruck bringt. Wenn die Herstellung eines Productes blos Arbeit und umlaufendes Capital kostet und die eines andern ausser den gleichen Mengen von Arbeit und umlaufendem Capital, noch eine grosse stehende Capitalsanlage erfordert, so muss das zweite Product (abgesehen, wie natürlich, von der entfallenden Amortisationsquote) noch um den Zins vom ganzen stehenden Capitale theurer gehalten werden. Es fragt sich, ob wir hier gleichfalls eine Erscheinung des natürlichen Werthes vor uns haben, ob es nicht blos im Interesse der Unternehmer, sondern auch in dem der ganzen Gesellschaft liegt, die Zinsen in den Kostenwerth zu rechnen, und ob diese Regel wohl auch im communistischen Staate beobachtet werden müsste.

Es hat etwas Befremdendes an sich, den Zins in die Kosten hineinzurechnen. Bekannt ist der Einwand, den Torrens hiegegen vorgebracht hat. Der Zins ist Gewinn, sagt er, er wird durch die Production erst verdient, als Ueberschuss des Ertrages über die Kosten. Somit kann er nicht selbst zu den Kosten gerechnet werden.

Terminologisch ist der Einwand von Torrens gewiss gerechtfertigt. Auf der einen Seite, wenn man den Reinertrag feststellen will, rechnet man den Zins nicht zu den Kosten, auf der andern Seite, wenn man den Kostenwerth der Erzeugnisse feststellen will, rechnet man ihn hinzu. Jedesmal gebraucht man den Namen der Kosten in einem ganz verschiedenen Sinn. Hierin liegt ein Irrthum, soferne man die Zweideutigkeit nicht bemerkt hat, und es bleibt ein Uebel, auch wenn man sie bemerkt hat. Es wäre besser, für den zweiten Gebrauch auch einen zweiten Namen zu haben.

Anders fällt das Urtheil aus, wenn man den Namen beiseite lässt und den Einwand von Torrens sachlich prüft. Sachlich ist derselbe ganz verfehlt. Er beweist zu viel. Nicht blos der Capitalzins, der Capitalwerth selbst ist aus dem Ertrage und dessen Werth abgeleitet. Torrens' Argument, gehörig erweitert, sagt: Der Productwerth ist das Erste, der Zins, der Werth des Capitales, der Werth der Productivgüter überhaupt ist das Zweite. Ganz richtig, bis hieher. Wir sind zu derselben Feststellung gekommen und haben daraus geschlossen, die Productivgüter hätten gegenüber den Producten keine selbständige werthbildende Kraft. Dagegen haben wir zugegeben, dass sie die Kraft besitzen, den Werth der Producte unter einander auszugleichen. Mit dieser Kraft und mit keiner höheren wirken sie überhaupt auf den Kostenwerth ein, und diese Kraft kann denn auch dem Zinse um seines Ursprungs willen nicht abgesprochen werden, soferne im Uebrigen die Umstände für ihn so liegen, wie für die bisher betrachteten Kostenelemente.

Das ist in der That der Fall. Wir wissen, für alle Capitalgüter eines und desselben Marktes wird ein einheitlicher Gewinnsatz angestrebt und im grossen Ganzen erreicht. Hieraus folgt einerseits, dass kein Erzeugniss hervorgebracht werden soll, dessen Nutzwerth nicht zum mindesten den üblichen Capitalgewinn gibt — mittelbare Werthbestimmung der Producte durch den Zins, im Wege der Bestimmung der Productionsmengen. Andrerseits folgt: dass jedes Erzeugniss, dessen Nutzwerth für sich betrachtet etwa höheren Gewinn ergäbe, doch nur nach Mass des üblichen Zinssatzes zu schätzen ist, soferne es um den Preis desselben wiedererzeugt werden kann — unmittelbare Werthbestimmung. Sollen Producte unter dem gemeinen Zinssatze nicht erzeugt werden, können sie über dem gemeinen Zinssatze nicht geschätzt werden, so muss ihr Werth schliesslich mit den übrigen Kostenbestandtheilen auch den Zins nach Mass der Grösse und der Dauer der Capitalverwendung mit zum Ausdruck bringen.

Die Regel der Einrechnung des Zinses in die Kosten folgt aus einem Plane der Erzeugung, welcher bei jeder Capitalverwendung den höchsten Gewinnsatz anstrebt. Wie sie aus demselben folgt, so controlirt sie umgekehrt wieder seine genaue Einhaltung. Würde der Zins gar nicht in die Kosten eingerechnet oder würde er nicht nach Mass der ganzen Capitalverwendung oder nicht nach Mass der Dauer der Capitalverwendung eingerechnet, so wäre die Vertheilung der Capitalgüter auf die einzelnen Productionen nicht im Sinne der Erreichung des höchstmöglichen Gewinnsatzes controlirt. Es wäre zulässig, Capital zu verwenden, wo es nur den Ersatz seines Verbrauches aber gar keinen Gewinn einbrächte, oder wo es nicht den höchstmöglichen Gewinn oder nicht den Gewinn vom ganzen gewidmeten Capitale oder nicht den Gewinn für die ganze Zeitdauer der productiven Widmung brächte.

Selbst Zinseszins muss unter Umständen in die Kosten eingerechnet werden, nämlich sobald die Dauer der Capitalwidmung die Dauer des Zeitabschnittes übersteigt, an dessen Schluss die Zinsen abgerechnet zu werden pflegen. Producte werden selbst wieder als Capitalien zinsbringend verwendet, es ist daher insoweit vortheilhaft, die Productionen kürzester Dauer aufzusuchen. Die Producte von Productionen längerer Umsatzdauer müssen diesen Vortheil, früher vom Zinse Zins zu haben, durch entsprechende Steigerung des Nutzwerthes ihrer Erzeugnisse ausgleichen. Nur dann ist der höchste Grad zeitlicher Ausnützung der Production erreicht und controlirt.

Hieran knüpft sich eine höchst eigenthümliche Folgerung.

Die Unternehmer rechnen sich in den Kostenwerth der Erzeugnisse auch den Zins von jenem Theile ihres Geldcapitales, den sie halten müssen, um die Arbeitslöhne noch vor dem Verkauf der Producte auszahlen zu können. Im communistischen Staate würde dieses Geldcapital nicht gebraucht werden. Es scheint, dass im communistischen Staate der Zinsenaufwand der Erzeugung sich daher entsprechend niedriger stellen müsste und dass das heutige Verfahren insoweit den natürlichen Regeln der Werthschätzung zuwiderliefe. Indess ist dies keineswegs der Fall, auch in diesem Punkte deckt sich das Interesse der Unternehmer mit dem gesellschaftlichen und führt zur ökonomischen Schätzung der Güter. Indem die Unternehmer den Zins vom Lohnfond mitrechnen, bringen sie auch bezüglich der menschlichen Arbeit die Verschiedenheiten der Zeiträume der Verwendung mit zum Ausdruck und in Anschlag. Es ist nicht dasselbe, zehn Arbeiter durch ein Jahr und einen Arbeiter durch zehn Jahre an einem Werke zu beschäftigen, so wenig es dasselbe ist, das zehnfache Capital durch ein Jahr oder das einfache Capital durch zehn Jahre zu verwenden. Wie es hier ökonomisch gefordert ist, den Productwerth ausser auf den üblichen Zins, noch auf Zinseszins einzustellen, so ist auch dort Zins und selbst Zinseszins anzuschlagen, wenn man die richtige Productionseintheilung treffen will.

Selbstverständlich wird hiedurch die Production, auf je längere Zeiträume hin sie arbeitet, um so mehr eingeschränkt, indem ein um so höherer Productwerth erfordert wird, um sie genügend rentabel erscheinen zu lassen. Productionen sehr langer Dauer müssen sehr grosse Ergiebigkeit besitzen, um die grossen Zwischenzinsen tragen zu können, die bis zu dem Zeitpunkte zu verrechnen sind, wo sie erst ihren Ertrag geben.

§. 60. Fortsetzung. 5. Die Grundrente.

Das Land — in jenem bekannten theoretischen Sinne verstanden, welcher nur das Unzerstörbare des Landes meint — erleidet bei der Production keinen Substanzverlust. Vom Substanzwerthe des Landes ist daher nichts in die Kosten der Bodenfrüchte zu rechnen. Ricardo geht noch weiter und behauptet, dass wie der Landwerth, so auch die Landrente nicht in die Kosten eingehen könnte. Diese Behauptung steht durchaus mit seiner Rententheorie im Einklang, der zufolge die Landrente eine reine Differentialrente ist, welche nur den besten von den verwendeten Bodenclassen zukommt, während die schlechtesten, die im Ueberflusse zur Verfügung stehen, rentelos bleiben. Sind die letztverwendeten Bodenclassen frei und rentelos, so wird der entscheidende Kostensatz in der That ohne Dazwischenkunft einer Grundrente blos aus der Summe der Capitals- und

Arbeitskosten gebildet, die man an die schlechtesten Bodenclassen wendet. Die Rente, die die besseren Qualitäten geben, entsteht, wie wir wissen, durch den Mehrertrag an Früchten, den sie bei gleichen Capitals- und Arbeitskosten und gleichem Werth der Früchte gewähren, und ist daher aus dem Ertrage abgeleitet, ohne dass sie im Werth der Früchte zum Ausdruck käme.

Anders, wenn die Grundrente nicht blosse Differential- sondern wenn sie „allgemeine" Grundrente ist. Eine allgemeine Grundrente muss gerade so wie der Zins in die Kosten eingehen. Sie muss mit in Anschlag gebracht werden, damit der entscheidende Kostensatz berechnet werden könne. Wo alle Grundstücke und alle Bodenkräfte, auch die der schlechtesten Classe zur Deckung des Bedarfes erforderlich sind und Rente geben, dort ist der Umstand, dass Bodenclassen selbst der schlechtesten Qualität durch die Widmung zu einer bestimmten Production für die Dauer derselben gebunden sind, wirthschaftlich nicht gleichgiltig. Dieselben sind für so lange andern Productionen, in denen man ihre Dienste inzwischen entbehren muss, vorenthalten. Im Falle des Misslingens ist man um ihre Rente, die man sonst hätte erhalten können, gekommen. Ihre Rente gehört daher mit in den Kostenanschlag der Erzeugnisse.

Für Ricardo ist es von principieller Bedeutung, auf dem Vordersatze zu bestehen, dass die Grundrente immer Differentialrente sei, weil er für sein ökonomisches System den Folgesatz nicht entbehren kann, dass die Grundrente in die Productwerthe nicht eingehe. Er vermeint, die Productwerthe auf ein allgemeines Gesetz bringen zu können, soferne sie blos Vielfache von Capitals- und Arbeitseinheiten sind. Schon die Dazwischenkunft des Capitalzinses stört das Gesetz, doch vermeint er beweisen zu können, dass die hieraus entstehende Störung keine allzu beträchtliche sei. Wenn aber vollends das Element der Grundrente noch mitspielte, so wäre das ganze mühsame Gebäude seiner Theorie gestürzt, die Zurückführung der Productwerthe auf die Arbeit, die Vereinigung der empirischen Werthgrössen mit den philosophisch geforderten wäre ohne Widerrede gescheitert.

Für die Theorie des Werthes, die wir vertreten, ist es dagegen ganz und gar gleichgiltig, ob die Umstände so liegen, dass die Grundrente blosse Differentialrente bleibt und daher in die Productwerthe nicht eingeht, oder so, dass sie allgemein wird und daher in dieselben eingehen muss. Der eine wie der andere Fall fügt sich gleichermassen in das System.

Uebrigens erleidet der Satz, dass eine Differentialrente nicht in die Productwerthe eingehen könne, doch einige Ausnahmen. Es gibt neben jenen Verwendungen des Landes, die man seine hauptsächlichen, und neben jenen Formen der Grundrente, die man deren Urformen nennen kann, noch einige nebensächliche und abgeleitete. Die hauptsächliche Verwendung des fruchtbaren Landes ist die zur Landwirthschaft; der Bau einer Fabrik dagegen auf einem landwirthschaftlich verwendbaren Grundstücke ist ein Beispiel nebensächlicher Verwendung, einer solchen Verwendung, um es anders auszudrücken, für welche Land im Allgemeinen weniger in Anspruch genommen wird, und welche für sich niemals den Vorrath an verfügbaren Grundstücken erschöpfen würde, wie es der landwirthschaftliche Bedarf wohl thun kann. Wird ein fruchtbares Grundstück zur Anlage einer Fabrik bestimmt, so verzichtet man damit auf die landwirthschaftliche Rente, die nach den Umständen zu erwarten war. Das Opfer dieser Rente bedeutet einen Kostenaufwand, der bei der Berechnung der Kosten der Fabrikserzeugnisse nicht vernachlässigt werden dürfte. So viel als die Rente beträgt, muss vom Werthe der Erzeugnisse auf den Baugrund abgerechnet werden, und erst wenn der Rest die Capitals- und Arbeitskosten deckt, hat man seine Rechnung gefunden.

Aehnlich verhält es sich mit der Grundrente von Wohnhäusern. Die Grundrente in einer grossen Stadt ist niemals blosse Differentialrente. An der Peripherie der Stadt erhält sie ihr Mass von der landwirthschaftlichen Rente, zu welcher dann, gegen das Centrum des Verkehres zu, Differenzen je nach dem Vorzug der Lage zuwachsen. Je werthvoller der Grund und Boden um die Stadt für den Landwirth, um so theurer überhaupt das Wohnen in der Stadt. Insoweit wirkt die landwirthschaftliche Rente als allgemeines Kostenelement bei der Berechnung der städtischen Miethzinse mit. Die Differentialrenten der bevorzugten Bauplätze dagegen vertheuern das Wohnen nicht, sondern sind vielmehr ihrerseits Folge der hohen Werthschätzung, die eine Wohnung in bevorzugter Lage findet. Soweit sich Wohnräume und Geschäftsräume Concurrenz machen, wirkt freilich jede der beiden Widmungen auf die andere als Kostenelement ein.

Setzt man diesen Gedanken fort, so ergibt sich, dass der Ricardo'sche Satz nach und nach seine Anwendbarkeit fast ganz verliert, wenn einmal die Bodencultur sehr künstlich, wenn einmal die Bodenverwendungen sehr vielfältig geworden sind. Dann macht eine der andern Concurrenz und man hat jedesmal zwischen mehreren zu wählen, wo dann auch die Differentialrenten, auf die man verzichtet, wie Kosten wirken. Der Ricardo'sche Satz, dass die Grundrente nicht in die Kosten eingehe, bleibt dann nur mehr von solchem Land in Geltung, das eine ganz ausgesprochene Widmung hat, wie von Bergwerken, von gewissen Weinlagen u. s. f.

§. 61. Der Dienst des privatwirthschaftlichen Werthes in der Volkswirthschaft.*)

Das oberste Princip der Wirthschaft ist der Nutzen, der Werth gibt ein Mittel, den Nutzen der Güter vereinfacht und übersichtlich zusammenzufassen und damit die Verwendung der Güter zu controliren: so haben wir den Dienst des Werthes in der Wirthschaft im Allgemeinen beschrieben, wobei wir voraussetzten, dass der Werth nach den natürlichen Regeln geschätzt werde und dass es sich um die Schätzung von Gütern in Vorräthen oder um die Schätzung von Grenzwerth handle.

Ertragswerth der Productivgüter und Kostenwerth der Erzeugnisse sind gleichfalls Erscheinungen des natürlichen Grenzwerthes. Sie erlauben einen vereinfachten und übersichtlich zusammenfassenden Anschlag des Nutzens in den verwickeltsten Verhältnissen der Production. Die verschiedenartigsten Productivgüter erhalten ein gemeinschaftliches Mass der Schätzung durch ihre gemeinsamen Erzeugnisse, ihre Ertragswerthe sind Vielfache des Werthes der gemeinsamen Grenzproducte. Die verschiedenartigsten Erzeugnisse erhalten ein gemeinschaftliches Mass der Schätzung durch ihre gemeinsamen Kostenelemente; ihre Kostenwerthe sind Vielfache des Werthes

---

*) Siehe hiezu „Ursprung des Werthes", pag. 165 ff.

der gemeinsamen Kostengüter. Verschiedene Ertragswerthe oder verschiedene Kostenwerthe verhalten sich zu einander wie Gütermengen, welche Vielfache derselben Einheiten sind. Hiedurch werden diese Werthrelationen zahlenmässig rechenbar, obwohl der Werth und die Werthgrösse ihren Ursprung in den unrechenbaren Bedürfnissintensitäten haben.

Doch nicht diese Betrachtung ist es, die an dieser Stelle unsere Aufmerksamkeit auf sich zieht. Jetzt nachdem wir die Hauptfäden des vielverschlungenen Netzes der productiven Verbindungen, erst vom Ertrage zu den zusammenwirkenden Productivgütern hinauf, sodann von den Kostengütern zu den Erzeugnissen wieder herab, verfolgt haben, drängt sich eine andre Erwägung vor: dass in einer irgend grösseren Wirthschaft, in einer solchen zumal, die den Umfang einer Volkswirthschaft hat, insbesondere wenn sie sich auf eine entwickelte Production stützt, der Werth überhaupt gar nicht mehr entbehrt werden kann, wenn man den Nutzen der Güter klarstellen will. Ein Robinson braucht die Hilfe des Werthes nicht, er kann die richtige Entscheidung in jedem Falle auch treffen, wenn er prüft, welche Handlungsweise ihm im Ganzen den höchsten Nutzen sichere. In einer Volkswirthschaft mit entwickelter Production dagegen vermag man sich auf keine Weise mehr durch die Prüfung des Nutzens im Ganzen über die nothwendigen Entscheidungen zu belehren. Niemand übersieht den Gesammteffect der Volksproduction mit einem Blick. Es sind der Güter zu viele, es sind der möglichen Güterverwendungen zu viele, als dass sich eine Uebersicht des Ganzen und eine Vergleichung im Ganzen anstellen liesse. Man muss auf's Einzelne gehen, man muss den Nutzen trennen und jedem Gute seinen Theil der Gesammtwirkung zumessen, dann lässt sich im Einzelnen erkennen, was schlechter, was vortheilhafter, was das Beste wäre. Wie anders misst man aber den Gütern den Nutzen im Einzelnen zu, als indem man die Regeln der Grenzschätzung befolgt, deren Princip ist, den Nutzen zu berechnen, welcher von den kleinsten, praktisch noch beachtenswerthen Güterquantitäten abhängig ist?

Und noch etwas. Die ökonomischen Verwendungen der Güter ergeben sich aus dem Verhältnisse von Vorrath und Bedarf.

Es scheint mithin, dass man sie nicht auffinden könnte, wenn man nicht die Vorraths- und Bedarfsgrössen ziffernmässig kennen würde. Wer aber kennt die Vorraths- und Bedarfsgrössen in einer ausgedehnten Volkswirthschaft oder gar in der Weltwirthschaft, deren Beziehungen ja überall fühlbar sind? Die Grosshändler allerdings bemühen sich dieselben kennen zu lernen und erfahren in der That gewisse Ziffern des Productionsausfalles, namentlich in der Grossproduction ziemlich genau, dagegen erfahren sie die ebenso wichtigen Bedarfsziffern nur höchst ungenau. Wenn dennoch behauptet werden darf, dass die Wirthschaft im Grossen und Ganzen sich den Veränderungen von Vorrath und Bedarf anzupassen vermöge, so ist dies einzig der Hilfe der Grenzschätzung zu danken. Der Werth als Grenzwerth bringt durch den Grenzausschlag die Wirkung der vorhandenen Vorraths- und Bedarfsgrössen zum Ausdruck, auch wenn dieselben vorher nicht gemessen wurden. Kein Besitzer kann eine Waare loszuschlagen suchen, kein Bedürftiger nach einer Waare verlangen, ohne dass dieser Umstand auf den Markt wirken und das empfindliche Medium des Werthes beeinflussen würde. Obwohl Niemand im Stande ist und selbst wenn gar Niemand versuchte, die Vorraths- und Bedarfsgrössen zu zählen, zeigt der Werth mit ziffermässiger Schärfe und bis in so feine Abstufungen hinein als man praktisch überhaupt noch unterscheidet, das Verhältniss von Vorrath und Bedarf an, soweit sich dieselben eben im Verkehre geltend zu machen suchen. Der Werth zeigt die Wirkung von Ursachen an, die an sich verhüllt sind. Dadurch dass man sich der Wirkung, dem Werthe, anpasst, ist man letztlich in den Stand gesetzt, sich den Ursachen, den Vorraths- und Bedarfsgrössen, anzupassen und eine Wirthschaft zu führen, die den Geboten der Wirthschaftlichkeit gehorcht. Bleibt in einem gegebenen Zeitpunkt der Werth aller Güter so wie er bis dahin war, so darf man sicher sein, nach dem Masse der bisher erworbenen ökonomischen Einsicht ökonomisch zu wirthschaften, wenn man alle Güterwidmungen in Production und Consumtion unverändert beibehält. Hat sich der Werth irgendwo geändert, so ist dies ein Anzeichen, dass auch die Güterwidmungen, und zwar genau in jenem Sinne zu ändern sind, den die Werthänderung anzeigt. Wo der Werth steigt, dorthin müssen neue Güter, sei es zur Production, sei es zur Consumtion, dirigirt werden; wo der Werth fällt, von dort müssen die Güter abgezogen werden. Und so lange hat man hin und her zu verschieben, bis alle Werthe wieder in's Gleichgewicht gebracht sind und für jeden Gütervorrath das Gesetz gleicher Schätzung aller seiner Einheiten wieder erfüllt ist.

Die Kenntniss der Werthgrösse der Güter, wie man sie in jeder Wirthschaft von früher her hat, ist daher selbst eines der werthvollsten Besitzthümer. Sie ist fast so werthvoll wie der Besitz der Güter selbst, weil sie der Schlüssel zu deren Gebrauche ist. Die Summe jahrtausend alter Erfahrungen über die Häufigkeit des Vorkommens der Güter, über die Gunst oder Ungunst der Bedingungen ihrer Erzeugung, sowie über die Grösse des Bedarfes nach ihnen ist in den überlieferten Werthziffern gezogen. Verlöre ein Volk die Erinnerung derselben, so wäre dies ein grosses wirthschaftliches Unglück, da eine kaum berechenbare Zeit mit kaum berechenbaren Irrthümern und Verlusten vergehen müsste, bis man die Güterbeziehungen wieder beherrschte, deren Ausdruck vorher durch den Werth zifferhell für jedes einzelne Gut gegeben war.

Auf dem socialistischen Programm steht der Plan, im Zukunftsstaate die Zählung der Vorräthe und die Aufnahme der Bedarfe durch eine amtliche Statistik besorgen zu lassen. Gelänge die Durchführung dieses Planes in ausreichendem Masse, so wäre der Grenzwerth insoweit entbehrlich. Dagegen wird er niemals entbehrt werden können, insoweit es sich darum handelt, einen Ausdruck für den Güternutzen im Einzelnen zu finden — man müsste denn darauf verzichten, den Nutzen auch im Einzelnen zu verfolgen und sich damit begnügen, blos im Allgemeinen über die Richtung der Production und Consumtion schlüssig zu werden, ohne die Quantitäten abzuwägen, die man erwerben oder verzehren will.

Ich verlasse hiemit das Gebiet der privatwirthschaftlichen Werthbeziehungen. So deutlich ich auch die Mangelhaftigkeit meiner Darstellung empfinde, so hoffe ich doch, der Leser werde den Eindruck empfangen haben, dass der Verkehrswerth, wie er im Preise zum Ausdruck kommt, nicht blos durch die Motive des Preiskampfes dictirt werde, sondern einen tieferen wirthschaftlichen Gehalt in sich schliesse; den Eindruck, dass der Verkehrswerth, allerdings vermischt mit fremden Elementen, alle wesentlichen Elemente der natürlichen, der für die Wirthschaft unerlässlichen Güterschätzung vereinige. Wenn die Preise auf demselben Markte für alle gleichen Güter gleich gross sind, so sind sie es, weil letztlich in derselben Wirthschaft die Werthschätzungen für alle gleichen Güter gleich gross ausfallen. Wenn die Preise sich für alle Güter eines Vorraths auf das Grenzmass stellen, so thun sie es, weil letztlich die Werthschätzungen sich so stellen müssen. Insoweit sich die Preise mit dem natürlichen Werthe decken, ist demzufolge eine ungeheure und fruchtbare Arbeit des Geistes in den Verkehrsschätzungen der Dinge niedergelegt. Für jedes einzelne Gut ist durch tausendfältige Erwägung seiner productiven und seiner sonstigen wirthschaftlichen Beziehungen die Grösse ausgemittelt, die von dem Gesammtbetrage aller Güterwirkungen gerade ihm zugerechnet werden muss, wenn die Güter erfolgreich bewirthschaftet werden sollen. Ich wähle das Wort „Zurechnung" mit Bedacht. Nicht blos den Productivgütern wird der Ertrag auftheilend zugerechnet, sondern allen Gütern wird der Nutzen, den sie doch nur gemeinsam mit andern geben, auftheilend zugerechnet. Jeder Genuss ist nur dadurch ein Genuss, dass er von andern vorbereitet und gefolgt ist; alle unsere Befriedigungen stehen in Wechselwirkung. Ein jedes Vermögen ist dadurch stets in Eins verkettet und verschlungen. Der privatwirthschaftlichen Werthschätzung gelingt es, im Rahmen dieses Ganzen dennoch zu theilen und jedem Vermögenstheile seinen Erfolg derart zuzurechnen, dass innerhalb des privatwirthschaftlichen Bereiches Jedermann in aller Regel wohlberathen ist, der die so ermittelte Werthgrösse zum Masse seiner wirthschaftlichen Handlungen nimmt.

Soweit der Verkehrswerth vom natürlichen Werthe abweicht, gilt allerdings etwas Anderes, aber es ist nicht unsere Aufgabe, in diese Betrachtung einzugehen.

Was wir noch zu thun haben, ist zu zeigen, inwieweit die natürlichen Regeln fordern, dass die privatwirthschaftliche Schätzung durch gemeinwirthschaftliche, insbesondere durch staatswirthschaftliche Rücksichten ergänzt werde.

II. Theil.
Der Werth in der Staatswirthschaft.

§. 62. Einleitung.

Im Verkehre der Privatwirthschaften unter einander gilt der objective Verkehrswerth als wirthschaftliches Mass der Güter, im Innern der einzelnen Privatwirthschaften gilt der subjective Werth, wie ihn jeder Eigenthümer für sich schätzt, bald als subjectiver Tauschwerth im Anschlusse an den objectiven Verkehrswerth, bald als Gebrauchswerth unabhängig von demselben. Alle diese Formen gehen, ihr Vorbild getreuer oder minder getreu widerspiegelnd, auf eine gemeinsame Urform zurück, die wir als den natürlichen Werth bezeichnet haben und welche letztlich die Resultante zweier einfacher Grundcomponenten ist, der Gütermenge und des Güternutzens. Selbst Erscheinungen wie die Landrente, der Capitalzins, die Kosten sind natürliche Erscheinungen des Werthes, welche nur mittelst eines solchen Zwanges unterdrückt werden könnten, der zugleich die Wirthschaft selber schädigt.

Neben den Privatwirthschaften bestehen zahlreiche Gemeinwirthschaften. Es fragt sich, ob auch in diesen der Werth der Güter zur Geltung komme und ob er in ihnen etwa in neuen eigenthümlichen Formen zur Geltung komme. Ich will die Frage nur für die wichtigste Gemeinwirthschaft, die Staatswirthschaft, und auch für diese nur ganz im Allgemeinen untersuchen. Die Theorie der Gemeinwirthschaften ist noch in ihren Anfängen, man könnte vom Werthe nicht eingehend sprechen, ohne nicht vorher zahlreiche andre Gegenstände eingehend besprochen zu haben. Daher scheint es mir angemessen, mich auf eine ganz übersichtliche Darstellung zu beschränken.

Die Staatswirthschaft zerfällt in zwei grosse Gebiete, die Einnahme- oder Finanzwirthschaft und die Ausgabewirthschaft oder die Staatsverwaltung. Doch gehört die Staatsverwaltung nur insoweit der Staatswirthschaft an, als sie durch wirthschaftliche Rücksichten bestimmt wird. Das ist vor allem bei der Pflege der materiellen Volksinteressen, bei der volkswirthschaftlichen Verwaltung oder Volkswirthschaftspflege, der Fall, aber es gibt keine einzige Staatsthätigkeit, die nicht, wenn auch erst in zweiter Linie wirthschaftlichen Geboten, namentlich in Bezug auf die sparsame Verwendung der Mittel, folgen müsste.

Die Oekonomen haben bis auf die jüngste Zeit dem Werthe weder in der Finanzwirthschaft noch in der Verwaltung jene Bedeutung zuerkannt, die die Analogie mit seiner Rolle in der Privatwirthschaft vermuthen lässt. Namentlich für die Finanzwirthschaft hat sich die Theorie fast ganz ohne den Werth beholfen. Die Grundsätze des Steuerwesens wurden und werden fast immer dargestellt, ohne dass der Werth erwähnt wird, höchstens dass er flüchtig und mehr vergleichsweise gestreift wird. Das Steuerwesen erhält seine Begründung aus specifischen Rücksichten, nicht aus allgemein wirthschaftlichen. Man spricht vom Existenzminimum, von der Leistungsfähigkeit, vom Steueropfer, vom progressiven Steuerfuss u. s. f., fast durchaus Thatsachen und Begriffe aus der besondern Sphäre der Finanzwirthschaft, deren Beziehung zu den Grunderscheinungen aller Wirthschaft nicht aufgehellt wird, nicht aufzuhellen versucht wird.

Adam Smith und seine Schule behandeln auch die wirthschaftliche Staatsverwaltung in ähnlicher Weise. Sie erklären dieselbe einfach aus den Nothwendigkeiten des Staatslebens, vom Werthe ist kaum die Rede. Wo vom Werthe die Rede ist, ist immer der Verkehrswerth gemeint, der einzige, den die Schule überhaupt anerkennt. Ein besonderer staatswirthschaftlicher Werth kommt nicht vor, wie denn überhaupt alle wirthschaftlichen Begriffe durchaus den privatwirthschaftlichen Verhältnissen entnommen sind und deren Gepräge tragen. Hiemit hängt — als Ursache und Wirkung — zusammen eine starke

Tendenz, das Gebiet der Staatswirthschaft einzuengen und das der Privatwirthschaft auszudehnen. Jede Theorie formulirt ihre Begriffe ihren Grundtendenzen gemäss, aber sie verstärkt ihre Grundtendenzen auch wieder durch die logische Macht, die die einmal construirten Begriffe ausüben. Wer keinen andern Werth als den Verkehrswerth kennt, der wird überall, wo das praktische Gefühl sagt, dass es auf Werth ankomme, den Verkehrswerth einseitig entscheiden lassen oder ihm doch ein zu grosses Uebergewicht einräumen. Als typisch für die Schule kann die Art und Weise gelten, wie Adam Smith den industriellen Schutz verwirft und den Freihandel begründet. Das Volkseinkommen sei nach Verkehrswerth zu bemessen; der Freihandel gebe aber ohne Zweifel für die nächste Zukunft, nach Verkehrswerth bemessen, das grössere Volkseinkommen; folglich sichere er, da immer das Einkommen der Gegenwart es sei, was das Capital der Zukunft bilde, auch für alle folgende Zeit den grösseren Wohlstand.

In Deutschland hat man diese Einseitigkeit der englischen Schule früh erkannt. Manche Schriftsteller, wie z. B. Friedrich List traten ihr mit Entschiedenheit entgegen. List stellte der „Theorie der Werthe" die „Theorie der productiven Kräfte" an die Seite; der Verkehrswerth soll in den privatwirthschaftlichen Beziehungen entscheiden, in den staatswirthschaftlichen dagegen soll es auf die „productive Kraft" ankommen, eine Gegenüberstellung, deren Unzulänglichkeit durch die Erwägung am deutlichsten wird, dass auch „productive Kräfte" nach Verkehrswerth geschätzt werden. Die meisten Schriftsteller gingen einen andern Weg. Sie versuchten langsam und zuerst vorwiegend akademisch eine Ausweitung der privatwirthschaftlichen Anschauungen der englischen Schule in dem Sinne, um sie thunlichst auf alle wirthschaftlichen Beziehungen anwendbar zu machen. Was den Werth insbesondere anlangt, so wurde der Verkehrswerth oder wie man gewöhnlich sagt, der Tauschwerth auf den allgemeinen Begriff des Gebrauchswerthes zurückgeführt und dieser dann auch als staatswirthschaftlicher, gesellschaftlicher, socialer Gebrauchswerth aufgefasst. Die Theorie änderte hiebei nach und nach ihren formalen Charakter. Sie wurde ohne Zweifel gerundeter, plausibler, schmiegsamer, aber auch unbestimmter, unexacter. Ich will die weitere Entwicklung nicht genau verfolgen und hebe nur die wichtigste Thatsache aus derselben hervor, dass nämlich die wissenschaftliche Discussion ihre akademische Zurückhaltung schliesslich aufgab und mit Glück und Entschlossenheit, der Mangelhaftigkeit der theoretisch gewonnenen Grundlagen zum Trotz, Forderungen stellte für die praktische Ausgestaltung der Staatswirthschaft. Wie das Finanzwesen der europäischen Staaten wurde auch deren volkswirthschaftliche Politik unter der lebhaften Beihilfe der Theorie weiter und weiter reformirt, ohne dass diese ihre theoretische Aufgabe vollkommen gelöst hätte, ja ohne dass sie derselben vollkommen bewusst geworden wäre. Die „Theorie" war eine hoch entwickelte „Kunstlehre", welche richtige Impulse zu geben vermochte, obwohl es ihr nicht gelang, deren Rechtfertigung — und damit freilich auch deren Abgrenzung — in zweifellos überzeugender Reinheit zu finden.

Das jüngst erschienene Buch von E. Sax, „Grundlegung der theoretischen Staatswirthschaft" hat erst den Uebergang von der Kunstlehre zur Theorie der Staatswirthschaft vollzogen und damit ein von den deutschen Oekonomen in einer langen und beharrlichen Entwicklung angestrebtes Ziel endlich erreicht. Auf dem Gebiete der Verwaltung ist es Sax gelungen, den öffentlichen Interessen den weitesten Spielraum zuzuweisen und doch einen festen Begriff der Wirthschaft zu behaupten, der sich enge an das eigentlich Wirthschaftliche hält. Die Wirthschaft ist eine und dieselbe in allen ihren Formen, sich allenthalben von dem Nichtwirthschaftlichen genau unterscheidend. Bedeutender ist die Wendung, die die Sax'sche Arbeit auf dem Gebiete der Finanzwirthschaft macht, um so bedeutender, weil es hier an Vorarbeiten fast ganz mangelt und weil hier der Gedanke mit grosser Deutlichkeit bis in's Einzelne ausgedacht ist. Das ganze Abgabenwesen ruht auf dem Werthe — dieser einfache Satz macht die Finanzwissenschaft erst zu dem, was sie immer sein wollte, zu einem Theile der Politischen Oekonomie. „Die Abgaben aller Art sind ... Collectivwerthungsvorgänge, welche durch das generelle Wesen der Wertherscheinung ihre volle Erklärung finden. Die Wahrnehmung, welche in dieser Formel zum Ausdrucke gelangt ... ist geradezu entscheidend für die Theorie der Staatswirthschaft als einen der Privatwirthschaft äquiparirenden Zweig der Theorie des Gesammtgebietes der Politischen Oekonomie. Die Einfachheit der Lösung ist eine Bürgschaft ihrer Richtigkeit.... Der Apfel fällt vom Baume und die Sterne bewegen sich nach einem und demselben Gesetze: dem der Gravitation. Ein Robinson und ein 100-Millionen-Reich befolgen bei ihren wirthschaftlichen Handlungen ein und dasselbe Gesetz: das des Werthes" (S. 307—8".

Die folgende Darstellung ist so allgemein und kurz gehalten, dass mir nur wenig Gelegenheit blieb, auf den reichen Inhalt des Sax'schen Buches einzugehen. Im Interesse der Darstellung habe ich es übrigens als angezeigt erachtet, selbst dort, wo ich mit Sax nicht übereinstimme, meine abweichenden Ansichten zumeist nicht genauer zu begründen, wie ich überhaupt in diesem Theile die literarischen Beziehungen noch mehr vernachlässigt habe als im ersten Theile des Buches. Ich habe es mir hier wie dort zur Aufgabe gesetzt, dasjenige übersichtlich und als Ganzes zu zeigen, was bisher, wo es überhaupt erfasst wurde, fast nur getrennt zur Betrachtung kam. Es schien mir wider den Plan der Arbeit, wenn ich mich durch Kritik und Polemik zu einem Detail hätte verleiten lassen, das ich um seiner selbst willen nicht gebracht hätte, weil es mir den Ueberblick des Ganzen, um den es mir hauptsächlich zu thun ist, zu erschweren schien.

§. 63. Die Aufgaben der Staatswirthschaft.

Gewöhnlich nimmt man an, die Einzelwirthschaft diene den Individualbedürfnissen, d. h. jenen, die der Einzelne für sich hat, und die Gemeinwirthschaft den Gemein- oder Collectivbedürfnissen, d. h. jenen, die die Einzelnen als Mitglieder eines Gemeinwesens, oder anders ausgedrückt, die ein Gemeinwesen hat; die Staatswirthschaft diene also den Staatsbedürfnissen, d. h. jenen, die die Bürger eines Staates in Rücksicht auf ihre staatliche Verbindung fühlen. Es dürfte indess diese Auffassung der thatsächlichen Vertheilung der wirthschaftlichen Aufgaben kaum entsprechen. Nationale Interessen, die zweifellos unter die Collectivinteressen zu rechnen sind, werden häufig durch persönliche Hingebung und Widmungen befördert. Zahlreichere Beispiele lassen sich für den entgegengesetzten Fall anführen, dass individuelle Interessen durch collective Anstrengungen gepflegt werden. Das Verlangen, einen gangbaren Weg zu besitzen, um seinen Geschäften nachgehen zu können, ist gewiss ein höchst persönliches; seit jeher fast sehen wir aber die Fürsorge für die Verkehrsstrassen unter den Aufgaben der Gemeinwesen. Im communistischen Staate sollte vollends die Fürsorge für die sämmtlichen Individualbedürfnisse, ohne dass diese sich in ihrer Natur irgendwie verändert hätten, der Staatswirthschaft zufallen. Es muss daher ein Umstand, der nicht die Natur des Bedürfnisses selber betrifft, für die Vertheilung der wirthschaftlichen Aufgaben entscheidend sein.

Eine einfache Betrachtung lässt erkennen, auf welchen Umstand es ankommt.

Die persönliche Kraft des Einzelnen reicht in vielen Fällen dazu aus, um ihm die Erfüllung seiner persönlichen Wünsche zu sichern. Namentlich dehnt sich die Sphäre, innerhalb deren der Einzelne sich mit Erfolg geltend zu machen vermag, ganz ausserordentlich dann aus, wenn die Menschen gelernt haben, von der Arbeitstheilung und Arbeitsvereinigung Gebrauch zu machen. Hier treten sie in Verkehr und Verbindungen mit einander ein, wodurch sie ihre Leistungsfähigkeit ausserordentlich erhöhen, während sie doch die errungenen Vortheile wiederum individuell verrechnen und auftheilen, so dass sie privatrechtlich von einander gesondert bleiben. Gewisse Erfolge indess erfordern eine innigere Art der Verbindung, ohne welche sie nicht erreicht werden könnten, eine wahre Gemeinsamkeit. Der Wunsch, dieselben wirklich zu erreichen, der sich oft bis zum Gefühle einer unabweisbaren Nothwendigkeit steigert, führt zur Bildung der Gemeinwesen.

Es sind verschiedene Gründe, die die Erreichung eines bestimmten Erfolges von der Bildung collectiver Verbände und der Durchführung gemeinschaftlicher Actionen abhängig machen können.

An erster Stelle ist die Art der Leistung zu nennen, um die es sich handelt. Für mancherlei Leistungen findet sich der Einzelne als Einzelner nicht qualificirt, er findet sich zu schwach, er findet sich machtlos. Den Staaten ist vom Anfang an die Aufgabe zugefallen, in solchen Stücken das gemeine Wohl zu vertreten, wo nur das solidarische Zusammenstehen Vieler oder Aller ein Mittel bot, um die den zerstreuten Individuen fehlende Kraft zu schaffen. Nur als Staat geeinigt hat ein Volk Aussicht, den Feind abzuwehren und den Mitbürger im Ausland zu schützen. Der Vereinigung allein gelingt es, den Landfrieden und die Ordnung gegen Frevler im Innern zu bewahren. Aus dem allgemeinen Rechtsgefühl wird die Kraft und der Nachdruck gewonnen, um Gesetze zu geben, die Jedermann binden, und Richter und Beamte zu bestellen, die Jedermann unter die gemeine Rechtsregel beugen. Und so führen zahlreiche Interessen, theils collective, theils allgemeinste Individualinteressen, zu immer weiterer Ausdehnung der Staatsthätigkeit, wo immer man der Meinung ist, dass nur der Staat die Machtmittel besitze, um Gewähr für die Befriedigung oder für die erwünschte vollkommene Befriedigung zu bieten.

Hinsichtlich solcher Leistungen, die gemeinsam vollzogen werden, besteht eine überwiegende Tendenz, ihre Folgen gemeinsam zu tragen und gemeinsam zu geniessen. Wenn die Staatskraft auch nur um eines einzelnen Bürgers willen eingesetzt wurde, so kann die betreffende Angelegenheit nicht leicht mehr blos aus dem Interesse dieses Bürgers beurtheilt werden. Die Thatsache, dass die Staatskraft überhaupt eingesetzt wurde, engagirt als solche das öffentliche Interesse, da sie, wenn einmal eingesetzt, nicht vergeblich eingesetzt sein soll. Alle späteren Erfolge werden ja hiedurch mitbedingt. Aus diesem Grunde ist z. B. der Ausgang jedes einzelnen Criminal- oder Civilprocesses für die Allgemeinheit bedeutungsvoll. Jeder Process soll so geführt werden, dass die Achtung vor dem Gesetze nicht erschüttert, dass sie bestärkt werde. Ueberhaupt sind aber die Angelegenheiten, um deren willen der Staatsapparat in Scene gesetzt wird, vom Ursprung aus Angelegenheiten grösserer Wichtigkeit und grösseren Umfangs, häufig grösster Wichtigkeit und grössten Umfangs; es sind eben jene Angelegenheiten, für welche nur die vereinigte Kraft Aller ausreicht. Hieraus allein folgt gewöhnlich schon die Unmöglichkeit, den im Grossen herbeigeführten Erfolg einzeln zuzutheilen oder auch nur nach seinen Wirkungen zu verrechnen, und die Nothwendigkeit, ihn allgemein zugänglich zu machen, beziehungsweise der Allgemeinheit ohne weitere Unterscheidung anzurechnen. Nur vergleichsweise selten werden Einzelpersonen bezeichnet und ausgesondert werden können, deren Interessen vorzugsweise betroffen sind und denen die Staatsleistungen vorzugsweise zugemittelt und aufgerechnet werden sollen.

Zweitens, gerade so wie die Früchte eines Krieges sich nicht verkaufen lassen und ein Krieg daher nicht als privates Geschäft geführt werden kann (wiewohl nicht dies der Grund ist, weshalb es den Regierungen vorbehalten ist, Kriege zu führen, sondern der Grund darin liegt, dass kein Privatmann hiezu genügende Machtmittel besitzt), so gibt es unter denjenigen Unternehmungen, für welche die Machtmittel der einzelnen Bürger ausreichen, sehr viele, für welche die Unmöglichkeit, aus ihnen einen Erwerb zu machen, den privaten Betrieb ausschliesst. Die mannigfachsten Umstände können diese Wirkung haben. Die Strassen einer Stadt könnten dem Verkehre nicht dienen, wenn sie nicht frei, ohne Entgelt zu benützen wären; damit ist es einem Bürger unmöglich gemacht, auf seine Rechnung Verkehrsstrassen zu halten. Das Gleiche gilt in allen Fällen, wo dem Publicum Güter, deren Herstellung Kosten verursacht, zur freien Benützung dargeboten werden sollen, quasifreie Güter, nach dem Ausdrucke Menger's. Manche Unternehmungen versprechen erst in einer entfernten Zukunft Ertrag, zu entfernt, als dass Private sich entschliessen könnten, zuzuwarten, während das öffentliche Interesse sofort ihre Durchführung fordert; das ist der Fall mit manchen Eisenbahnen. Manchmal ist es überdies noch zweifelhaft, ob der Ertrag jemals ausreichen werde, um die Kosten zu decken, während zugleich die günstigen Wirkungen im Falle des Gelingens verlockend gross sind, Privatunternehmer aber doch durch den Umfang des nothwendigen Capitales oder durch andere zufällige Umstände abgehalten werden. Manchmal fehlt es einfach, wegen der zu geringen wirthschaftlichen Ausbildung der Bürger, an fähigen und thatkräftigen Privatunternehmern. Manchmal handelt es sich um Güter, die für die Privatwirthschaft erst im Werden sind, die noch unfertig, unreif, latent sind, so dass sie erst erweckt oder durch

Auffindung der ergänzenden complementären Güter zur Leistungsfähigkeit gebracht werden müssen — wie viel latente Arbeitskraft, die sich erst ihrer selbst bewusst werden und ihre Schule machen muss, bevor sie Käufer finden kann, wie viele verborgene Reichthümer, die man im Boden vermuthet und selbst kennt, aber nur wegen des zurückgebliebenen allgemeinen Zustandes der Volkswirthschaft, des Reichthums, der Bildung, des Credits, der Rechtsordnung, des Landfriedens nicht zu heben vermag, schlummern nicht in einem von der Natur begünstigten uncultivirten Lande, und welche Regierung müsste es nicht für ihre Pflicht erachten, hier, wo die sichere Grundlage für die private Unternehmung noch nicht geschaffen ist, selber fördernd einzugreifen, nicht nur durch allgemeine Verwaltungsmassregeln, sondern auch durch wirthschaftliche Unternehmungen, welche erziehen, welche reifen machen, wenn sie auch nicht unmittelbar rentiren. Manchmal ist nur das Bedürfniss da, welches dringend seine Befriedigung heischt, aber es fehlt den bedürftigen Classen die Zahlungskraft; kein Unternehmer kann hier abhelfen, aber der Staat muss eingreifen, um ein Leiden zu mildern, das zu einem grossen öffentlichen Uebel werden könnte. Und noch mehr derartige Umstände liessen sich aufzählen, alle in derselben Richtung wirksam, dass sie das Privatgeschäft durch die Unrentabilität, die sie erzeugen, ausschliessen und damit und wegen der Wichtigkeit der Güter, um die es sich handelt, die Staatsthätigkeit fordern.

Drittens, manche Unternehmungen, die im Machtbereiche eines Bürgers liegen und die ihm auch Gewinn versprechen, werden gerade aus dem Grunde dem Staate vorbehalten, weil sie dem Privatunternehmer zu grosse Macht oder zu grossen Gewinn sichern würden. Man fürchtet, dass die bevorzugte Stellung, die sie nothwendigerweise Jedem geben, der sie führt, von einem Privatunternehmer missbraucht werden könnte. Die Unternehmungen, die hieher gehören, sind zumeist solche eines nothwendigen Monopols, zumal solche grossen Umfanges, wie die Post, die Eisenbahn. Man erwartet von einem unabhängigen Privatunternehmer nicht die gewünschte Zuverlässigkeit oder nicht die gewünschte Ausdehnung des Betriebes oder sonst nicht die gewünschte Vollziehung, oder man erwartet von ihm zu hohe Preise, während man sich in all diesen Punkten von der Regierung eines Besseren versieht. Nicht im mindesten soll deshalb die Form der Erwerbsunternehmung ganz und gar aufgegeben werden, sie kann beibehalten werden, nur dass mit dem Bestreben, den höchsten Geschäftsertrag zu erzielen, das andere Bestreben, den Interessen des Publicums zu dienen, angemessen vereinigt wird. Namentlich soll dort, wo ein rücksichtswürdiges Bedürfniss vorhanden ist, aber die Zahlungskraft fehlt, die Leistung zu ermässigten Preisen vorgenommen, d. h. die Schätzung nach Verkehrswerth durch die nach natürlichem Werth ersetzt werden. So entsteht die „öffentliche Unternehmung". Im communistischen Staate würde alle Production Staatssache werden und der öffentlichen Unternehmung zufallen, aus einer Erwägung, die im Wesentlichen darauf hinausläuft, dass die private Production einseitig dem Interesse der besitzenden Classe mit Zurücksetzung der allgemeinen gesellschaftlichen Interessen diene. Sogar die Geschäfte des privaten Haushaltes würden zum grössten Theil an den Staat übergehen.

Ueberblickt man die sämmtlichen Aufgaben der Staatswirthschaft, so wird man leicht gewahr, dass sie, abgesehen von den eben besprochenen Verschiedenheiten ihrer Entstehungsgründe, sich auch noch durch ihren Inhalt von einander scheiden. Gewisse von ihnen — als Beispiele mögen hauptsächlich die der letztgenannten Gruppe dienen — stehen den privatwirthschaftlichen Geschäften sehr nahe. Wie diese gelten sie der unmittelbar ausführenden Arbeit an den Gütern, dem Detail, der einzelnen Production und zersplittern sich in zahllose einzelne Leistungen und Verrichtungen, vielfach von conformer Art, an zahllosen einzelnen Gütern. Es sind entferntere, weitergehende Erwägungen, die hier die private Besorgung ausschliessen, welche zunächst den betreffenden Aufgaben wohl gerecht werden könnte. Am deutlichsten wird dieses Verhältniss, wenn man die Geschäfte der Production und des Haushaltes an den communistischen Staat übergegangen denkt. Dieselben hören damit wohl im persönlichen Sinne auf, privatwirthschaftlich zu sein, aber nicht im sachlichen, im technischen, in welchem sie, wenn man so sagen darf, „detailwirthschaftlich" bleiben.

Anders ist der Charakter der übrigen staatswirthschaftlichen Acte, die hauptsächlich den beiden ersten der von uns beschriebenen Gruppen angehören. Diese Acte widerstreben der privatwirthschaftlichen Erledigung aus verschiedenen Gründen, die aber endlich alle zu dem gleichen Ende führen, dass der Private bei ihnen seine Rechnung nicht finden kann, weil ihre Früchte überhaupt nicht zu verhandeln oder doch nicht einzeln zu verhandeln sind. Ihre Früchte kommen dem Publicum — entweder ganz oder doch zu einem guten Theile — wie Sax sagt, nach dem „Principe des allgemeinen Genussgutes" zu, frei, ohne Entgelt. Sie sind Acte grösseren Stiles, mit grösseren Mitteln und grösseren, häufig ganz und gar untheilbaren Erfolgen. Sie sichern die allgemeinen Grundlagen des persönlichen Lebens und der ausführenden Wirthschaft, ihre Wirkungen sollen sich überallhin verbreiten und sollen gar nicht im Einzelnen übergeben werden, selbst wenn sie einzeln erfasst werden könnten. Auch sie werden um des Nutzens willen unternommen, den man sich von ihnen verspricht, aber nicht nur, dass es häufig — wie z. B. bei einem Kriege — sehr unsicher ist, ob der gewünschte Erfolg überhaupt gewonnen werden könne, so ist auch dann, wenn er gewonnen ist, seine Grösse zumeist nur beiläufig abschätzbar, theils wegen des Umfanges, in dem er eingetreten ist, theils wegen der Menge der betheiligten Personen, theils wegen der Unmöglichkeit der Erfassung im Einzelnen, theils wegen der Nachhaltigkeit und des späten Eintrittes vieler Wirkungen. Man weiss oft nur so viel, dass man eine Action nicht unterlassen dürfe und dass man sie mit dem Aufgebote aller Kräfte führen müsse, während man fast ganz unsicher ist, wie sie wohl in der Folge das Volksleben beeinflussen werde. Erst andere Generationen sind häufig berufen, das Urtheil zu fällen.

Auch im communistischen Staate, wenn alle Wirthschaft auf den Staat übergegangen sein sollte, wird man gewiss nach diesem Gesichtspunkte unterscheiden und die Geschäfte des Haushaltes und der ausführenden Production von denen der allgemeinen Staats- und Wirthschaftsverwaltung trennen. Dort werden die Güter nach ihrem natürlichen privatwirthschaftlichen Werth, nach Grenzwerth, gemessen werden, hier wird diese

Schätzung, wie wir nun zeigen wollen, vielfach versagen und man wird ihr zur Seite oder an ihre Stelle eine andere setzen müssen, die wir wohl am besten als **staatswirthschaftliche Werthschätzung** bezeichnen, mit einem Namen, der freilich nicht den Formen des Communismus, sondern denen der heutigen Ordnung entspricht.

§. 64. Der Werth in der natürlichen Staatswirthschaft.

Nehmen wir den utopischen Staat des Communismus als verwirklicht an, so muss, wie eben gesagt wurde, auch in ihm, in dem alle Wirthschaft Staatssache geworden ist, ähnlich wie heute — wenn auch vielleicht unter andern Namen — zwischen Privat- und Staatswirthschaft unterschieden werden. Auf der einen Seite müssen als eine Gruppe für sich stehen die heute den Bürgern überlassenen Geschäfte des Haushaltes und der Production nebst manchen im Grunde privatwirthschaftlichen, jedoch heute aus besonderen Gründen vom Staate geführten Unternehmungen; auf der andern Seite müssen hievon abgesondert die Geschäfte der allgemeinen Staatsverwaltung — beziehungsweise was an ihnen wirthschaftlich ist — und der allgemeinen wirthschaftlichen Politik geführt werden. Selbstverständlich würde es an vermittelnden Uebergängen nicht fehlen und in jeder Gruppe würde immer auch jene Rücksicht mit zur Geltung kommen, die in der andern die herrschende ist. Das ändert jedoch nichts an dem Satze, dass die leitenden, die Hauptmotive beiderseits verschieden sein müssen.

In der privatwirthschaftlichen Gruppe, in welcher die Güter nach Menge und Nutzen sehr genau abmessbar sind, muss es das leitende Bestreben sein, von jedem praktisch noch messbaren Mengentheilchen den höchsten überhaupt erwünschten Nutzen zu erreichen. Dieses Bestreben muss seinen Ausdruck in einem Werthanschlage finden, der sein Mass für das einzelne Gut von der Grenze nimmt, an welcher der möglichst ausgebeutete Vorrath sich mit dem möglichst gesichteten Bedarfe schneidet; im Bereiche der Production gestaltet sich ein derartiger Werthanschlag, wie wir wissen, zum Ertrags-, beziehungsweise Kostenanschlag. Die Werthgrössen von Vorräthen müssen sich als Vielfache, die von zusammengesetzten Gütern als Summen von Vielfachen darstellen. Die einzelnen Grössen müssen, vielfach sogar sehr genau, gegen einander rechenbar sein. Ein genauer Wirthschaftscalcül muss aufgestellt, der Vortheil und Nachtheil jedes hinlänglich bekannten Verfahrens muss ziffermässig erfasst werden können, und es muss als Triumph der wirthschaftlichen Kunst gelten, den Plan genauest zu ermitteln und genauest zu verwirklichen, welcher durch die Rechnung des Werthes als der beste bezeichnet ist.

In der staatswirthschaftlichen Gruppe muss es gleichfalls als oberster Grundsatz gelten, den höchsten Nutzen, die höchste Wohlfahrt zu sichern, aber der Nutzen und seine Grösse wird nicht so genau, wird oft sogar nur sehr ungenau abzuschätzen sein, wie wir das oben ausführlicher begründet haben. Da die Mittel, um die Staatszwecke zu erreichen, meist sehr umfangreich sind, wobei das Mehr oder Weniger nicht so genau abgegrenzt werden kann, so muss die Unbestimmtheit der Schätzung auch noch von Seite der Güter vermehrt werden. Der Werthanschlag wird oft nur sehr beiläufig ausfallen und in vielen Fällen wird Uebereinstimmung über denselben gar nicht zu erzielen sein. Genauere Schätzungen werden wohl nur bezüglich solcher Güter gelingen, die auch privatwirthschaftlich verwendet werden, wo dann der bestimmte privatwirthschaftliche Anschlag herübergenommen wird, sowie bezüglich solcher Güter, die durch Production gewonnen werden. Wo aber die Staatswirthschaft sich specifischer Güter bedient, die weder durch ihre Verwendung noch durch ihre Entstehung den privatwirthschaftlichen Calcül in sich aufnehmen — um ein Beispiel zu haben, sei eine unfruchtbare Insel genannt, deren Besitz durch militärische oder politische Erwägungen gefordert wird — wo die Staatswirthschaft in voller Reinheit für sich besteht und öffentliche Interessen mit specifisch öffentlichen Mitteln zu wahren sucht, da wird an Stelle des quantitativen Anschlages des Güterwerthes in Gütermengen durchaus die vage, von Neigungen und Leidenschaften beeinflusste, bestrittene Schätzung der Interessen treten.*)

---

*) Auch in der Privatwirthschaft hat man, alles zusammengenommen, es mit Gütermengen und Bedürfnissen grossen Umfangs zu thun; die privatwirth-

Auf diesen Gegensatz der Unbestimmtheit zur Bestimmtheit, der subjectiven Schätzung zur Rechnung reducirt sich im

schaftlichen Geschäfte sind ja zahlreicher als die staatswirthschaftlichen, sie bilden die Hauptmasse des wirthschaftlichen Körpers. Indess hat die Grösse der Actionen in der Privatwirthschaft nur in geringem Grade jene Unbestimmtheit der Schätzung zur Folge, die sie in der Staatswirthschaft leicht erzeugt. Dort hat man mehr aber kleinere Objecte, hier einzelne aber ausgedehnte vor sich; dort lösen sich alle Mengen schliesslich in theilbare Summen auf, hier nicht. Der Gegensatz ist so wichtig und seine Erkenntniss gewährt einen so tiefen Einblick in das Gefüge des Verkehrswerthes, dass ich auf die Gefahr hin, mich zu wiederholen, es noch einmal versuche, ihm einen möglichst genauen Ausdruck zu geben.

Zwei Beziehungen sind es, die wohl bemerkt werden müssen, wenn man den privatwirthschaftlichen Calcül verstehen will.

Erstens, alle Vorräthe gleichartiger Güter — und damit alle Güter, die, wie die Erzeugnisse durch die Kosten, sich auf solche Vorräthe zurückführen lassen — werden im Bereiche des Grenzgesetzes als theilbare Summen kleinster Einheiten gemessen, die alle mit dem gleichen Einheitswerthe angesetzt sind. Damit scheint das Vermögen in „Atome" zersplittert, aber das scheint nur so; thatsächlich wird im Bereiche des Grenzgesetzes durch diese Art der Messung jedes „Atom" im Rahmen des ganzen Vermögens geschätzt, es werden nicht nur die Grenzwidmungen, sondern mit ihnen und durch sie alle überhaupt zulässigen Güterwidmungen, von den höchsten bis zu den an der jeweiligen Grenze stehenden, in Evidenz gehalten, nur dass man der Mühe überhoben ist, andere als die Grenzwidmungen in Rechnung zu stellen. Daher die genaue Rechenbarkeit selbst unabschbar zahlreicher Mengen, die unabsehbar mannigfaltigen Bedürfnissen zu dienen bestimmt sind. Für die Zwecke der ausführenden Privatwirthschaft ist z. B. das ganze ungeheure landwirthschaftliche Vermögen eines Volkes durch den privatwirthschaftlichen Anschlag desselben ganz richtig erfasst, auch wenn dieser Anschlag, der nur die Vorräthe und die Grenzwidmungen in Rechnung stellt, weit davon entfernt ist, die ganze Bedeutung zum Ausdruck zu bringen, welche die durch die Landwirthschaft vermittelten Bedürfnissbefriedigungen für das Volksleben haben. Nichts irreführender daher, als wenn man einer Abhandlung über die Preise der Bodenproducte eine Erörterung der Bedeutung der Landwirthschaft in diesem Sinne vorausschickt. Der nicht in Rechnung gestellte „Ueberwerth" braucht nicht in Rechnung gestellt zu werden, weil er nicht blos in der landwirthschaftlichen Taxation sondern allenthalben vernachlässigt ist und weil man im Detail eine ganz richtige Abwägung der Landwirthschaft gegenüber den Gewerben und der Industrie und den andern Zweigen der Volkswirthschaft, sowie der einzelnen landwirthschaftlichen Geschäfte unter einander trifft, wenn man eben allenthalben gerade nur die Grenze wahrnimmt, bis zu welcher die Bedürfnisse zu befriedigen, die Erzeugungen auszudehnen und die Kostengüter zu verwenden sind.

Wenn man eben dieselben landwirthschaftlichen Reichthümer auf Zwecke der allgemeinen volkswirthschaftlichen Politik hin ansieht, verändert sich der

Ergebnisse der Gegensatz des natürlichen staatswirthschaftlichen zum natürlichen privatwirthschaftlichen Werthe. Auch so bleibt derselbe gross genug, um in der praktischen Politik deutlich und eigenthümlich zum Ausdruck zu kommen. Theoretisch kann allerdings über das Verhältniss beider niemals ein Zweifel sein. Wie die privatwirthschaftlichen Interessen unter einander, wenn sie in Concurrenz treten, ihre Rangordnung von ihrer Wichtigkeit empfangen, so auch privatwirthschaftliche und staatswirthschaftliche Interessen im Verhältnisse zu einander. Der wichtigere Zweck geht dem minder wichtigen vor — damit ist theoretisch die Basis geschaffen, auf der die Werthschätzung aufgebaut wird. Wie soll aber diese Regel praktisch genügen, sobald man über den Grad der Wichtigkeit im Zweifel ist? Und die Unbestimmtheit der staatswirthschaftlichen Schätzungen muss praktisch sehr häufig zu Zweifeln Anlass geben, wie privat- und staatswirthschaftliche Actionen in's richtige Ver-

Gesichtskreis, unter dem man sie ansieht. Man bekümmert sich nicht mehr um zahllose einzelne Güter, die man gegen einander hält, sondern man bekümmert sich um das, was sie alle gemeinsam betrifft. Da wird die Landwirthschaft oder werden grosse Theile derselben ein Ganzes; da ist es an der Zeit, die Bedeutung aller ihrer Dienste zu bedenken; da steht man einem ungeheuren Complex von Wirkungen gegenüber, die man alle in ihrer ganzen Ausdehnung anzuschlagen genöthigt ist.

Zweitens, auf die complementären Productivfactoren wird privatwirthschaftlich, indem man wieder mit den kleinsten Mengen rechnet, der ganze productive Ertrag ohne Rest aufgetheilt. Die Summe aller „productiven Beiträge" ist dem gesammten Ertrage an Werth gleich und der Productivwerth ist daher so klar rechenbar wie der Werth der Producte. Werden dagegen in den Fragen der volkswirthschaftlichen Politik die Geschicke grosser Mengen von Productivgütern auf einmal erwogen, so reicht man mit dem Anschlage des „Beitrags" nicht mehr aus, sondern man muss sich der überaus schwierigen Erwägung unterziehen, wie tief die innige Verbindung der Productivfactoren im innersten Grunde reiche und wie weit sie sich wechselseitig bedingen — befruchten oder unterbinden — wenn man sie auf einmal in Massen einander zubringt oder von einander reisst. Wieder rechnet man privatwirthschaftlich im „Beitrag" blos den Grenzwerth, staatswirthschaftlich in der gesammten „Mitwirkung" die weitergehende, schwer fassbare Bedeutung.

Alles dies ist mit der oben erwähnten Einschränkung zu verstehen, dass hiemit blos der hauptsächliche Charakter der beiden Wirthschaftssysteme gekennzeichnet ist, während jedes immer auch Züge des andern aufweist und die Uebergänge unmerklich sind.

hältniss zu setzen seien. Sehr häufig sind es ja dieselben Güter. die hier oder dort verwendet werden sollen; schliesslich ist es ja im Grossen und Ganzen ein einziger Güterfond, aus dem alles bestritten werden soll. nur wenige Güter sind vom Haus aus specifisch dem einen oder dem andern Wirthschaftsgebiet vorbehalten. Ein besonderer, häufig vorkommender **Fall** der Concurrenz der beiderlei Interessen ist dann gegeben, wenn eine Unternehmung privatwirthschaftlich, d. h. durch ihren rechenbaren Ertrag in unmittelbaren Früchten rentirt, während behauptet wird, dass sie staatswirthschaftlich, d. h. in ihren entfernteren und schwerer nachweisbaren Folgen wirthschaftsfeindlich, zerstörend, untergrabend wirke. Diesem zur Seite steht der umgekehrte Fall, dass eine Unternehmung privatwirthschaftlich nicht rentirt, durch ihren rechenbaren Ertrag nicht die Kosten deckt, während behauptet wird, dass sie staatswirthschaftlich befördernd, befruchtend, erhaltend wirke. Was von einzelnen Unternehmungen gilt, gilt auch von ganzen Gruppen derselben, von grossen Acten der Gesetzgebung und Verwaltung, von Productionszweigen, Productionsgebieten, von der Thätigkeit productiver Classen im Volke. Es kann z. B. im Streite sein, ob die „Landwirthschaft" oder ob der Arbeiterstand öffentliche Unterstützungen verdienen, die durch den privatwirthschaftlichen Werth der Bodenerzeugnisse oder der Arbeitsfrüchte nicht gerechtfertigt wären, während sie durch die Rücksicht auf die Erhaltung der Stabilität der Volkswirthschaft und des Volkslebens gerechtfertigt sein sollen.

Im communistischen Staate wird es so wenig, wie im heutigen an Wechselfällen mangeln, die zu fortwährend neuen Entscheidungen zwischen der Rücksicht einerseits auf die quantitativ rechenbaren nächsten Erträge — auf die Rentabilität — und andrerseits auf die schätzungsweisen und entfernteren Nachwirkungen — auf die allgemeinen Interessen — hindrängen. Gesetzt, dass es sich um eine den Eisenbahnen ähnliche technische Vervollkommnung handle, so wird ohne Zweifel, sowie zur Zeit der Einführung der Eisenbahnen, über die Ausführbarkeit, über die Nützlichkeit, über die Tragweite gestritten werden, und selbst nachdem die Erfahrung den Streit im Allgemeinen entschieden hat, wird noch über das genauere Verhältniss der rechenbaren Wirkungen zu den unrechenbaren der Zwiespalt der Meinungen fortbestehen. Oder man wird unschlüssig sein, ob man die Richtung der Volkswirthschaft mehr zur Industrie oder mehr zur Landwirthschaft leiten solle; ob man die Kraft des arbeitenden Volkes stärker ausnützen oder mehr schonen solle; vielleicht auch ob man einen Krieg führen, ob man ihn vorbereiten oder ob man die Künste des Friedens pflegen solle u. s. f. Und gewiss wird es da immer eine Partei geben, welche rechnet und welche nüchtern blos die Rentabilität hervorhebt, und eine zweite, welche in's Weite blickt und der Phantasie und Leidenschaft das Wort redet. Unter andern Namen werden die wirthschaftlichen Gegensätze von heute wiederkehren. Der Zwiespalt, den wir heute zwischen Verkehrswerth und öffentlichen Interessen beobachten, beruht mithin, ganz abgesehen von dem Widerstreite der persönlichen Vortheile, auf einer **unaufhebbaren, aus der natürlichen Anlage der Wirthschaft fliessenden Differenz der Wirthschaftsziele.**

Muss schon für die communistische Ordnung zugegeben werden, dass die privatwirthschaftliche Schätzung der Güter nicht ausreiche, weil sie bald, nothwendige Abzüge vernachlässigend, zu hoch, bald, wesentliche Erhöhungen vernachlässigend, zu niedrig ausfällt, so muss für unsere Ordnung dies um so mehr vom Verkehrswerthe zugegeben werden, der den privatwirthschaftlichen Charakter bis zum Uebermass verschärft. **Der rechenbare Calcül und die unrechenbaren, aber thatsächlich beobachteten Einflüsse zusammen machen erst den vollen Werth der Güter aus.** Der Theoretiker muss den Satz aussprechen, so schwer es ihm auch fallen mag, wenn er erwägt, wie viel hiedurch die Theorie an präciser Fassung ihrer Formeln und Gebote verliert. Wie einfach und wie für die Anwendung fasslich lässt sich nicht jede Anweisung geben, sobald es nur auf rechenbare Quantitäten ankommt — was nach Verkehrswerth rentirt ist ökonomisch zulässig, alles Uebrige verboten! Und wie nebelhaft unklar werden die theoretischen Lösungen, wenn sie auf absolute Regeln verzichtend, die concreten Umstände nach ihrem jeweiligen thatsächlichen Stande als entscheidend anrufen müssen! Der Politik (die freilich nicht nur dem Politiker, sondern auch der politischen Wissenschaft zugehört) muss es endlich überlassen bleiben, die concreten Entscheidungen, sowie durchzuführen auch zu fällen. Wie sehr auch der theoretische Stolz unter dieser Erkenntniss leiden mag, so ist sie doch nicht abzuweisen. Um zu beobachten und zu verstehen, nimmt man in Gedanken die Dinge gerne einfacher als sie sind und man thut dies mit Recht, wenn man weiter nichts beabsichtigt, als sich den Gedankenprocess zu erleichtern, indem man vom Leichtesten beginnt. Aber man darf nicht auch beim Leichtesten stehen bleiben und die gefundene Lösung nicht ohneweiters in die Wirklichkeit zurück übertragen. Das ist es, was man als die „theoretische Krankheit" bezeichnen könnte: die Dinge zuerst nehmen, wie man sie am einfachsten ausdenken kann — und dann die Welt nach dem Bilde vorstellen, das man eben auszudenken im Stande war; das leicht Denkbare oder wenigstens das am präcisesten zu Denkende schlechthin für das Wirkliche halten.

Wie jede Uebertreibung, erzeugt auch diese ihre Reaction, den Widerwillen gegen das theoretische Denken überhaupt. Das Buch, das der Leser in Händen hat, gibt mir wohl das Zeugniss, dass ich diesen Widerwillen nicht theile. Es gibt mir nicht im gleichen Grade das Zeugniss, dass ich jede andere Richtung der Forschung, ausser der rein theoretischen, an ihrem Platze für angezeigt und nothwendig erachte, aber ein unbefangener Beurtheiler wird, wie ich hoffe, keinen Grund finden, mir diese Meinung abzustreiten.

Dass die Theorie, auch wenn sie die staatswirthschaftlichen Einflüsse auf den Werth anerkennt, der Politik in gar nichts vorgearbeitet hätte, wird übrigens wohl Niemand behaupten. Wer die Werththeorie auch nur in den eben besprochenen Grenzen zu Ende gedacht hätte, hätte Ursache, mit Stolz auf die Hilfe zu verweisen, die sein Nachdenken den Entscheidungen der politischen Wissenschaft und der praktischen Staatskunst gebracht hätte. Es ist eine Sache erster Wichtigkeit, ohne die man gar keiner Entscheidung gewachsen ist, dass man wisse, es gebe ein Gebiet, in welchem der Anschlag des Verkehrswerthes zutrifft, und ein anderes, in welchem er versagt. Wenn man nun diese Gebiete auch noch, obschon nur in der allgemeinsten Weise, zu bezeichnen vermöchte; wenn man vollends die Regeln des staatswirthschaftlichen und des privatwirthschaftlichen Anschlags mit Klarheit auseinanderzulegen vermöchte, so dass Jedermann, der mit hinlänglichem Ernste folgt, die Beruhigung gewinnen muss, dieselben entsprächen wesentlichen Forderungen der Wirthschaftlichkeit; wenn man ausserdem selbst noch die Richtungen zeigen könnte, in denen der thatsächliche Verlauf von der Regel am häufigsten und mit den bedenklichsten Nachwirkungen abweicht: so wäre die Grundlage für die Politik doch in einer Weise geebnet, gegenüber all den Irrthümern und Zweifeln, die ihre Wege verwirren müssten, wenn diese Vorarbeit nicht gethan wäre, dass man einer solchen Theorie die Existenzberechtigung nicht wird absprechen dürfen. Um nur Eines besonders zu erwähnen: Das Vergelten der Güter mit abgewogenen und abgezählten Summen unfruchtbaren Metalles oder Papieres und die sich daran schliessende Schätzung der Güter und der Wohlfahrt, die sie gewähren, nach Zahlen und Ziffern, nach Stücken und Gewichtsmengen ist in sich etwas Räthselhaftes, was Den, der klar zu schauen wünscht, leicht auf die Vermuthung eines künstlichen und unheilvollen Ursprungs führen kann und manchen verständigen, ehrlichen Mann in der That zu dieser Vermuthung geführt hat. Es ist doch ein Schluss, der der Beachtung werth wäre, wenn es einer Wissenschaft gelingen könnte, zu beweisen, dass dieser Vorgang an seinem Platz im Grunde gesund und einfach ist und dass man die tausenderlei wirthschaftlichen Genüsse nicht genauer und deutlicher messen könnte, als wenn man sie unter den gehörigen Bedingungen mit dem natürlichen Grenzwerth der Güter misst.

§. 65. Der Werth in der empirischen Staatswirthschaft.

Zu dem natürlichen Gegensatze der staatswirthschaftlichen und privatwirthschaftlichen Werthschätzung kommt durch die Wirthschaftsordnung, wie sie thatsächlich besteht, noch ein weiterer Gegensatz hinzu.

Der Staat, wie er thatsächlich besteht, hat ungleich dem communistischen Staate nicht alle wirthschaftlichen Geschäfte, sondern nur den geringeren Theil derselben zu besorgen. Ebenso besitzt er nicht alle wirthschaftlichen Güter. Er besitzt nicht einmal genug, um seinen Aufgaben gerecht zu werden. Er besitzt gewöhnlich nur die Gebäude und das stehende Inventar, die für die Ausübung der öffentlichen Functionen nöthig sind. Was ausserdem für den laufenden Dienst gebraucht wird, muss ihm zumeist durch fortlaufende Beiträge der Bürger aus ihrem Besitze und Einkommen überantwortet werden. Die wichtigsten derartigen Beiträge werden, wie bekannt, in Form der Steuern erhoben. Von diesen allein soll hier gesprochen werden.

Bereits Schäffle (Steuerpolitik, pag. 17) hat das Princip entwickelt, nach welchem die Güter, die das Einkommen der Bürger bilden, einerseits auf die Steuerleistung behufs Befriedigung der öffentlichen Interessen und andrerseits auf die privaten Haushaltungen behufs Befriedigung der privaten Bedürfnisse vertheilt werden sollen. Er nennt es das „Princip verhältnissmässiger Deckung des Regierungs- und des Individualbedarfes". Die den Bürgern einkommenden Güter sollen jeweils die Widmung zu den wichtigsten in Frage stehenden Verwendungen erhalten. Weder der öffentliche Haushalt soll mit Bedrückung des Bürgers, noch der bürgerliche Haushalt mit Verkümmerung des öffentlichen Dienstes zu reich dotirt werden.

Sax hat den gleichen Gedanken weiter ausgeführt. Durch ihre Widmungen erhalten die Güter ihren Werth. Das richtige Princip der Inanspruchnahme des Einkommens für die Staatszwecke ist demnach einfach, die Güter nach ihrem Werthe zu verwenden — das allgemeine Princip wirthschaftlicher Verwendung. Nimmt der Staat zu viel für sich in Anspruch, so verletzt er den Werth, indem er Güter, die für die Privatwirthschaft höheren Werth haben, unter demselben in der Staatswirthschaft ausgibt. Nimmt er zu wenig in Anspruch, so ist der Werth wieder verletzt, indem wieder nicht die ganze Bedeutung der Güter verwirklicht ist.

Ihren wahren Gehalt bekommt diese Regel in Folge der Thatsache, dass die Reichthümer ungleich vertheilt und dass die persönlichen Einkommen und überdies auch noch die persönlichen Bedürfnisse verschieden gross sind. Wären alle Vermögen und Einkommen und Bedürfnissstände gleich, so hätten

alle Bürger denselben Steuerbeitrag abzugeben. Nachdem diese
Bedingung nicht zutrifft, so müssen sie ungleiche Beiträge ab-
geben, und wieder ist es der Werth, von dem das Mass abgenommen wird. In jeder einzelnen Wirthschaft bildet sich, mit
Rücksicht auf das ihr eigenthümliche Verhältniss von Bedarf
und Deckung, wie Sax sagt, ein „individueller Werthstand".
Die gleichen Gütermengen werden verschieden hoch bewerthet,
oder was dasselbe ist, die gleichen Werthgrössen werden in
verschiedenen Güterquantitäten ausgedrückt. Wir knüpfen, um
die Ausführungen von Sax zu verstehen, am besten an eine
Thatsache an, die wir schon bei der Ableitung des Preisgesetzes
zum Ausgang genommen haben. Jeder Kauflustige, der auf den
Markt kommt, haben wir gesagt, berechnet sich — oder sollte
sich berechnen — das Geldäquivalent der Waare, die er
einkaufen will, d. i. jene Geldsumme, deren Werth für ihn
dem Werthe der Waare gleichkommt, so dass er darüber hinaus
ökonomischer Weise nicht zahlen darf. Ein solches Geldäquivalent
ist nun auch für den Werth zu berechnen, den die Staatsleistungen je für die einzelnen Bürger haben. Mehr als dieses
Geldäquivalent kann ökonomischer Weise kein Bürger an Steuer
zu zahlen verpflichtet werden, dagegen soll jeder verpflichtet
werden, bis zu dessen Belaufe Steuern zu zahlen, um die Kosten
des öffentlichen Dienstes zu decken.

Dies zugegeben, handelt es sich noch um den genaueren
Anschlag der individuellen Aequivalente. Die entscheidenden
Umstände sind Vermögen, Einkommen und Bedürfnissstand. Je
grösser Vermögen und Einkommen, um so grösser, je grösser
der Bedürfnissstand, um so kleiner wird das subjective Aequivalent oder die Steuer ausfallen müssen. Jedoch ist die Steuer
dem Stande von Vermögen und Einkommen nicht einfach
proportional anzusetzen, sondern es ist ein progressiver
Steuerfuss gerechtfertigt. Derjenige, der eben nur das physische
Existenzminimum verdient, hat gar nichts übrig, was für den
Staat abgegeben werden könnte. Doch ich will und kann nicht
näher darauf eingehen, wie Sax die Forderung der Steuerfreiheit
für das Existenzminimum und des progressiven Steuerfusses und
alle die weiteren bekannten Forderungen der modernen Steuerpolitik begründet. Mag auch, wie selbstverständlich, im Fort-

schritt der Wissenschaft manches noch anders formulirt werden, so ist doch das Wesentliche gelungen. durchaus, in allen Momenten, die durch die bisherige wissenschaftliche Erörterung als belangreich bezeichnet worden sind und die die entwickelten Gesetzgebungen in Rücksicht gezogen haben, die Verbindung mit den allgemeinen wirthschaftlichen Thatsachen und Geboten aufzudecken und dadurch den thatsächlichen Errungenschaften auch die theoretische Basis zu geben.

Die Finanzwissenschaft behalf sich bisher an den entscheidendsten Punkten der Steuerlehre zur Begründung ihrer Sätze mit der Berufung auf Forderungen der Gerechtigkeit. Mehr noch als durch den Mangel an Uebereinstimmung in dem rein ökonomisch gehaltenen Theile ihrer Untersuchungen verrieth sich in dieser — fast einhelligen — Verweisung auf fremde, ausserökonomische Rücksichten der unfertige Zustand der Doctrin, die solchergestalt darauf verzichten musste, sich überhaupt als wesentlich ökonomische Doctrin zu geben. Durch die Darlegungen von Sax ist dem in weitem Umfange abgeholfen. Alle hauptsächlichen Forderungen der Steuerlehre sind ökonomisch begründet, indem sie aus den allgemeinen ökonomischen Kategorien — Bedürfniss, Gut, Wirthschaft, Werth — hergeleitet sind. Immerhin möchte ich jedoch glauben, wiewohl ich hierin dem Widerspruch von Sax begegne, dass auch jetzt die ökonomische Begründung des Steuerwesens noch nicht so weit gediehen ist, um die Erwägungen der Gerechtigkeit ganz und gar entbehren zu können. Ohne dass ich diesen Satz vollends erweisen möchte, was nicht ohne die sehr schwierige und weitläufige Arbeit der Unterscheidung des Oekonomischen und des Gerechten geschehen könnte, möchte ich nur ein einzelnes Argument hervorheben, das mir seine Richtigkeit hinlänglich zu erhärten scheint.

Sax fordert, wie wir es formulirt haben, dass Jedermann als Steuer das volle Geldäquivalent zu bezahlen habe, in welchem sich nach seinem individuellen Werthstande der Werth der Staatsleistungen ausdrückt. Diese Forderung ist gewiss eine schlechtweg ökonomische, insoweit durch sie ausgeschlossen wird, dass die weniger Bemittelten ihr Maximum oder gar darüber zu steuern hätten, während die Bemittelteren unter dem Maximum gehalten würden. Diese Forderung ist ferner gewiss eine ökonomische. insoweit durch sie ausgeschlossen wird, dass irgend Jemand mehr als sein Maximum zahle; aber insoweit ist sie doch nicht schlechtweg ökonomisch, sondern ruht sie mit auf der rechtlichen Voraussetzung des Privateigenthums und wäre unökonomisch, falls erwiesen werden könnte, dass das Privateigenthum selber unökonomisch sei. Wie aber, wenn dieser Forderung gegenüber der Anspruch gestellt würde, die Reichen und etwa noch die Mittelclassen hätten das Maximum zu steuern, die Armen und Aermsten dagegen seien unter demselben zu halten? Was könnte diesem Anspruch entgegengehalten werden? Gewiss keine schlechtweg ökonomische Rücksicht, denn die Folge der Verwirklichung desselben wäre eine ökonomisch beträchtlich höher anzuschlagende Bedürfnissbefriedigung im Volke. Was entgegengehalten werden könnte, wäre nur die Erwägung, dass rechtlich derselbe formale Grundsatz für Alle zu gelten habe, dass gleiches Recht für Alle sein müsse; eine Erwägung, die vielleicht letztlich ökonomisch zu begründen wäre, die aber bei dem heutigen Stande der wissenschaftlichen Entwicklung doch nur aus dem Rechtsgefühle entnommen wird und einem ganz bestimmten Stande des Rechtsgefühles entspricht. Es könnte sein, dass in einem späteren Zeitalter es für die Pflicht des Reichthums erklärt würde, die ärmeren Classen aller öffentlichen Lasten zu entbinden, um damit die durch die Vermögensungleichheit herbeigeführten Entbehrungen derselben einigermassen zu lindern. Sax selbst hebt hervor (pag. 522), dass derzeit in Folge von altruistischen Regungen ein Bestreben wirksam sei, die Steuerfreiheit vom „physischen" auf das „culturelle" Existenzminimum auszudehnen. Es könnte sein, dass dieses Bestreben nur ein Symptom fortschreitender Entwicklung in der Richtung wäre, die schwächsten und schwächeren Steuerkräfte ganz, beziehungsweise theilweise, je nach den Abstufungen, die zwischen ihnen bestehen, zu entlasten.*)

*) Sax (pag. 522) bemerkt, dass für die Mehrbelastung der Reichen jedenfalls in deren „Individualwerthung, respective der möglichen Steuerleistung" die ökonomische Grenze gegeben sei. Aber selbst zugegeben, dass diese Grenze rein ökonomischen Ursprungs sei, bleibt doch, wie eben gezeigt, innerhalb derselben hinlänglicher Spielraum für die Wirksamkeit anderer als rein ökonomischer Erwägungen.

Aehnlich wie in Rücksicht auf die Ordnung des Steuerwesens, verhält es sich, nach meinem Dafürhalten, mit allen Werthschätzungen in Staats- und Privatwirthschaft, insoweit sie widerstreitende Interessen Mehrerer gegen einander abzuwägen haben. Der Schlüssel, um die Interessen von Personen, die sich in verschiedenen Vermögenslagen befinden, auf ein gemeinschaftliches Mass des Vortheiles zu reduciren, ist von der ökonomischen Theorie — ich glaube dies aussprechen zu dürfen — noch nicht aufgefunden. Insolange er nicht aufgefunden ist, kann man in allen hieher gehörigen Fällen der Berufung auf diejenige Ordnung der persönlichen Ansprüche nicht entbehren, bei der sich das Rechtsgefühl beruhigt erklärt. Wenn wir die von der ökonomischen Theorie geforderte Ordnung des Steuerwesens billigen, so thun wir dies nur aus dem Grunde, weil wir, obwohl ohne eine ganz stricte theoretische Rechtfertigung, doch aus praktischen Erwägungen, die wir nicht abweisen können, das Privateigenthum und überdies noch einen ganz bestimmten, modern entwickelten Grad der Ausnützung desselben billigen.

§. 66. **Das Grundgesetz der collectiven Werthschätzung.**

Werden die Steuerleistungen in der dargelegten Weise auf die Bürger vertheilt, so ergibt sich ein höchst merkwürdiger Gegensatz zwischen dem Gesetze, das die öffentlichen Abgaben regelt, und dem im freien Verkehre, auf dem vom Staate nicht beherrschten Markte geltenden Preisgesetze, das die Lasten regelt, welche die Einzelnen zu tragen haben, wenn sie die von der privaten Production hergestellten und die sonst in Verkehr kommenden Güter erwerben wollen. Als Entgelt für die Staatsleistungen oder als Beitrag zur Deckung der Kosten derselben, gibt Jeder das Maximum, das er geben kann, das volle Aequivalent. Als Entgelt im freien Tausch dagegen gibt nur der Grenzkäufer (annähernd) das Maximum; die übrigen Käufer kommen billiger davon, indem der Preis für Alle einheitlich festgesetzt wird und sie Alle blos das Aequivalent des Grenzkäufers zu zahlen brauchen, auch wenn ihre eigene Schätzung weit darüber geht.

Der Staat nützt mithin die Zahlungskraft Aller, insbesondere aber die der Vermögenden, viel stärker aus. Er duldet nicht, dass der Reiche nach dem Massstabe des Armen zahle, sondern er besteht darauf, dass Jeder nach dem vollen Masse steuere, in welchem er die Staatsdienste für sich selber anschlägt.

Hieraus lässt sich ein eigenthümliches **Gesetz staatswirthschaftlicher (wie überhaupt collectiver) Werthschätzung** ableiten. In jeder einheitlichen Wirthschaft gelten sonst gleiche Güterquantitäten gleich viel; die gleichen Stücke oder Theilmengen, die Einheiten eines Vorraths haben für den Eigenthümer gleichen Werth. Auch für die freie Volkswirthschaft und den durch sie geschaffenen Wirthschaftskörper gilt dieses Gesetz: gleiche Güter haben auf demselben Markte denselben Preis, denselben Verkehrswerth. Anders aber wird im staatswirthschaftlichen Körper, wie überhaupt in jeder Collectivwirthschaft geurtheilt, welche viele, im Uebrigen selbstständige Wirthschaftssubjecte zu gewissen Zwecken vereinigt; hier gelten die den einzelnen Wirthschaftssubjecten gehörigen Güter, aus denen die Steuern entnommen werden sollen, ungleich — **gleiche Steuersummen haben ungleichen Werth, der gleiche Werth ist durch ungleiche Steuersummen auszudrücken**. Die Schätzung der individuellen Vermögen und Einkommen von Seite der Regierung passt sich ganz und gar den individuellen Abstufungen der Schätzung an: **die Regierung schätzt für die Besteuerung den Güterbesitz jedes Einzelnen gerade so, wie dieser ihn für sich selbst schätzt**, die Collectivwirthschaft ist insoferne keine einheitliche Wirthschaft. Erst wenn die Regierung an die Verwendung der Steuern geht, fügt sie sich dem allgemeinen Gesetze, erst dann gelten ihr Gulden und Gulden gleich, die ihr ungleich galten, so lange sie sie einzusammeln hatte.[*]

---

[*] Ein guter Theil der Geschichte des Steuerwesens ist dadurch zu erklären, dass man erst allmälig die Güterschätzung in der Staatswirthschaft von der in der freien Volkswirthschaft unterscheiden lernte. Hier fühlt sich Jeder gekränkt, wenn er für dieselbe Sache mehr zahlen soll als ein Andrer — es ist leicht begreiflich, dass dieser eingewurzelten Anschauung gegenüber dort nur schwer der Grundsatz durchzuführen war, Jeder hätte, und zwar nicht blos einfach, sondern progressiv um so viel mehr für dieselbe Staatsleistung an Steuerbeiträgen zu zahlen, als er Güter zu seiner Bedürfnissbefriedigung zur Verfügung hat.

Die Steuererhebung ruht also nicht blos auf der Werthschätzung, sondern in der Steuererhebung drückt sich unmittelbar eine bestimmte Werthschätzung aus, eine Werthschätzung, die — in Rücksicht auf die Bedürfnisse des öffentlichen Haushaltes — jedes Gut um so niedriger anschlägt, mit je mehr andern Gütern zusammen es zu einem individuellen Vermögen vereinigt ist, beziehungsweise einem je geringeren privaten Bedürfnissstande es gewidmet ist. Mit andern Worten, die Steuerlehre gehört mit ihren ökonomischen Grundsätzen nicht etwa in die Anwendungen der Werththeorie, sondern in die Werththeorie selbst.

Dass die Regierung, entgegen dem allgemeinen Gesetze einer einheitlichen Wirthschaft, den wirthschaftlichen Besitz bei der Aufbringung der Steuern je nach dem individuellen Werthstand der Besteuerten verschieden hoch taxirt, hat ökonomisch sicherlich wohlthätige Wirkungen. Es erlaubt, die öffentlichen Lasten der Aermeren geringer anzusetzen und die Steuerkraft der Vermögenden stärker auszunützen, somit die Steuern dort zu erheben, wo ihre Auflegung die geringste Einbusse in den privaten Bedürfnissbefriedigungen verursacht. Würde der Staat anders verfahren, würde er alle Steuern, wie Kopfsteuern mit gleichen Beträgen von allen Bürgern erheben, so würde er die Aermeren zu Einschränkungen zwingen, die durch die Ausdehnung, welche die Luxusbefriedigungen der Reichen nunmehr gewinnen könnten, keineswegs aufgewogen wären.

Insoweit wäre es erwünscht, dass das gleiche Princip auch in der freien Volkswirthschaft gelte, dass auch dort Jeder nach Mass seiner Zahlungskraft zahle. Hiedurch würde eine allgemeine Ausgleichung der Befriedigungen erreicht; wenn Jeder alles um so viel theurer zahlen müsste, als er reicher ist, so böte der Reichthum keinen Vortheil, die Armuth brächte keine Einschränkung. Alle hätten schliesslich den gleichen Genuss. Es bedarf indess wohl keiner Bemerkung, dass, so lange die Volkswirthschaft frei ist, es hiezu nicht kommen kann. So lange die Volkswirthschaft frei ist, wird Jeder trachten, zu so geringen Preisen als nur möglich einzukaufen, und die Verkäufer selbst werden den Käufern entgegenkommen, indem sie die kleinste Mehrzahlung bereits zum Anlass nehmen, um den betreffenden Käufer vor andern zu bevorzugen, und durchaus nicht darauf bestehen, die objectiven Preismengen auf die subjective Zahlungskraft der Käufer zu überprüfen. Eben deshalb, weil das besprochene Gesetz der freien Volkswirthschaft mit der Freiheit der Volkswirthschaft in so enger Verbindung steht, wäre es auch verfehlt, über dasselbe wegen der zweifellos schlimmen Wirkungen abzuurtheilen, die es unmittelbar auf die Vertheilung der Bedürfnissbefriedigungen hat. Man muss jedenfalls, um endgiltig urtheilen zu können, auch die Wirkungen in Rücksicht ziehen, die die wirthschaftliche Freiheit — oder, um es anders zu sagen, die Sonderwirthschaft und das Privateigenthum — auch in allen übrigen ökonomischen Beziehungen, namentlich aber hinsichtlich der Gestaltung der productiven Erträgnisse ausübt. Es könnte immer noch sein, dass das Privateigenthum zwar zu grossen Ungleichheiten in der Bedürfnissbefriedigung zwinge, aber nichtsdestoweniger im Ganzen wegen einer ausserordentlichen Steigerung der productiven Erträge, die es erlaubt und mit sich bringt, doch eine ausserordentlich gesteigerte Bedürfnissbefriedigung sichere — selbst bei Denjenigen, die bei der Vertheilung der Genüsse den geringsten Antheil erhalten. Vielleicht ist hierin auch der Grund für die merkwürdige Erscheinung zu finden, dass eine und dieselbe Gesellschaft sich gleichzeitig zwei so verschiedene Organisationen gibt, wie die der freien Volkswirthschaft und die der Collectivwirthschaft: in deren ersterer sie vom natürlichen Masse des Werthes darin abweicht, dass sie die den Reichen zum Erwerbe vorbehaltenen Güter überschätzt, während sie in der letzteren darin abweicht, dass sie alle von den Reichen besessenen Güter, soweit der öffentliche Haushalt in Betracht kommt, niedriger anschlägt; in deren ersterer sie nach einem Gesetze lebt, das die Reichen, ausser wo sie unter einander concurriren, schont, während sie sich in der letzteren selber ein Gesetz gibt, das ihre Zahlungskraft durchaus uneingeschränkt ausnützt; in deren ersterer sie die ungleiche Vertheilung der Genüsse begünstigt, während sie in der letzteren zu deren Ausgleichung beiträgt. So tiefgehende Verschiedenheiten können nur dadurch erklärt werden, dass es verschiedene Zwecke sind, denen die beiden Organisationen dienen, Zwecke, denen gegenüber die persönliche Freiheit eben verschieden grossen Spielraum fordert.

Wir könnten diesem Gedanken nicht nachgehen, ohne das Gebiet der Werththeorie zu verlassen und in das weite Gebiet des Wirthschaftsrechtes und der wirthschaftlichen Philosophie überzutreten. Die Erklärung der gesellschaftlichen Ordnungen, innerhalb deren die Werthschätzungen vollzogen werden, ist eine Aufgabe, der die Werththeorie mit ihren Mitteln nicht mehr gewachsen ist. Nicht einmal die Wirthschaftstheorie ist ihr gewachsen, nur eine Theorie der Gesellschaft, welche noch andere als blos ökonomische Thatsachen berücksichtigt, könnte sie vollends bewältigen.

Wenn ich nun, am Schlusse dieses Buches, einen Gedanken desselben noch einmal mit besonderem Nachdruck aussprechen soll, so sei es der, der mich während der ganzen Arbeit in allen ihren Theilen beherrscht hat: im besten Sinne des Wortes empirisch zu sein. Ich darf wohl hoffen, dass die Erreichung dieser Absicht nicht durch die an sich gewiss unempirische Fiction eines natürlichen Werthes und des utopischen Communistenstaates gestört wurde. Soweit ich mir selbst Rechenschaft zu geben vermag, habe ich hiemit nirgends eine fremde, unempirische Kraft in die Wirklichkeit der Wirthschaft hineingedeutet. Ich habe nur so weit fingirt, dass ich Thatsachen, welche unzweifelhaft wirksam sind, aus der Betrachtung ausgelassen habe: die thatsächlichen Unvollkommenheiten der Werthschätzung, ferner den Individualismus unserer Volkswirthschaft, endlich auch noch die Ungleichheit der Vermögen, wobei ich indess nicht versäumt habe, wenigstens im Allgemeinen die Richtungen zu bezeichnen, in denen diese Umstände den Werth in der Privatwirthschaft wie in der Staatswirthschaft vom natürlichen Masse ablenken müssen. Ich hoffe, dass meine Darstellung hiedurch nicht u n w a h r geworden ist, wenn ich auch recht wohl weiss, dass sie nothwendiger Weise u n v o l l s t ä n d i g sein muss. Das u n v o l l s t ä n d i g G e s a g t e ist aber gewiss deshalb a l l e i n n o c h n i c h t u n e m p i r i s c h — denn welche Darstellung wäre dann empirisch, da wir doch immer nur Bruchstücke aus dem grossen einheitlichen Bau der Welt zu beobachten vermögen. Es muss für das Urtheil, das man über einen Versuch der Forschung auszusprechen hat, darauf ankommen, ob das Bruchstück, das er liefert, fest genug und gross genug ist, um in sich zusammen zu hängen und für sich Beachtung zu verdienen. Sollte die unvollständige Beschreibung der Wertherscheinungen, die ich zu geben versuchte, in diesem Sinne gerechtfertigt werden können, so ist sie empirisch.

Die Form der Fiction wird wohl Niemand beirrt haben. Ich hätte allerdings trocken sagen können, dass ich gewisse Thatsachen absichtlich nicht beachten wolle, aber — wie Jemand, der gewisse Dinge ungestört von den Eindrücken anderer besehen will, seinen Sinnen dadurch zu Hilfe kommt, dass er über die störenden Objecte einen Schleier breitet — dachte ich der Vorstellungskraft zu Hilfe zu kommen, wenn ich mich hiebei des leichtfasslichen Bildes der communistischen Gesellschaft bediente, die eben alles dasjenige thatsächlich aufheben will, was ich in Gedanken ausschalten wollte. Nicht mehr als ein Schleier sollte die Fiction sein, die ich gebrauchte, und ich hoffe, dass sie wie ein solcher durchsichtig genug war, um in jedem Augenblick unter der deckenden Hülle die Umrisse des vollen Ganzen der Erscheinungen erkennen zu lassen.

Berichtigung.

Nach §. 30 ist die folgende Anmerkung einzuschalten:

In der den §. 22 beschliessenden Anmerkung wurde (pag. 85) auf §. 30 mit den Worten verwiesen, es werde daselbst gezeigt werden, dass die Materie der productiven Zurechnung nicht ohne die von Böhm-Bawerk hervorgehobene Unterscheidung — welche auf den Gegensatz der Monopolgüter und der Kostengüter hinauskommt — zu Ende zu führen sei. Die Wichtigkeit dieser Unterscheidung dürfte nunmehr klar geworden sein. Der Leser erinnert sich, dass bei der Auftheilung, wie sie Menger vornimmt, ein „unvertheilter" Rest verbleibt. Nun, dieser unvertheilte Rest fällt in jeder Verbindung zum überwiegenden Theile demjenigen Gute zu, welches den Monopolcharakter am stärksten besitzt; wo also ein ausgesprochenes Monopolgut mit ausgesprochenen Kostengütern zusammentrifft, ist er dem ersteren, wo nur Kostengüter zusammentreffen, ist er demjenigen, das sich den Monopolgütern am meisten annähert, endlich wo mehrere Monopolgüter zusammentreffen, ist er demjenigen Monopolgute zuzurechnen, das das ausgeprägteste von allen ist.

Es ist jedoch zu bemerken, dass der „unvertheilte" Rest dem betreffenden Gute nur grösstentheils, aber nicht ganz zuzurechnen ist. Mit einem, obgleich oft nur sehr geringen, praktisch gar nicht unterscheidbaren Theile muss er immer auch den andern mitwirkenden Gütern zufallen, weil sie alle von der Aufrechterhaltung der Verbindung, durch deren Sprengung der als der beste betrachtete Productionsplan gestört würde, eine gewisse Steigerung ihrer Ausnützung erfahren. Der Antheil, der den andern mitwirkenden Gütern zuzurechnen ist, muss um so grösser sein, je mehr für diese an der Aufrechterhaltung der gedachten Verbindung liegt, d. h. je mehr sie selber den Monopolcharakter oder je weniger sie den Kostencharakter haben. Ein Gut selteneren Vorkommens wird in aller Regel durch eine geringere Verschiebung der productiven Widmungen schon stärker betroffen werden als ein anderes häufigeren Vorkommens; wie im Texte auseinandergesetzt wurde, dass ziemlich beträchtliche Veränderungen in Vorrath und Bedarf vorkommen müssen, damit der Werth der eigentlichsten Kostengüter einen entsprechenden Ausschlag gebe.

Somit bleibt der Unterschied zwischen „Beitrag" und „Mitwirkung" grundsätzlich für alle Fälle aufrecht, wenn er sich auch praktisch zumeist auf ein sehr geringes Mass reducirt und, so lange man blos die Gütereinheiten in Betracht zieht, zumeist gar nicht erkennbar sein wird. Um so stärker fällt er in's Gewicht, wenn man die Wirkung untersucht, die grössere Quantitäten von Productivgütern auf den Ertragsausfall haben.

In diesem Sinne hatte ich, freilich nur andeutungsweise, auch im „Ursprung des Werthes" das Problem der Complementarität erledigt, wo ich sagte, dass den Productivgütern ihr „productiver Grenzbeitrag" zuzurechnen sei und dass den „den einzelnen Productionen specifisch angehörigen Productivfactoren" der Rest des Ertrages zufalle, der nach Abzug der Quoten aller Zusatzgüter erübrige. Nur fehlte hier noch die Auskunft, was zu geschehen habe, wenn mehrere Monopolgüter zusammentreffen, sowie die genaue Formulirung des Gesetzes der Berechnung der Beiträge.

⋅⋅•⋅⋅

www.ingramcontent.com/pod-product-compliance
Lightning Source LLC
Chambersburg PA
CBHW031726230426
43669CB00007B/266